“十四五”职业教育国家规划教材
高等职业教育“互联网+”新形态教材·物流类专业

新编仓储管理实务

（第3版）

闫春荣　主　编
乔平平　黎　鹰　张　楠　副主编
顾爱春　主　审

電子工業出版社
Publishing House of Electronics Industry
北京·BEIJING

内 容 简 介

本教材以指导性、操作性、思想性、趣味性为宗旨，为培养学生的仓储管理能力提供教学载体。每个项目以一个引人深思的财富故事开始，以一个心灵悟语结束，来培养学生的人文素养及高品质的职业情怀。

本教材以走近仓储、识别企业、仓储商务管理、仓储业务操作、库存控制五大项目为主线构建内容体系，具体内容由有内在逻辑联系的 10 个任务组成，即识别仓库、仓库布局、企业市场定位、仓储合同业务、仓单业务、入库操作、在库保养、特殊货物保管、出库操作和库存成本管理。

本教材可作为高等职业院校、成人高校、民办高校及本科院校开办的二级职业技术学院物流类专业的教学用书或助理物流师考试的参考用书，也可供经济管理人士或其他人员学习管理科学时参考。

图书在版编目（CIP）数据

新编仓储管理实务 / 闫春荣主编. —3 版. —北京：电子工业出版社，2022.1
ISBN 978-7-121-37727-3

Ⅰ. ①新… Ⅱ. ①闫… Ⅲ. ①仓库管理－高等职业教育－教材 Ⅳ. ①F253

中国版本图书馆 CIP 数据核字（2019）第 237666 号

责任编辑：贾瑞敏
印　　刷：北京雁林吉兆印刷有限公司
装　　订：北京雁林吉兆印刷有限公司
出版发行：电子工业出版社
　　　　　北京市海淀区万寿路 173 信箱　邮编 100036
开　　本：787×1 092　1/16　印张：15　字数：413 千字
版　　次：2010 年 9 月第 1 版
　　　　　2022 年 1 月第 3 版
印　　次：2025 年 2 月第 3 次印刷
定　　价：48.00 元

凡所购买电子工业出版社图书有缺损问题，请向购买书店调换。若书店售缺，请与本社发行部联系，联系及邮购电话：(010)88254888，88258888。

质量投诉请发邮件至 zlts@phei.com.cn，盗版侵权举报请发邮件至 dbqq@phei.com.cn。

本书咨询联系方式：邮箱 fservice@vip.163.com；QQ 群 427695338；微信 DZFW18310186571。

前　言

党的二十大报告指出：“构建优质高效的服务业新体系，推动现代服务业同先进制造业、现代农业深度融合。”物流业是现代生产性服务业，这对仓储人才素质提出了更高的要求。根据二十大报告提出的“办好人民满意的教育”，坚持落实“立德树人”，“培养德智体美劳全面发展的社会主义建设者和接班人”，本教材作为培养高素质、复合型仓储人才的载体，全面推进“产教融合”，优化教材内容。为此，在第 2 版的基础上，根据高职教育规律及物流行业特点，对原教材进行了补充和修改。本教材具有如下特点。

1. **目标更明确**。为党育人，为国育才，教材中融入课程思政元素“心灵悟语”。

2. **内容更实用**。教材的内容根据企业仓储管理的实际情况进行了调整，学习素材来自企业第一手资料。

3. **更具趣味性**。教材中新增了学生实习、实训中的操作图片，增加了“师傅教我做”板块，把教材中的理论与企业真实操作的实践相对接，使学习活动更加有趣、生动。

4. **操作性更强**。在每个任务后的“练一练”中，增加了工学结合的内容，强化学生的操作训练，从而提高其职业技能。

5. **产教更融合**。教材中融入人力资源和社会保障部助理物流师鉴定的仓储部分内容，实现了物流职业岗位要求与物流专业教育的有效衔接。有的任务增加了“物流前沿”。

6. **资源更丰富**。教材中每个任务后面均加入学习资源库，为学生主动学习、拓宽视野提供了有效平台。

本教材的编者均为具有丰富教学、科研经验的一线双师型教师，同时还邀请了具有丰富仓储工作经验的浙江巅源农业开发有限公司的沈添育进行指导。本教材由丽水职业技术学院闫春荣担任主编，河南工业职业技术学院乔平平、湖南交通职业技术学院黎鹰、天津海运职业学院张楠担任副主编，丽水职业技术学院顾爱春担任主审。具体分工如下：闫春荣编写任务一、任务二；黎鹰编写任务三、任务四、任务五；乔平平编写任务六、任务七；张楠编写任务八、任务九、任务十。全书由闫春荣统稿、润色。

在本教材编写过程中，走访了很多企业，借鉴与参考了大量的同类教材及相关文献，也得到了很多企业人士的关心与支持，在此一并表示感谢。

由于编者理论知识及实践经验有限，加之时间仓促，疏漏之处敬请读者批评指正。

编　者

目　录

项目一
走近仓储

财富故事

犹太富翁借贷

一位犹太富翁来到一家银行的贷款部，大模大样地坐了下来。

“请问，我可以为您做点什么？”贷款部经理一边小心询问，一边仔细地打量眼前这位先生。他身穿名贵的西服，领带夹上镶嵌着名贵的宝石，脚蹬高档的皮鞋，昂贵的手表闪着金光……他是那么气宇轩昂。

“我想要贷点钱。”犹太富翁说。

“完全没有问题，您想贷多少？”贷款部经理问。

“1 美元。”犹太富翁答道。

“什么？您只贷 1 美元？是真的吗？”贷款部经理一脸惊愕。

“是的，我只贷 1 美元，可以吗？”犹太富翁说。

“当然，贷多少我们都可办理，只要您提供担保。”贷款部经理说。

“好吧。”犹太富翁从豪华的皮包里取出一大堆股票、基金、国债等有价证券，一并放在桌上，“这些做担保，可以吗？”

“先生，这里总共有 50 万美元，做担保足够了。”贷款部经理清点了一下说，“先生，您真的只贷 1 美元？”

“是的。”犹太富翁面无表情地答道。

“那好吧，请到这边办手续。年息为 6%，只要您一年后归还本金和 6%的利息，我们就会把这些担保品还给您。”贷款部经理说。

“谢谢。”犹太富翁办完手续，正准备离开，一直冷眼旁观的银行行长深感纳闷：怎么会到银行只贷 1 美元？他可是一个拥有 50 万美元有价证券的人啊！于是他追上犹太富翁，有些窘迫地说：“对不起，先生，我可以问您一个问题吗？”

“您想问什么？”犹太富翁问。

“我是这家银行的行长，我真的弄不明白，像您这样拥有很多财产的人，即便想贷数十万美元，我们也会非常乐意地为您服务的，可您为何只贷区区 1 美元？”

犹太富翁笑了笑，说：“我将这些有价证券以担保的形式寄存于银行，一年不过 6 美分的利息，而且还能得到安全的保管。这样可比租银行的一个保险箱来保管这些证券所花费的钱要少得多，我何乐而不为呢？”

资料来源：梁英，牧何. 中国人最该读的 100 个财富寓言[M]. 北京：北京出版社，2007.

在这个故事中，你能悟出什么道理？

任务一 识别仓库

知识点

1. 仓储与仓储管理的含义。
2. 仓库的分类。
3. 仓储设备。
4. 仓库规划方法。
5. 货位编号方法。

学习目标

1. 知识目标

- 理解仓储及仓储管理的含义。
- 理解与辨别不同功能的仓库设施、设备。

2. 素质目标

- 爱护仓储环境。
- 爱惜仓储设施、设备。

3. 技能目标

- 能够利用所学知识，为商品恰当地选择库房与仓储设备。
- 能够操作仓库内的常用设备。

实训项目

以小组为单位，在课前选择参观本地的一个仓储中心，观察其功能与布局，思考其合理性，提出改进方案，制作成 PPT 在课上汇报，由师生点评。

引例

某汽车制造厂仓储管理的改进——自动化仓库建设

20 世纪 70 年代，北京某汽车制造厂建造了一座高层货架仓库（自动化仓库）作为中间仓库，存放装配汽车所需的各种零配件。此厂所需的零配件大多数由其协作单位生产，然后运至自动化仓库进行储存。该厂是我国第一批发展自动化仓库的企业之一。该仓库结构分高库和整理室两部分，高库采用的是固定式高层货架与巷道堆垛机结构，在整理室与高库之间设有辊式输送机。当入库的货物包装规格不符合托盘或标准货箱时，需要对货物的包装进行重新整理，这项工作就是在整理室中进行的。由于当时各种物品的包装没有标准化，因此整理的工作量相当大。货物的出入库是运用计算机控制与人工操作相结合的人机系统完成的，这套设备在当时是相当先进的。该仓库建在该厂的东南角，距装配车间较远，因此，在仓库与装配车间之间需要进行二次运输，即将所需的零配件先出库，装车运输到装配车间，然后才能进行组装。

自动化仓库建成后，这个先进设施在企业的生产经营中所起的作用并不理想，其利用率也逐年下降，最后不得不拆除。

资料来源：2013 年物流师考试真题。

引例分析

不是拥有好的仓库设备就能带来高效的仓储作业，仓储管理的手段和方法也起着关键作用。

一、仓储与仓储管理

（一）仓储

仓储是物流的两个基本活动之一，“仓”是指仓库，是存放、保管、储存货物的建筑物和场地的总称，具有存放和保护货物的功能；“储”是指储存，表示将储存对象收存以备使用，具有收存、保护、管理、储藏货物及交付使用的作用。

（二）仓储管理

仓储管理就是对仓库及仓库内的货物所进行的管理，是仓储机构为了充分利用所具有的仓储资源（包括仓库、机械、人、资金、技术等），提供高效的仓储服务所进行的计划、组织、控制和协调的过程。具体来说，仓储管理包括仓储资源的获得、仓储商务管理、仓储流程管理、仓储作业管理、保管管理、安全管理等多种管理工作及相关的操作。

由此可见，仓库是仓储管理的核心载体，对于仓库的识别十分重要。

二、仓库

仓库由储存货物的库房、运输传送设施（电梯、滑梯、吊车等）、出入库房的输送管道和设备及消防设施、管理用房等组成，是保管、储存货物的建筑物和场所的总称。根据不同的标准可以把仓库划分为不同的种类。

（一）按仓库功能的不同分类

1．储备仓库

储备仓库主要用于长期存放各种储备物资，以保证完成各项储备任务。储备仓库是政府为了防止自然灾害、战争及国民经济比例严重失调而设立的，一般储备物资储存时间较长，对仓储条件、质量维护和安全保卫要求较高，如储备粮库，如图 1.1 所示。

（a）黑龙江建三江储备粮库

（b）中央储备粮四川宜宾粮库

（c）黑龙江建三江囤型粮库

（d）黑龙江富锦市向阳川粮库

图 1.1　储备粮库

2. 周转仓库

周转仓库主要用于暂时存放待加工、待销售或待运输的货物，如物流中心、配送中心等。它包括生产仓库、中转仓库、集配仓库和加工仓库等，如图 1.2 所示。其机械化程度比较高，周转快，保管时间短，功能齐全。

（a）生产仓库　（b）中转仓库

（c）集配仓库　（d）加工仓库

图 1.2　周转仓库

（二）按用途的不同分类

1. 自用仓库

自用仓库是指主要从事企业内部物流业务的仓库。仓库的建设、货物的管理及进出库均属本企业的管理范畴。

企业自用仓库包括生产企业自用仓库和流通企业自用仓库。

生产企业自用仓库是生产企业自有的仓库设施，分为自用原材料仓库、自用半成品仓库、自用产成品仓库，分别对生产使用的原材料、中间产品、最终产品实施储存、保管。其储存对象较为单一，以满足生产为原则。

流通企业自用仓库则是指流通企业以其拥有的仓储设施对其经营的商品进行仓储保管。其仓储对象种类较多，其目的是支持销售。

企业自用仓库不具有独立性，仅仅是为企业的产品生产或商品经营活动服务的，相对而言，企业自用仓库规模小、数量多、专用性强，而且专业化程度低、设备简单。

2. 营业仓库

营业仓库是按照相关管理条例的许可和企业经营需要，向其他一般企业提供保管服务的仓库。它面向社会，以经营为手段，以获取利润为目的。仓库经营者与存货人通过订立仓储合同的方式建立仓储关系，并且依据合同约定提供服务和收取仓储费。

3. 公共仓库

公共仓库是指国家和公共团体为了公共利益而建设的仓库，如车站货场仓库、港口码头仓库等。其特点是公共、公益性强，面向各行各业、千家万户。其功能比较单一，仓库结构相对简单。

4. 保税仓库

保税仓库是经海关批准，并在海关的监管下，存放未办理关税手续而入境或过境货物的场所。设立这种仓库的地区称为保税区。

（三）按保管形态的不同分类

1. 普通仓库

普通仓库一般是指具有常温保管、自然通风条件和无特殊功能的仓库，如图 1.3（a）所示。

2. 冷藏仓库

冷藏仓库是指具有制冷设备，并有良好的保温隔热性能以保持较低温度的，专门用来储存冷冻货物的仓库，如图 1.3（b）所示。

3. 恒温仓库

恒温仓库是指具有保持一定温度和保湿功能的仓库，如图 1.3（c）所示。这类仓库设有保温装置，尤其在北方适合用来储存怕冻货物。

4. 危险品仓库

危险品仓库主要是指存放易燃性、易爆性、腐蚀性、有毒性和放射性等对人体或建筑物有一定危险的货物的仓库，如图 1.3（d）所示。它在库房结构及库内布局等方面有特殊的要求，同时必须远离工厂和居民区，一般设在远离城市的地区。

（a）普通仓库

（b）冷藏仓库

图 1.3　按保管形态分类的仓库

（c）恒温仓库

（d）危险品仓库

图 1.3（续）

（四）按结构和构造的不同分类

1. 平房仓库

平房仓库是指仓库建筑物是平房、结构简单、有效高度一般不超过六米的仓库，如图 1.4（a）所示。其造价便宜，被广泛采用。

2. 多层仓库

多层仓库是指两层以上的建筑物，是钢筋混凝土建造的仓库，如图 1.4（b）所示。这种仓库楼层间依靠垂直运输机械连接，也可以用坡道相连，因此也被称为坡道仓库。建造多层仓库，可以扩大仓库实际面积，但是建造成本也会相应增加。

3. 自动化仓库

自动化仓库一般由高层货架、巷道机、出入库搬运系统和管理控制系统 4 个部分组成，如图 1.4（c）所示。

4. 散装仓库和罐式仓库

散装仓库和罐式仓库是指专门保管散粒状、粉状或液体等物资的容器式仓库，如图 1.4（d）和图 1.4（e）所示。

（a）平房仓库

（b）多层仓库

（c）自动化仓库

（d）散装仓库

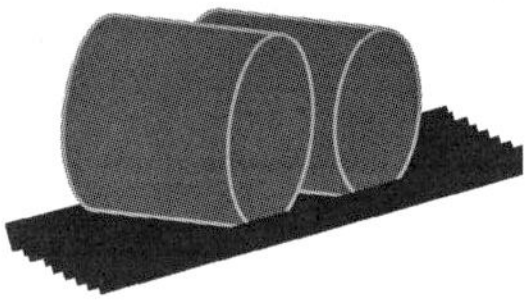

（e）罐式仓库

图 1.4　按结构和构造分类的仓库

视野拓展

物流新趋势

随着工业 4.0 的发展，产品定制与个性化服务已逐渐成为市场发展的重要趋势，这对现代物流系统提出了更高的要求。仓储物流系统（Warehousing Logistics System）作为物流与供应链的核心环节，其作业效率、服务质量和运营成本一直是企业重点关注的指标。高效合理的仓储物流系统可以帮助企业加快物资流动的速度，降低成本，保障生产顺利进行，并可以实现对资源的有效控制和管理。

三、自动化仓库

（一）自动化仓库的概念

自动化仓库即高层货架仓库（简称高架仓库），一般是指采用几层、十几层乃至几十层高的货架储存单元货物，并用相应的物料搬运设备进行货物入库和出库作业的仓库。由于这类仓库能充分利用空间储存货物，故常被形象地称为立体仓库，如图 1.5 所示。

图 1.5　自动化仓库

（二）自动化仓库的构成

自动化仓库属于现代智能仓库，由机械设备、电气与电子设备和计算机控制系统组成。

1. 机械设备

现代智能仓库的机械设备主要有托盘、货架、输送设备和搬运设备等。

（1）托盘

作为一种储存和装卸设备，托盘在现代智能仓库中非常重要。在现代智能仓库中必须采用全托盘作业。

（2）货架

将存放在托盘中的货物再放入立体的货架中，可以提高仓容率，但对货架的要求也会提高。

物流前沿

高密度仓储物流技术成为发展趋势

AutoStore 是一种新型高密度仓储物流技术。通常情况下，标准尺寸的料箱（600 mm×400 mm×310 mm/220 mm）存放在立式货格内，从仓库地面垂直向上堆叠；一组机器人在立式货格顶部的铝制轨道上水平行走，存取料箱；每台机器人有8个轮子，其中4个沿X轴方向行走，另外4个沿Y轴方向行走；每台机器人配有4条钢索提升装置，能将每一垛中最上方的料箱垂直提升至立式货格顶部；立式货格每垛可储存最多16个料箱（高度达4.9 m），每个料箱中可储存单一品项或多个品项的货物；料箱能够根据系统内的储存需求，简易地向X轴和Y轴方向扩展；数千只料箱彼此相邻，每16个一垛存放在密集货格中，省去了巷道，储存密度高。AutoStore可以实现自动化存取和"货到人"拆零拣选解决方案，场地使用比较灵活。因为垂直堆垛方式只能实现LIFO储存策略，必须依靠合适的存取策略和优化算法来减少机器人的倒货作业，提高出入库效率。

资料来源：房殿军. 仓储物流技术发展趋势分析[J]. 物流技术与应用，2020，25(6):88-95.

（3）输送设备

输送设备是现代智能仓库中的辅助设备，具有把各种物流站点衔接起来的作用。输送设备有链式、皮带式、滑板式、轮式和悬挂式等多种。

（4）搬运设备

搬运设备是现代智能仓库中的重要设备，一般由电力驱动，通过自动或手动控制来实现货物的位置移动。常用的设备有升降机、搬运车、巷道式堆垛机、无轨叉车和转臂起重机等。其中，巷道式堆垛机是自动化仓库中最重要的设备，这种堆垛机是随着自动化仓库的出现而发展起来的专用设备，是由叉车和桥式起重机演变而来的。它的主要用途是在高层货架的巷道内来回穿梭运行，将货物从巷道口存入货格，或者从货格中取出货物。

物流前沿

仓储搬运技术由自动化到高柔性自动化发展

1917年首台叉车问世，叉车技术让仓储物流系统进入机械化仓库时代，库房的空间利用率得到了极大提升，同时保留了高柔性的特点。1962年世界首座基于堆垛机技术的自动化仓库出现，堆垛机技术进入高速发展阶段。2003年世界首台穿梭车面世。穿梭车打破了一个巷道内只能有一台堆垛机作业的限制，实现了多台穿梭车分层作业的柔性解决方案。随着穿梭车技术的发展，四向穿梭车技术成为主流。"四向"指的是穿梭车可以自主完成"前后左右"的运行，既可以实现在巷道内的出入库作业，又可以实现在同一层的不同巷道切换。在垂直方向上，四向穿梭车可通过与换层提升机的灵活匹配，实现立体三维空间内任意货位的储存和拣选。

2010年德国弗劳恩霍夫物流研究院提出了"魔浮"穿梭车的概念，完成了世界上首辆既能在地面上又能在货架上自主行驶的多功能智能搬运机器人的研发。"魔浮"穿梭车彻底打通了仓储物流系统与生产系统之间的"隔墙"，实现了仓储与生产的无缝对接。"魔浮"穿梭车虽然实现了货架和地面上的行驶，但它在垂直方向运动仍需借用提升机来实现。弗劳恩霍夫物流研究院利用3D打印技术实现了攀爬搬运机器人的样机研发。该机器人可以实现XYZ方向的自主运动，在货架上可以上下自主"攀爬"，不再依靠提升机的帮助。这项技术将自动化仓储物流技术的柔性推向了高点。

资料来源：房殿军. 仓储物流技术发展趋势分析[J]. 物流技术与应用，2020，25(6):88-95.

2. 电气与电子设备

现代智能仓库中的电气与电子设备主要是指信息识别设备、检测设备、控制系统、监控及调度设备、数据通信设备等。

（1）信息识别设备

信息识别设备可完成对货物品名、类别、编号、数量、等级、生产者、目的地和货位地址的识别，通常采用磁条、条码和光学字符等识别技术。

（2）检测设备

为了实现现代化仓库的控制，并保证系统的安全运行，整个系统必须具有多种检测手段，通过对检测数据的判断和处理为系统决策提供最佳依据，使系统处于理想的工作状态之中。

（3）控制系统

控制系统是自动化仓库运行的关键。如果没有好的控制系统，系统运行的成本就会很高，而且效率低下。因此，仓库内的各种存取、运输和设备本身就必须配备控制装置。这些装置的种类很多，有开关、继电器和微处理器等。

（4）监控及调度设备

监控及调度设备负责协调系统中各个部分的运行，通过监控系统的监视画面可以直观地看到各设备的运行情况。

（5）数据通信设备

现代智能仓库是一个复杂的自动化系统，由众多的子系统组成，为了完成规定的任务，各系统之间、各个设备之间要进行大量的信息交换。信息传递的媒介有电缆、远红外光、光纤和电磁波等。

物流前沿

拣选作业的无纸化和自动化

拣选是仓储物流中劳动密集的作业环节，在一些电商物流中心里，拣选作业甚至占仓库运营成本的50%。为了提高拣选效率、降低仓储物流总成本，近年来拣选方式和技术不断创新，拣选作业更加动态化，部分领域还实现了拣选的自动化。

传统的“人到货”（PTG）拣选仍然是常见的拣选方式，尤其是在产品种类繁多的电商物流中心里，“人到货”拣选是客户订单履行的重要组成部分。为了提高拣选效率、降低差错率，无纸化拣选已经成为大趋势，常见方式有PDA手持扫描器、灯光拣选（Pick-to-Light）系统、语音拣选（Pick-by-Voice）系统和增强视觉拣选（Pick-by-Vision）系统。

灯光拣选系统是一种主要依靠电子标签和各种指示灯来显示拣选信息的拣选方式，应用最为广泛。其常规模式为：在订单驱动下，需拣选货物货位上的电子标签会亮起，指示操作员到准确的货位拣取准确的数量。操作员通过确认将拣选信息实时传送回系统，使拣选作业方便、高效和无误。灯光拣选系统除了用在固定货架上，还可以配备在拣选小车上。灯光拣选车一般还会配备车载平板电脑和扫描枪，能够引导操作员同时拣选多个订单，正确选择货架上的货物，并放在拣选车上指定的容器里。灯光拣选车还可加装扬声器系统，用语音引导操作员拣货。

PDA手持扫描器应用广泛，是实现出入库和拣选作业无纸化和信息实时化的重要技术。然而在大件物品拣选时，操作员需要双手拣取货物，手持扫描器会影响作业。语音拣选系统便可以很好地解决双手作业的问题，通过语音识别和合成技术，使操作员可以直接与仓库管理系统（WMS）进行对话。操作员无须观看 PDA 手持扫描器的屏幕，直接按照语音指令到指定区域库位拣选货物，并通过语音进行动作确认。仓库管理系统直接识别操作员语音，进行相应的数据处理。语音拣选系统可将多个订单放在一起批处理，提高拣选效率。在货物周转慢的仓库区域（C 类货物拣选区），也可将多个订单批处理到一个语音拣选小车，以提高综合作业效率，降低仓库运营成本。

自动化拣选技术在烟草和医药物流领域有了广泛成功的应用。由于包装比较规范，卷烟和部分医药产品适合在 A 型架拣选系统、通道式拣选系统等进行自动拣选。我国条烟拣选设备已经达到全球领先地位。根据补烟填仓方式和烟仓部件结构形式的不同，自动化条烟拣选设备主要分为立式条烟分拣机、卧式条烟分拣机、通道式条烟分拣机和组合式条烟分拣机。立式条烟分拣机的烟仓直立设置，从烟仓侧面人工补烟填仓；卧式条烟分拣机的烟仓倾斜设置，从烟仓端面补烟填仓，一次可实现多条补货；通道式条烟分拣机的烟仓水平设置，从烟仓端面补烟填仓，一次可实现整件的自动补货；组合式条烟分拣机是由上述三种条烟分拣机按一定方式组合构成的条烟分拣线，以实现对不同规格的条烟的自动化拣选。

“货到机器人”拣选系统通常由输送线或 AGV 连接自动化仓库和拣选机器人系统，在自动输送环节，“货到机器人”和“货到人”系统的实现方式相同，即完成货物从自动化仓库到拣选站的自动化搬运。在拣选环节，“货到机器人”拣选系统采用机器人自动拣选，即通过机器人来识别、抓取货物并放在指定的容器内。

移动拣选机器人是自动化拣选的最高层次，是世界仓储物流技术领域的重要发展方向。移动拣选机器人配备自主导航系统，采用 3D 视觉和机器深度学习技术，完成移动拣选机器人的精准定位及货物的智能识别与抓取，并自主将拣选好的货物运送到指定地点。移动拣选机器人目前应用范围还非常有限，主要用于规范包装货物的拣选。

资料来源：房殿军. 仓储物流技术发展趋势分析[J]. 物流技术与应用，2020，25(6):88-95.

3. 计算机控制系统

现代智能仓库是一个综合货物供应系统，也是集货物储存、搬运和分配等功能于一体的集成自动化仓库管理系统，仓库管理系统中的软件支持整个系统的运作，包括收货处理、上架管理、拣货作业、站台管理、补货管理、库内作业、越库操作、循环盘点、RF 操作、加工管理、矩阵式收费等。它实现了货仓标准化、识别标准化、输送标准化、管理微机化和控制自动化。

（三）自动化仓库的基本功能

自动化仓库的基本功能一般包括自动收货、存货、取货、发货和信息处理等。

1. 收货

收货是指仓库从供应方接收各种产品、材料或半成品，并收存入库的过程。收货时需要站台或场地供运输车辆停靠，需要升降平台作为站台和载货车辆之间的过桥，需要装卸机械完成装卸作业。卸货时要检查货物的品质和数量及货物的完好状态，确认完好后方能入库存放。通常，自动化仓库从货物卸载经查验进入自动控制系统的接货设备开始，将信息输入计算机，生成管理信息，由自动控制系统进行货物入库的自动操作。

2. 存货

存货是指自动控制系统将货物存放到规定的位置，一般是放在高层货架上。存货之前首先要确定存货的位置。某些情况下可以采取分区固定存放的原则，即按货物的种类、大小和包装形式来实行分区存放。随着移动货架和自动识别技术的发展，现在已经可以做到随意存放，这样既能提高仓库利用率，又可节约存取时间。

3. 取货

取货是指自动控制系统根据需求从库房中取出所需货物。取货可以有不同的原则，通常采用的是先进先出的原则，即在出库时，先存入的货物先出。另外，某些自动化仓库，必须能够做到随时存取任意货位的货物，这种存取要求搬运设备和地点能频繁更换。

4. 发货

发货是指取出的货物按照严格的要求发向用户。根据服务对象的不同，有的仓库只向单一用户发货，有的则需要向多个用户发货。发货时需要配货，即根据使用要求对货物进行配套供应。

5. 信息处理

信息处理是指能够随时查询仓库的有关信息和伴随各种作业产生的信息报表单据。在自动化仓库中可以随时查询库存信息、作业信息及其他相关信息，这种查询可以在仓库范围内进行，也可以在其他部门或分厂进行。

（四）自动化仓库的优越性

① 提高空间利用率。充分利用仓库的垂直空间，其单位面积储存量远远大于普通的单层仓库（一般是单层仓库的4～7倍）。

② 提高企业生产管理水平。采用计算机智能化管理，使企业生产管理和生产环节紧密联系，有效降低库存积压。

③ 提高生产效率，降低人工成本。加快货物的存取节奏，减轻劳动强度。劳动强度的减轻具体包括以下几点：

- 采用自动巷道堆垛机取代人工存货和人工取货。
- 采用计算机管理系统对货物进行管理。
- 确保库存作业的安全性，减少货损、货差。

④ 储存形态得到优化。不仅使货物在仓库内按需要自动存取，而且可以与仓库以外的生产环节进行有机连接，使仓库成为企业生产物流中的一个重要环节。通过短时间储存，可使外购件和自制生产件在指定时间自动输出到下一道工序进行生产，从而形成一个自动化的物流系统。

经验之谈

某仓储企业八大忌语

1. 这种问题连3岁小孩都会。
2. 一分钱一分货。
3. 不可能，绝对不可能发生这种事。
4. 这种问题你去问厂家好了，我们只管存。
5. 这个我不清楚。
6. 我绝对没说过。
7. 我不会。
8. 这是我们公司的规定。

四、仓储设备

（一）搬运设备

1. 叉车

叉车由自行的轮胎及能垂直升降、前后倾斜的货叉和门架等组成。叉车主要用于仓库内货物的装载搬运，是一种既可用于短距离水平运输，又可以堆垛和装卸卡车、铁路平板车的机械，在配备其他取物装置以后，还能用于散货和各种规格品种货物的装卸作业。

叉车的种类

按不同的标准，叉车有以下几种分类。

（1）按构造的不同，可以分为正面式叉车、侧面式叉车、转柱式叉车和转叉式叉车

① 正面式叉车。它的特点是货叉朝向叉车的正前方。正面式叉车按结构的不同可分为 5 种：手推液压式叉车、平衡重式叉车、插腿式叉车、前移式叉车和四向行走式叉车。

- 手推液压式叉车。它是利用人力推拉运行的简易插腿式叉车，包括手摇机械式、手动液压式和电动液压式 3 种，如图 1.6 所示。由于此类叉车结构简单，使用方便，因此适用于狭窄通道、场所的作业。

（a）手摇机械式叉车　　（b）手动液压式叉车　　（c）电动液压式叉车

图 1.6　手推液压式叉车

- 平衡重式叉车。此类叉车的货叉位于叉车的前部，为了防止翻车，在叉车的后部装有平衡重铁。此类叉车因操作简单、机动性强、生产效率高和适应性强而应用最广泛。平衡重式叉车如图 1.7 所示。
- 插腿式叉车。此类叉车在工作时都采用倒行方式。由于叉车在叉取货物时，支腿和货叉都必须插入货物底部，因此，要求叉起的货物底部一般要高出地面 200 mm 左右。插腿式叉车如图 1.8 所示。

图 1.7　平衡重式叉车

图 1.8　插腿式叉车

- 前移式叉车。其结构与插腿式叉车类似，但取货或卸货时，门架可由液压系统推动移到前轮之外，运行时，门架又缩回车体内。前轮的直径大约为 300 mm，因此，要收回货叉，必须先将货物升起至一定的高度。前移式叉车如图 1.9 所示。
- 四向行走式叉车。它是专门用于长、大件货物作业的叉车。这种叉车既可向前、向后行驶，也可向左、向右行驶，能在原地对运行方向进行调整。这种叉车工作时所需的货架通道宽度很小。四向行走式叉车如图 1.10 所示。

图 1.9　前移式叉车

图 1.10　四向行走式叉车

② 侧面式叉车。侧面式叉车的货叉在车身的侧面，是平板运输车和前移式叉车的结合。门架可以伸出取货，然后缩回车体内将货物放在平台上即可行走，因此，这类叉车适合于装卸运输钢管、型材和木材等细长货物的作业。侧面式叉车如图 1.11 所示。

③ 转柱式叉车。它的特点是转弯半径小，作业所需的货架通道窄，门架可实现正反转 90°。转柱式叉车如图 1.12 所示。

图 1.11　侧面式叉车

图 1.12　转柱式叉车

④ 转叉式叉车。这类叉车在货架通道内行驶时，需要轨道引导或用感应线自动导向，以免叉车与货架相碰。

（2）按动力种类的不同，可以分为电瓶叉车和内燃机叉车

电瓶叉车常用于室内、短距离和工作量较少的搬运作业，内燃机叉车常用于室外、长距离和工作量较大的搬运作业。

师傅教我做

叉车操作要领

叉车的操作要领

1. 叉车启动前准备工作。

（1）检查离合器踏板及制动器踏板自由行程是否符合规定，制动是否灵活可靠。

（2）检查转向系统（液压转向）有无泄漏，拉杆接头螺栓是否紧固可靠或松脱。

（3）检查油箱内燃油是否足量，发动机油底壳及喷油泵下体中机油是否在标尺应有范围内，各油管接头处有无渗漏现象。

（4）检查散热管内水是否充满，各水管接头处有无渗漏现象。

（5）检查燃油管路中是否存有空气，如果发现应予以排除。排气时，首先将滤清器放气螺钉拧开，排除油箱至滤清器间的空气，然后拧开喷油泵上的放气螺钉，用输油泵上手泵打油，将油路中空气排净，最后拧开喷油泵上的放气螺母，以手泵打油，排净高压管中的空气。

（6）检查蓄电池极柱导线是否松动，发电机是否充足电。

（7）检查前、后轮胎气压是否符合规定，胎纹中嵌有石子等杂物时应立即清除。

（8）检查车辆上所有灯光及喇叭是否正常。

2. 叉车操作方法。

（1）起步。

① 左脚迅速踏下离合器踏板，右手将变速杆挂入一挡，换向杆挂入前进挡或倒挡。

② 松开手刹车，打开转向灯，观察情况（后视镜），必要时按响喇叭。

③ 迅速将离合器踏板抬到接触点，待动力接触后，离合器踏板略停，当车略有抖动时松开手刹车，加油，抬起离合器踏板，使车平稳起步。

④ 如感到动力不足、不能起步时，应迅速踏下离合器踏板，重新起步。

（2）换挡。

低速挡换高速挡叫加挡，高速挡换低速挡叫减挡。

① 加挡。

加挡通常用两脚离合器。先加速，当车速上升后，踏下离合器踏板，将变速杆移入空挡，抬起离合器踏板，再迅速踏下并将变速杆推入高速挡。最后在抬起离合器踏板的同时，缓缓加油。

② 减挡。

通常用两脚离合器，中间踏下加速踏板。

1）先放松加速踏板，使叉车减速，然后踏下离合器踏板，将变速杆置于空挡位置。

2）在抬起离合器踏板后踏下加速踏板，并将变速杆挂入低挡。

3）最后在放松离合器踏板的同时踏下加速踏板。

叉车在行驶时，驾驶员应准确掌握换挡时机：如果加挡过早或减挡过晚，则会因发动机动力不足造成车抖动；如果加挡过晚或减挡过早，则会使低挡使用时间过长，导致燃料的浪费。

（3）停车（低速停车）。

① 确定停车目标，放松加速踏板。

② 均匀地踩下脚刹车，当车速降低后再踩下离合器踏板，使车平稳停住。

③ 如反复练习起步，则停车不必摘下变速杆，停车后可继续练习。

④ 练习完毕换人时，将变速杆放在空挡位置，抬开离合器，拉紧手刹车，松开脚刹车。

注意：叉车与普通的车辆不同，是后轮转向，转向时后部平衡重向外旋转。转向时要提前减速，向要转弯的一侧转动方向盘，方向盘要比前轮转向的车辆提前一点转向。

（4）倒车。

倒车时，应先观察车后情况，并选好倒车目标。挂上倒挡起步后，要控制好车速，注意周围情况，并随时修正方向。在倒车时，可以注视后窗倒车、注视侧方倒车、注视后视镜倒车。

操作训练：在教练场上，画一弧形白线，弧度不超过30°。操作时，使车顺弧线向前或向后退。操作要领与直线进退基本相同，但要特别注意弧线走向，方向盘转向要有提前量；看清白线车身的距离位置，观察一侧后视镜，随时修正方向。

2. 输送机

输送机是连续搬运货物的机械，广泛应用于收货入库和出运货物作业，以及被用作拣选系统的基本设备。

按用途和所处理货物形状的不同，输送机可以分为带式输送机（见图1.13）、辊子输送机（见图1.14）、链式输送机（见图1.15）、重力式辊子输送机（见图1.16）、伸缩式辊子输送机（见图1.17）、振动输送机（见图1.18）和液体输送机（见图1.19）等。

图1.13　带式输送机

图1.14　辊子输送机

图1.15　链式输送机

图1.16　重力式辊子输送机

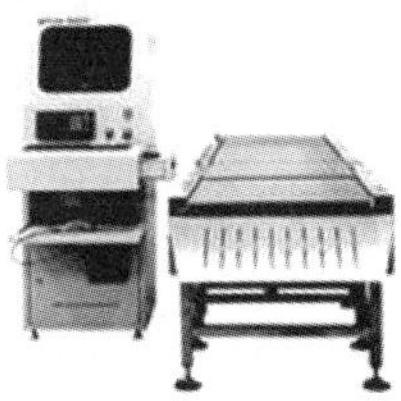

图1.17　伸缩式辊子输送机

图1.18　振动输送机

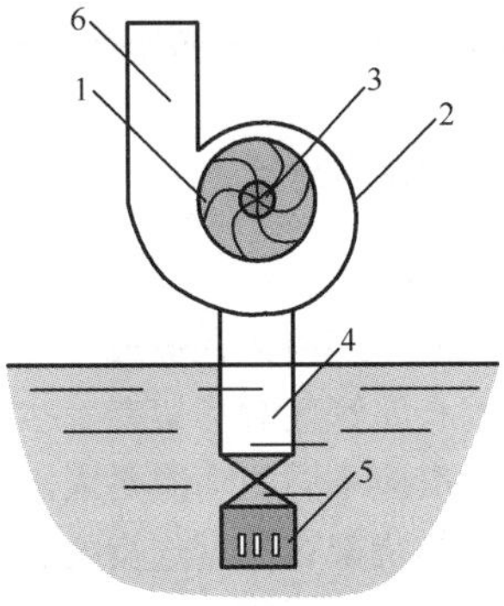

1—叶轮；2—泵壳；3—泵轴
4—吸入管；5—底阀；6—压出管

图1.19　液体输送机

运用输送机可以降低搬运成本、提高劳动生产率、实现物流自动化。

3. 起重机

起重机是指将货物吊起，在一定范围内做水平移动的机械。

起重机按结构或形状的不同，可分为天车、悬臂式起重机、集装箱起重机、巷道堆垛机或库内理货机、汽车起重机和龙门起重机等。

在仓库中使用的起重机主要有两种类型，即桥式起重机（见图 1.20）和悬臂式起重机（见图 1.21）。桥式起重机的优点在于能高效、迅速地举起重物。悬臂式起重机能有效利用空间并实现自动化，因此，在分配型仓库中利用较多，并与复杂的货架系统联合使用。

图 1.20　桥式起重机

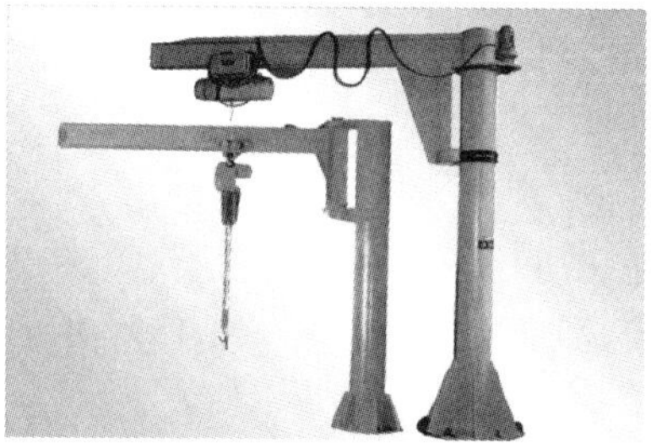

图 1.21　悬臂式起重机

经验之谈

吊车的“十不吊”

1. 超负荷或歪接斜挂不吊。
2. 工作现场超过 6 级风或雷电天气不吊。
3. 高压输电线下不吊，氧气瓶、煤气罐等爆炸性物品不吊。
4. 重物带棱角没有垫好的不吊。
5. 捆绑不牢或不符合安全规定要求的不吊。
6. 重物上有浮物或有人时不吊。
7. 司机在酒后或精神不佳时不吊。
8. 作业现场视线不明、指挥信号不明时不吊。
9. 起重臂下或重物下有人时不吊。
10. 对埋在土里或冻结在地面上重量不明的物体，以及交错挤压在一起的物体不吊。

（二）储存设备

1. 货架

货架是专门用来存放成件物品的保管设备。为提高仓库的利用率，扩大仓库的储存能力，现代化的仓库管理对货架有着多种要求，如满足机械化、自动化的要求等。随着物流量的增加，货架的种类应不同的功能要求，也呈现出多样化。

常见的货架有托盘式货架、悬臂式货架、重力式货架、旋转式货架、阁楼式货架和移动式货架等。

（1）托盘式货架

托盘式货架由支柱、横梁、托盘支撑架和连接构件等装配而成，货架及货位的高度、宽度和深度等有一定的可调整空间，可根据具体情况组合使用。托盘式货架适合于“叉车+托盘”的组合作业，储存密度大，作业效率高，尤其适合于品种中等、批量较大的物品的储存。货架高度通常在 6 m 以下，3～5 层为宜。托盘式货架如图 1.22 所示。

（2）悬臂式货架

悬臂式货架由中间立柱向单侧或双侧伸出悬臂而成，层高可依据使用要求自由调节，一般用于存放长料物品，如钢材、管材和木板等。装卸货物时，悬臂式货架宜使用叉车或堆垛机作业。悬臂式货架如图 1.23 所示。

图 1.22 托盘式货架

图 1.23 悬臂式货架

（3）重力式货架

重力式货架采用辊轮式铝合金、钣金等流力条，利用货物自重，实现货物的先进先出。它有两个优点：存取方便，适合于装配线两侧、配送中心等场所；可配电子标签实现货物的轻松管理。重力式货架如图 1.24 所示。

（4）旋转式货架

旋转式货架由两个直线段和两个曲线段的环形轨道组成，分水平旋转和垂直旋转两种，货架设有电力驱动装置，驱动部分可设于货架上部，也可设于货架底座内，由开关或小型电子计算机操纵。存取货物时，由控制盘按钮输入货物所在货格编号，该货格则以最近的距离自动旋转至拣货点停止。这种货架的优点是拣货路线短，效率较高。水平旋转式货架如图 1.25 所示。

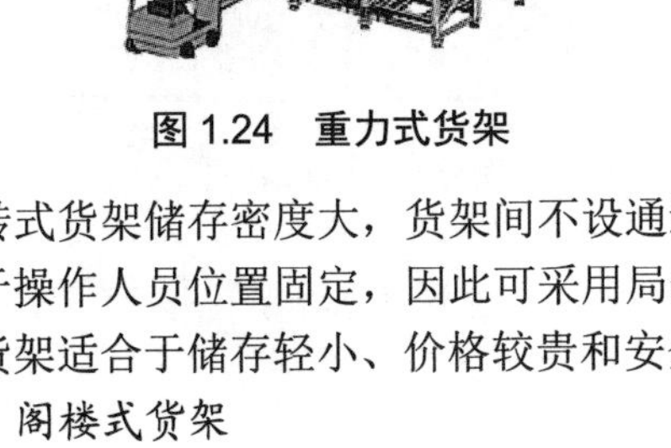

图 1.24 重力式货架

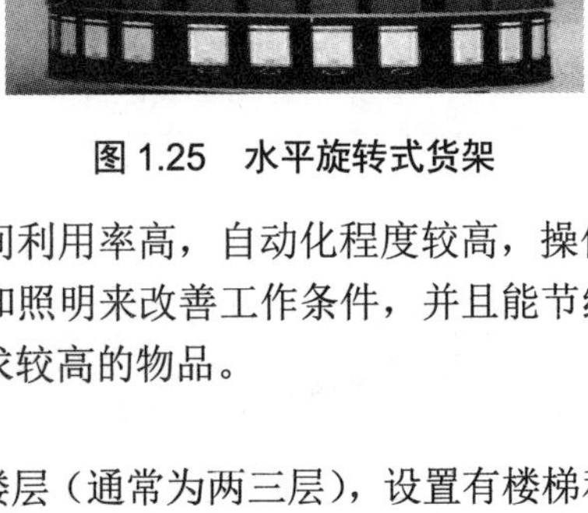

图 1.25 水平旋转式货架

旋转式货架储存密度大，货架间不设通道，空间利用率高，自动化程度较高，操作比较容易。由于操作人员位置固定，因此可采用局部通风和照明来改善工作条件，并且能节约能源。旋转式货架适合于储存轻小、价格较贵和安全性要求较高的物品。

（5）阁楼式货架

阁楼式货架用货架做楼面支撑，可设计成多层楼层（通常为两三层），设置有楼梯和货物提升电梯等，适用于库房较小、人工存取、储存量大的情况。阁楼式货架如图 1.26 所示。

（6）移动式货架

移动式货架是指在货架的底部安装有行走轮，可在地面轨道上移动的货架，如图 1.27 所示。

图 1.26 阁楼式货架

图 1.27 移动式货架

移动式货架结构密集，一般只设一个通道，是空间利用率最高的一种货架，分手动和电动两种类型，分别应用于轻中型移动式货架和重型移动式货架。

轻中型移动式货架，通道宽 1 m 左右，导轨可嵌入地面或安装于地面之上，货架底座沿导轨运行，货架安装于底座之上，通过链轮传动系统使每排货架轻松、平稳地移动，货物一般由人工进行存取。为使货架系统在运行中不致倾倒，通常设有防倾倒装置。移动式货架主要用于电子、轻工、印刷和图书等行业及其配送中心。

重型移动式货架的底座设有行走轮，沿轨道运行，底盘内安装有电动机及减速器、报警、传感装置等。系统一般设一两个通道，通常宽 3 m 左右，空间利用率极高。结构与轻中型移动式货架类似，区别在于重型移动式货架一定是电动式的，货物由叉车进行整托存取，主要用于一些仓库空间不是很大、要求最大限度地利用空间的场所，适用于机械制造等行业及其配送中心。

2. 托盘

托盘用于集装、堆放、搬运、运输及放置物品和制品，是一个单元负荷的水平台装置。使用托盘，就是在平台上集装一定数量的单件物品，并按要求捆扎加固，组成一个运输单位，便于运输过程中使用机械进行装卸、搬运和堆存。这种水平台装置有供叉车从下部叉入并将水平台装置托起的叉入口。以这种结构为基本结构的水平台装置和在这种基本结构基础上形成的各种形式的集装器具统称为托盘。托盘化运输对提高物流生产效率是非常重要的。

（1）托盘的种类

托盘按结构的不同，可以分为平板托盘（见图 1.28）、箱型托盘（见图 1.29）、立柱型托盘（见图 1.30）和折叠式托盘（见图 1.31）。

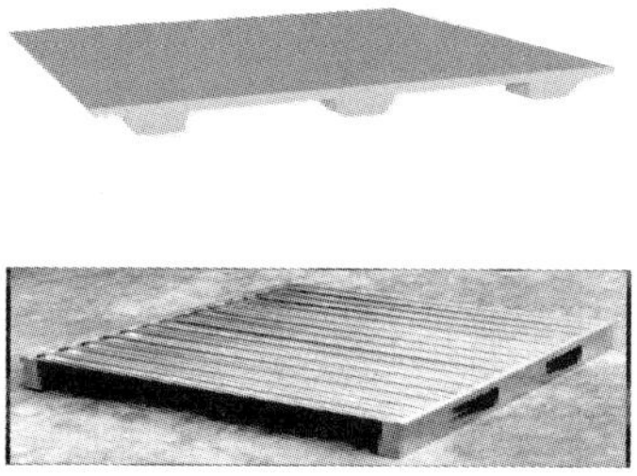

图 1.28 平板托盘

图 1.29 箱型托盘

图 1.30 立柱型托盘

图 1.31 折叠式托盘

托盘按材料的不同，可以分为塑料托盘、金属托盘、木制托盘和纸制托盘。

（2）托盘规格

目前，世界各国的托盘规格主要有：美国的标准托盘是 1 219 mm×1 016 mm；加拿大、墨西哥为 1 000 mm×1 000 mm；澳大利亚为 1 165 mm×1 165 mm 和 1 100 mm×1 100 mm；欧洲以 200 mm×800 mm 为标准的国家最多，但英国、德国及荷兰有 1 200 mm×800 mm 及 1 200 mm×1 000 mm 两种尺寸的托盘，北欧各国拥有统一型 1 200 mm×800 mm 的托盘。

日本、韩国、新加坡和中国台湾等国家和地区所制定的标准托盘是 1 100 mm×1 100 mm。中国大陆托盘规格比较复杂，机械工业系统使用 JB 3003—1981 规定的 800 mm×1 000 mm 与 500 mm×800 mm，载重量分别为 0.5 t 和 1.2 t 的箱式和柱式托盘，以及 JB 3004—1981 规定的 825 mm×1 100 mm 与 545 mm×825 mm，载重量分别为 1 t 和 0.5 t 的平托盘；中国 GB/T 2934—1996 中规定了联运通用平托盘的尺寸为 800 mm×1 200 mm、800 mm×1 000 mm 和 1 000 mm×1 200 mm 3 种，载重量均为 1 t。

ISO 制定了 4 种托盘国际规格。欧洲规格为 1 200 mm×800 mm；欧洲一部分国家、加拿大、墨西哥规格为 1 200 mm×1 000 mm；美国规格为 1 219 mm×1 016 mm；亚洲规格为 1 100 mm×1 100 mm。世界上占主导地位国家使用的托盘，大多包括在这 4 种之中，这些都是各国按自己国家的基本设施情况而制定的标准化规格托盘。要实现世界物流业更为良好的发展，统一托盘规格是非常必要的。

目前我国市场上 1 200 mm×1 000 mm 托盘数量与应用占据相对优势地位。由于国际主流的物流包装基础模数也是 600 mm×400 mm，我国推广 1 200 mm×1 000 mm 托盘是必然趋势。

（3）使用和保管托盘应注意的问题

① 正确使用托盘，应对码放在托盘上的货物做适当的包装组合、捆扎和裹包，便于利用机械装卸和运输，满足装卸、搬运和储存的要求。

- 托盘的载重量。每个托盘的载重量应大于或等于 2 t。为了运输途中的安全，所载货物的中心高度不应超过托盘宽度的 2/3。
- 托盘货物的码放方式。根据货物的类型、托盘所载货物的质量和托盘的尺寸，合理确定货物在托盘上的码放方式。

② 托盘保管应注意的问题。

- 木托盘防水性差，易受潮变形，不宜放置于室外。
- 塑料托盘应码放整齐，防止机械损伤，避免阳光暴晒老化，缩短使用寿命。

- 钢制托盘应注意防潮以免生锈，注意远离有辐射的化工原料。
- 复合材料托盘应防止机械性的碰伤。
- 托盘在使用一段时间以后，因各种原因造成损坏的，应该及时维修，以维持其使用寿命。对于可组合的托盘，如木托盘的面板，应及时更换受损部件。对于整体损坏的托盘要及时更新。

师傅教我做

托盘的紧固技术

托盘货物的紧固是保证货物稳定性、防止塌垛的重要手段。托盘货物紧固方法主要有以下 10 种。

1. 捆扎。用绳索、打包带等对托盘货物进行捆扎以保证货物的稳固。其方式有水平、垂直和对角等捆扎方式。捆扎打结的方法有扎结、黏合、热熔、加卡箍等。

2. 加网罩紧固。加网罩紧固，主要用于装有同类货物托盘的坚固，多见于航空运输。将网罩套在托盘货物上，再将网罩下端的金属配件挂在托盘周围的固定金属片上（或将绳网下部缚牢在托盘的边沿上），以防形状不整齐倒塌。为了防水，可在网罩之下用防水层加以覆盖。

3. 加框架紧固。加框架紧固是将框架加在托盘货物相对的两面顶部，再用打包带或绳索捆紧以起到紧固货物的作用。框架的材料以木板、胶合板为主。

4. 中间夹摩擦材料紧固。将具有防滑性的纸板、纸片或软件塑料片夹在各层容器之间，以增加摩擦力，防止水平滑移。

5. 专用金属卡具加固。对某些托盘货物，最上部如可伸入金属夹卡，则可用专用夹卡将相邻的包装物卡住，以便每层货物通过金属卡具成为一个整体，防止个别分离、滑落。

6. 黏合加固。在每层之间贴上双面胶条，可将两层通过胶条黏合在一起，这样便可防止托盘上货物从层间发生滑落。

7. 胶带加固。托盘货物用单面不干胶包装带黏捆，即使是胶带部分损坏，由于全部贴于货物表面，也不会出现散捆。

8. 平托盘周边垫高加固。将平托盘周边稍微垫高，托盘上的货物会向中心互相依靠，在物流过程中，发生摇动或震动时，可防止层间滑动错位，防止货垛外倾，因而也会起到稳固作用。

9. 收缩薄膜加固。将热缩塑料薄膜置于托盘货物之上，然后进行热缩处理，塑料薄膜收缩后，便将托盘货物紧箍成一体。

10. 拉伸薄膜加固。用拉伸塑料薄膜将货物和托盘一起缠绕包裹，当拉伸薄膜外力撤除后收缩紧固托盘货物形成集合包装件。顶部不加塑料薄膜时，形成四面封；顶部加塑料薄膜时，形成五面封。拉伸包装不能完成六面封，因此不能防潮。此外，拉伸薄膜比收缩薄膜的捆缚力差，只能用于轻量的集装包装。

小结：人巧不如家什妙！

要点回顾

- 识别仓库
  - 仓库
    - 按仓库功能的不同分类
      - 储备仓库
      - 周转仓库
    - 按用途的不同分类
      - 自用仓库
      - 营业仓库
      - 公共仓库
      - 保税仓库
    - 按保管形态的不同分类
      - 普通仓库
      - 冷藏仓库
      - 恒温仓库
      - 危险品仓库
    - 按结构和构造的不同分类
      - 平房仓库
      - 多层仓库
      - 自动化仓库
      - 散装仓库和罐式仓库
  - 自动化仓库
    - 自动化仓库的概念
    - 自动化仓库的构成
      - 机械设备
      - 电气与电子设备
      - 计算机控制系统
    - 自动化仓库的基本功能
      - 收货
      - 存货
      - 取货
      - 发货
      - 信息处理
    - 自动化仓库的优越性
  - 仓储设备
    - 搬运设备
      - 叉车
      - 输送机
      - 起重机
    - 储存设备
      - 货架
      - 托盘

练一练

1．参观几个超市，观察其布局，比较其优势与劣势，提出改进措施。

2．参观各种类型的仓库，并观察其所拥有的仓储设施、设备，结合企业实际情况，分析比较各类仓库的适用性。

3．工学结合项目：选择一个合作企业，研究如何提高（改善）其物流仓储设备的使用效率。

学习资源库

1．“物流管理基础”黑龙江省精品课程（闫春荣主讲）。

2．“仓储管理实务”丽水职业技术学院精品课程（闫春荣主讲）。

3．中国物流与采购网。

4．中国物流与采购教育认证网。

测一测

客观题　　实务操作题

扩一扩

☞案例赏析：苏宁六大仓库获顶级“中国绿色仓库”称号

任务二　仓库布局

知识点

1. 仓储物流规划的原则。
2. 货物保管场所的布局。
3. 货物分区分类、货位规划、货位编号。
4. 物品堆垛。

学习目标

1. 知识目标

- 了解仓储物流规划的原则。
- 理解货物保管场所的布局方法。
- 掌握货物分区分类、货位规划、货位编号方法。
- 掌握货物堆垛方法。

2. 素质目标

- 拥有流畅的语言表达能力、反应能力。
- 拥有文雅大方等气质。
- 拥有缜密的逻辑思维能力。

3. 技能目标

- 能够进行仓库内部布局。
- 能够进行货物分区分类、货位规划、货位编号。
- 能够根据要求对物品进行合理堆垛。

实训项目

参观一个仓库，判断仓库内部布局、货物分区分类、货位规划、货位、货物堆垛的合理性。

引例

一分钟能做什么呢？

某电商中心仓，在“双 11”期间每一分钟就有 1 200 个包裹发出。社区团购业务单仓15 000 m^2，4 个小时就能完成 150 万单的分拣，平均每分钟处理 6 250 件。社区团购其实就是一个生鲜电商，主要通过微信小程序去销售——团长建立微信群，消费者在微信群里购买商品。下图是一个典型的社区团购的中心仓。大家所购买的商品都在这个仓库完成分拣，然后再送到团长的手中。它跟传统的堆满货物的物流仓库有差异，它是一个快进快出的仓库场景。白天这里是不存货的。

供应商都是在晚上 11 点截单之后，把货物送过来。

物流的履约时间遵循“211”，即供应商在晚上 9 点截单（结束销售），凌晨 1 点之前把货物送到仓库。仓库在凌晨 1 点到 4 点完成库内分拣。4 点司机开始出车，分别派送到下边的网络。

早上 7 点货物就送到消费者手中了。

案例来源：2020 年央视新闻。

请同学们画出这类仓库的简明示意图。

引例分析

某仓库布局如图 2.1 所示。

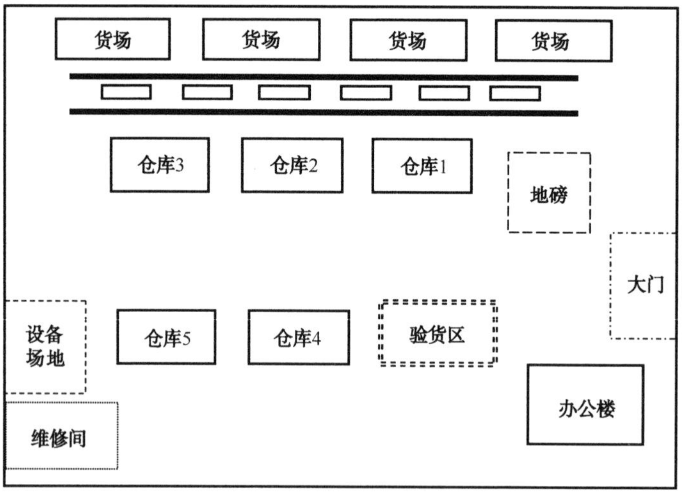

图 2.1　某仓库布局

一、仓储物流规划的原则

仓储规划方案应做到以尽可能低的成本，实现货物在仓库内快速、准确地移动。规划仓储物流时，有以下几个原则。

① 仓库布局要依据仓库作业的程序，方便仓库作业，提高作业效率。

② 尽可能减少储存货物及仓储人员的运动距离，以提高仓储劳动效率，降低成本。

③ 内部布局合理，避免工作的无效重复，各个作业环节有效衔接。

④ 充分利用仓库的面积和空间。

⑤ 有利于仓库的各种设施发挥效用，提高设备效率。

⑥ 符合安全管理的各项要求。

二、仓库的布局

（一）货物保管场所的布局

货物保管场所布局的主要任务是有效、合理地利用库房面积。在仓库内不仅要储存货物，还要进行分拣、配货和包装等其他作业。仓库内部的面积总是有限的，货物储存和库内作业往往产生相互矛盾的要求，仓库合理布局要解决的就是有效利用有限空间的问题。

1. 仓库平面布局

仓库平面布局，不仅包括库区的划分及建筑物平面位置的确定，还包括运输道路的规划与布局、库区安全的维护、环境保护和绿化等多项内容。仓库一般可以划分为仓储作业区、辅助作业区、行政区及库内道路和铁路专用线路等。

仓库作业区是仓库各组成部分的主体。仓库的主要业务及货物的保管、检验、分类、整理和包装等都在这个区域里进行。其主要建筑物有库房、货场、站台及加工、整理、包装场所。辅助作业区主要是为保证基本仓储作业及仓储业务的顺利开展而提供各种服务的，如设备维修、加工制造、各种设备机械和工具的存放等。行政区主要由办公室和生活场所组成，包括办公楼、保安室、检验室、职工宿舍和职工食堂等。在仓库中需要有库内道路，一些大型仓库还要有铁路专用线路。这些道路构成了仓库内外相通的交通网络，其布局是否合理，对于仓库仓储作业方便性和利用仓库面积的有效性都会产生较大的影响。总之，在仓库平面布局中要尽量满足以下要求：

① 方便作业，保证货物储存的安全。

② 最大限度地利用仓库空间。

③ 防止重复作业，如重复搬运、迂回搬运和交通堵塞。

④ 提高仓库设施和机械设备的利用率。

⑤ 符合仓储安全保卫和消防工作的要求。

⑥ 综合考虑仓库现实需要和潜在需求，减少将来扩建仓库对正常业务的影响。

2. 仓库作业区布置

仓库作业区的布置要求以主要库房和货场为中心对各个作业区域进行合理布局，特别是在有铁路专用线路的情况下，专用线路的位置和走向制约着整个库区的布置。仓库作业区布置的主要任务是：减少运动的距离，力求最短的作业线路；有效地利用时间，提高作业效率；充分利用仓库面积。

仓库作业布置时应从以下几个方面考虑：

① 物品吞吐量。在一定的技术装备和劳动组织条件下，一定时间内进出货物的数量是衡量仓储规模大小的重要指标。

② 机械设备的使用特点。机械设备的使用特点一般包括：设备对场所、工作范围、运行路线的要求；设备的安全性、节能性、环保性和经济性；机械化、自动化程度；专业化和标准化程度。

③ 库内道路。确定库房内的作业通道，保证每一个货位都能与通道相通，方便人员、设备通行及提高作业效率。库房出入口和通道作为载货汽车和库房的出入口，要求宽度和高度的最低限度必须达到 4 m。作为铲车的出入口，则宽度和高度必须达到 2.5～3.5 m。通常库房出入口采用卷帘或铁门。库房内的通道是保证库内作业顺畅的基本条件，通道应延伸到每一个货位，使每一个货位都可以直接进行作业，通道路面平整和平直，减少转弯和交叉。大型作业卡车入库的通道应大于 3 m。

④ 仓库业务及作业流程，包括货物验收、货物上架、保管、养护、理货、复核、出库、发货等相关制度与操作流程。

3. 库房内部布置

库房内部布置的主要目的是提高库房内作业的灵活性和有效利用库房内部的空间。按功能的不同，库房可以分为储备型和流通型两大类。

（1）储备型库房的布置特点

储备型库房是以货物保管为主的库房，货物存放时间长，储存货物的周转较为缓慢，并且以整进整出为主，如战略储备仓库和采购供应仓库等。储备型库房布置的特点是突出强调提高储存面积占库房总面积的比例，并且设备要先进。为此，就必须严格控制各种非储存区域的占地面积，扩大吞吐能力。

（2）流通型库房的布置特点

流通型库房是以货物收发为主的库房，如批发和零售仓库、中转仓库，以及储运公司以组织货物运输业务为主的库房等。在这类库房中，储存货物的周转一般较快，需频繁开展出入库业务。在进行库房布置时必须充分考虑提高作业效率的要求。与储备型库房相比较，流通型库房的布置有不同的特点，主要区别是缩小了储存区，增加了检货和出库准备区；库房布置不是以提高面积利用率为主，而是综合考虑各种需要。实际上，库房储存的货物周转越快，对储存面积的需求越小。

（二）货物分区分类、货位规划、货位编号与货物堆垛

仓库对储存货物进行科学管理的一种重要方法就是实行货物分区分类、货位规划、货位编号与货物堆垛。

1. 货物分区分类

进行货物分区分类时，仓库一般按照货物的自然属性进行划分。分区分类主要是为了将不同性能的货物分别储存在不同保管条件的库房或货场，以便在储存过程中对多类货物进行科学的保管和养护，这有利于加快货物出入库作业的速度和减少误差。在分区分类时要注意划分适当，划分过粗不利于管理，划分过细不利于仓容利用。

师傅教我做

货物分区分类的“四一致”原则

1. 货物的自然属性、性能应一致

货物的性能一致是指不同货物之间具有互容性，即同储一个库区，不同货物间不会相互作用、串味、影响，以保证储存的安全。应按货物的自然属性，把怕热、怕光、怕冻、怕潮、怕风等不同货物分区分类储存。

2. 货物的养护措施应一致

为防止货物发生物理机械变化、化学变化和生理生化变化等，在保管期间需要采取一定的养护措施，如加热灭菌、低温储藏、气调储存等。养护措施相同的货物放在一个库区，如棉衣与棉被、被单、被套等纯棉类应存放在一个库区，冻猪肉等需在低温（-18～-15℃）冷藏库内保存，水果、蔬菜类货物则要在常温（-2～5℃）冷藏仓库内储藏养护。

3. 货物的作业手段应一致

为实现装卸搬运作业的专业化、机械化，尽可能将作业手段相同的货物同储一库。如果体积大小或单位重量相差悬殊，宜分区存放。例如，海绵、泡沫、塑料与大型重机器设备不应同存一库。

4. 货物的消防方法应一致

灭火方法不同的货物应分库存放。例如，小麦和玉米，灭火时主要用水，可以同储一个库区。油漆、橡胶制品燃烧时，需要用泡沫灭火机灭火；精密仪器失火时，则用二氧化碳灭火，这两类商品就不宜混存在同一库区。又如，爆炸品引起的火灾，主要用水扑灭，而多卤化合物、氯磺酸等遇水分解的物质，不能用水灭火，只能用二氧化碳、干沙灭火。在储存时要考虑这些特点。

2. 货位规划

货位规划通常有以下 3 种方式。

（1）横列式货位——货架与库房的宽向平行排列

横列式货位的优点是主通道长且宽，副通道短，整齐美观，便于存取查点，如果用于仓库布局，还利于通风和采光。横列式货位如图 2.2 所示。

图 2.2　横列式货位

（2）纵列式货位——货架与库房的宽向垂直排列

纵列式货位的优点是可以根据库存货物的不同在库时间和进出频率安排货位。在库时间短、进出频繁的货物放置在主通道两侧；在库时间长、进出不频繁的货物则放置在里侧。纵列式货位如图 2.3 所示。

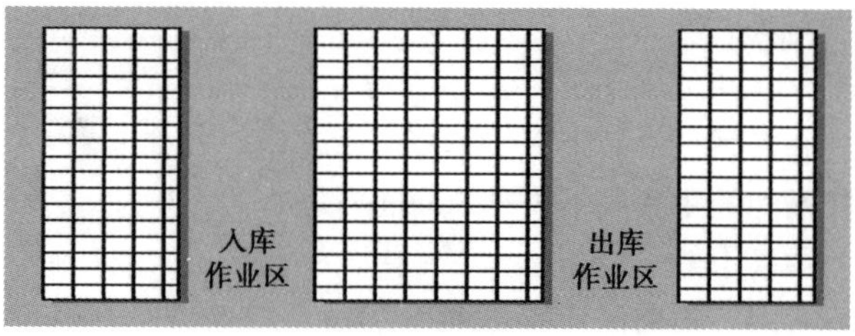

图 2.3　纵列式货位

（3）混合式货位——横列式和纵列式混合在同一个库房的布局中

混合式货位综合了横列式布局和纵列式布局的优点，如图 2.4 所示。

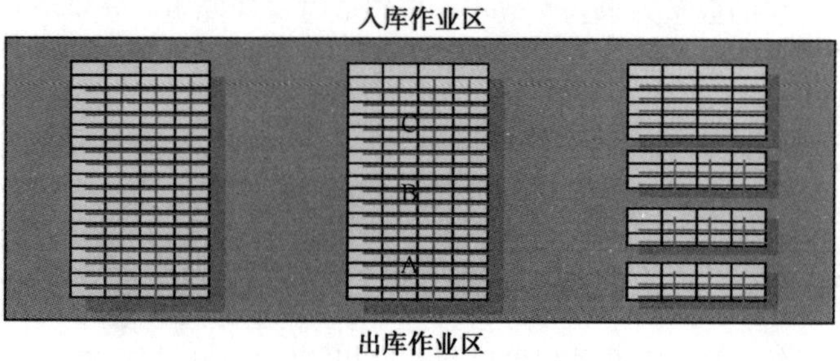

图 2.4　混合式货位

露天货场一般都与货物的主要作业通道呈垂直方向来排列货垛。具体操作过程中要注意留有通道和机动货位。

3. 货位编号

货位编号是指将库房、货场、货垛、货架及货物的存放具体位置按顺序统一编列号码，并有明显标志。具体的编号方法可以按仓库的不同条件和实际需要，灵活运用垂直、平面或立体的序列。最常用的是四号定位法：第一位表示仓库序号，第二位表示货架号，第三位表示货架的层号，第四位表示货位号。例如，数字 01-10-06-08，表示第 1 号库房、第 10 个货架、第 6 层的第 8 货位。

货位编号规则

另外，为了方便管理，货位规划和货位编号可以绘制成平面布置图。

4. 货物堆垛

货物堆垛（见图 2.5）是指根据货物的包装形状、重量和性能特点，结合地面负荷、储存时间将货物分别堆码成各种垛型。合理的堆垛能够使货物不变形、不变质，保证储存安全。同时，还能够提高仓库的利用率，并便于货物的保管、保养和收发。

图 2.5　货物堆垛

（1）堆垛的要求

① 对堆垛货物的要求。货物的数量、质量已经全面清查；包装完好，标志清楚；外表的污物已经清除，并且不影响货物质量；不合格或受损的货物已经另行处理，不与合格品混杂；已经进行便于机械化作业的打捆、包装等作业。

② 对堆垛场地的要求。库内堆垛时，货垛应该在墙基线和柱基线以外，垛底需要垫高；货棚内堆垛时，货棚内地面要高于货棚外地面，四周要有排水设施，堆垛时要垫高 30～40 cm；露天堆垛时，场地必须坚实、干燥、平坦、无杂草，最好高于四周地面，四周排水通畅，堆垛时要垫高 40 cm。

③ 对堆垛的基本要求如下。

堆垛的要求

- 要注意“五距”。

顶距：货堆顶部与仓库屋顶平面距离应不少于 50 cm。

灯距：照明灯与物品间的距离应不少于 50 cm。

墙距：货堆与墙的距离不能少于 30 cm，主要是为了防止渗水，便于通风散潮。

柱距：货垛与屋柱之间的距离，一般为 10～20 cm，主要是为了防潮和保护柱角。

垛距：货垛之间的距离，一般为 50～80 cm。

另外，主要通道要留有 2～4 m 的距离，以便搬运。

- 货垛必须牢固，不偏不斜，不歪不倒，不压坏底层货物和场地。
- 定量。每行每层的数量力求为整数，不成整数时每层要明显分隔，便于清点发货。
- 整齐。货垛要有一定的规格，排列整齐有序，包装标志一律向外。
- 节约。堆垛时要考虑节省仓位，提高仓库利用率。

（2）堆垛的基本形式

货物堆垛的基本形式

① 重叠式。逐件逐层向上重叠码高，是机械化作业的主要形式之一，适用于硬质整齐的货物包装，如集装箱、钢板等的存放。重叠式堆垛如图 2.6 所示。

② 交错式。将长短一致、宽度排列可以和长度相等的货物一层横放、一层纵放，交错堆码，形成方形垛。这种垛型也是机械作业的主要垛型之一。交错式堆垛如图 2.7 所示。

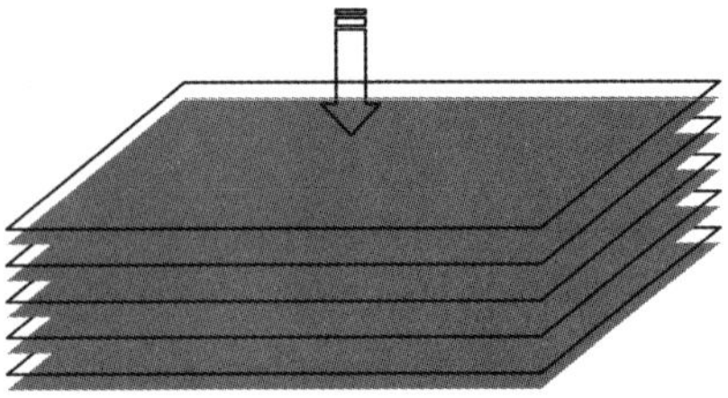

图 2.6　重叠式堆垛

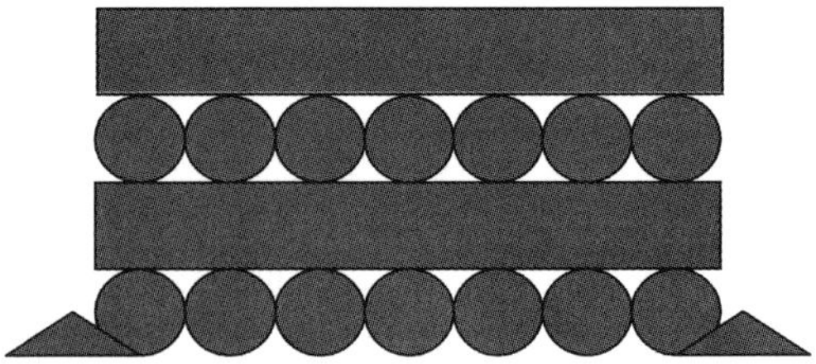

图 2.7　交错式堆垛

③ 压缝式。将垛底的底层排列成正方形或长方形，上层起压缝堆码，即每件货物都压住下层的两件货物。其适用于缸、建筑陶瓷、阀门等货物的堆码。压缝式堆垛如图 2.8 所示。

④ 宝塔式。与压缝式相似，压缝式是在两件货物上压缝堆码，宝塔式是在 4 件货物的中心上方堆码，逐层缩小，如电线、电缆的码放。宝塔式堆垛如图 2.9 所示。

图 2.8　压缝式堆垛

图 2.9　宝塔式堆垛

⑤ 仰伏相间式。角钢、槽钢和钢轨等货物，可以一层仰放、一层伏放，两层相扣，使货垛稳定。如果露天存放，要注意一头稍高，以便排水。仰伏相间式堆垛如图 2.10 所示。

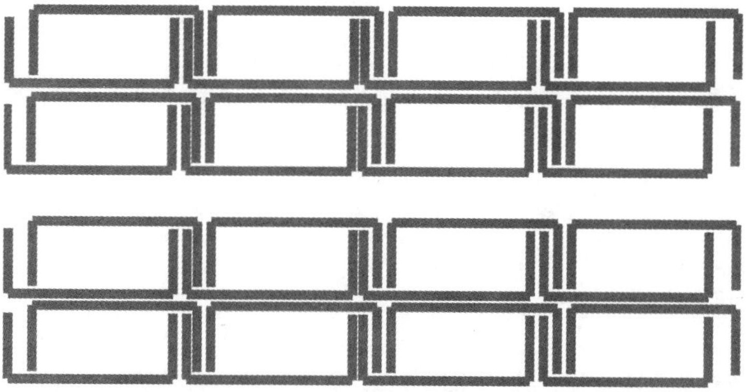

图 2.10　仰伏相间式堆垛

⑥ 通风式。对于需要防潮通风的货物，堆垛时每件之间留有一定的空隙。通风式堆垛如图 2.11 所示。

⑦ 栽柱式。在货垛两旁栽放钢柱，每层或隔层用铁丝将货物拉紧，以防倒塌。这种方式多用于金属材料，如圆钢等，适合机械堆码。栽柱式堆垛如图 2.12 所示。

图 2.11　通风式堆垛

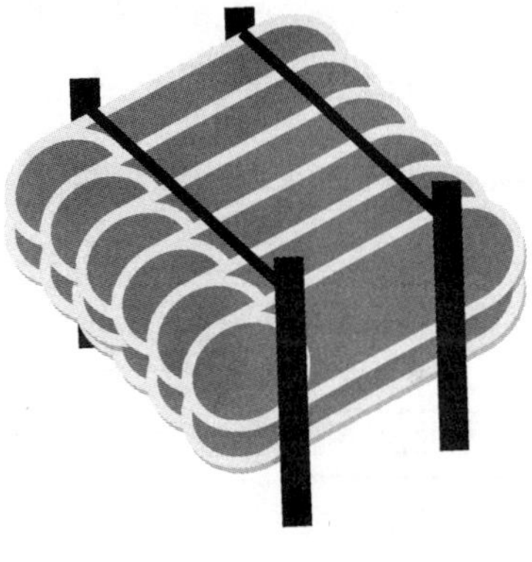

图 2.12　栽柱式堆垛

⑧ “五五化”。以 5 为基本计数单位，堆码成各种总数为 5 的倍数的货垛，便于清点，收发快，适用于按件计数的货物。“五五化”堆垛如图 2.13 所示。

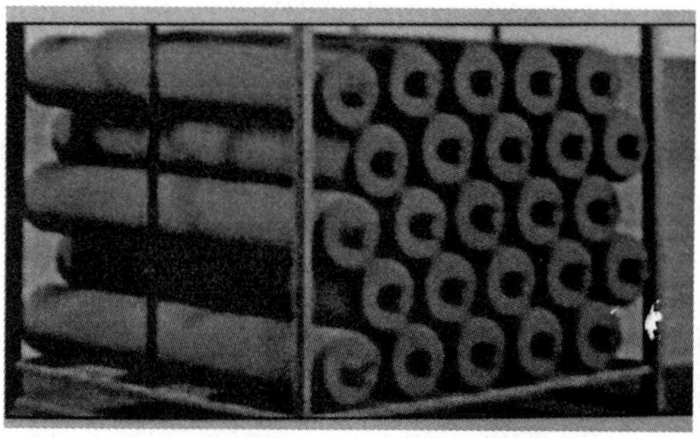

图 2.13　“五五化”堆垛

经验之谈

帮你解决仓库管理难题

只要涉及商品流通都会碰到仓库管理问题，但是要做好仓库管理工作，绝非易事，笔者根据经验，给出3点建议，破解仓库管理难题。

1．提高管理人员素质

21世纪，企业竞争很大程度上依赖于企业内部人员的素质。应通过有效的培训机制，提高企业内部人员的素质，做好后备力量的支持。

2．合理选择仓库管理软件

企业信息化越来越重要，大型工厂可实施ERP系统，但是大部分销售型企业需要的还是适合自身使用的仓库管理软件。符合行业特征、简单易用、数据稳定等都是选择时需要考虑的因素。

3．将仓库管理落到实处

企业既加强了人员素质，又安装了仓库管理软件，但也不一定就能提高效率，还要将仓库管理落到实处，即有一个流程化、体制化的管理机制，并且要结合好用的仓库管理软件来实施。

小结：心动不如行动！

要点回顾

- 仓库布局
  - 仓储物流规划的原则
  - 仓库的布局
    - 货物保管场所的布局
      - 仓库平面布局
      - 仓库作业区布置
      - 库房内部布置
    - 货物分区分类存放、货位规划、货位编号与货物堆垛
      - 货物分区分类
      - 货位规划
      - 货位编号
      - 货物堆垛

练一练

1．运用四号定位法，将你的座位编号。现场以小组为单位进行比赛（比速度），在准确的情况下，小组编号时间总和最少者为100分，依次折合。

2．自备道具，按堆垛方式码放。提交照片或现场展示。

3．工学结合项目：教师带领学生参观合作企业的仓库布局，由学生分析其合理性，如果认为不合理，该如何调整？提交电子版设计与调整方案。

学习资源库

1．“物流管理基础”黑龙江省级精品课程（闫春荣主讲）。

2．“仓储管理实务”丽水职业技术学院精品课程（闫春荣主讲）。

3．中国物流与采购网。

4．中国物流与采购教育认证网。

测一测

客观题　　实务操作题

扩一扩

案例赏析：“数字化”的无人仓库

心灵悟语：取之有度，用之有节，则常足。

项目二 识别企业

财富故事

招商物流的发展之路

招商局集团（简称“招商局”）是中央直接管理的国有重要骨干企业，隶属于国务院国有资产监督管理委员会。总部位于香港，是在香港成立、运营较早的中资企业之一。整体特点可以概括为：百年央企、综合央企、驻港央企。招商局是一家业务多元化的综合企业，公司业务主要集中于综合交通、特色金融、城市与园区综合开发运营三大核心产业，并正由三大主业向实业经营、金融服务、投资与资本运营三大平台转变。2021 年 8 月 2 日，2021 年《财富》“世界 500 强”排行榜发布，招商局位列第 163 名。

从交通运输业起步的 140 年来，招商局从未间断过在港口、码头、仓储、运输等领域的投资与发展，逐步形成了发展现代物流业的独特优势，20 世纪末，明确将现代物流业确立为招商局的核心产业之一。招商局物流集团有限公司（简称招商物流）正是招商局旗下发展现代物流业的核心企业，是中国高知名度的现代物流品牌 5A 级物流企业。

5A 级物流企业

招商物流总部位于深圳蛇口，已成为全国综合运营能力较强、资源配套较完善、品牌价值较高的第三方物流商之一。招商物流已形成遍布全国的物流网络，在全国 20 余个中心城市设立了子公司和分支机构，在全国 70 个重要城市建立了物流网络运作节点，物流配送可及时送达全国 700 多个城市。招商物流经营的现代化分发中心面积达 2 000 000 m^2，其中自建分发中心近 1 000 000 m^2；已在全国成功运作 12 条区域间干线和 1 225 条中长途公路运输线路。

招商物流凭借强大的投资及管控能力，一直致力于分发中心的战略性规划、建设和科学使用。在今后的几年中，公司还将继续在全国部分中心城市做战略性的投资，以满足快速增长的客户需求。除普通仓储服务外，还可提供海关监管仓储、保税仓储、恒温仓储等差异化服务。

多年来，招商物流抓住了中国扩大内需的经济发展趋势，努力开拓国内市场，始终保持着 80%客户为世界五百强企业和国内著名企业的良好客户结构。它一方面稳定了与宝洁、可口可乐、BP、青岛啤酒、埃克森美孚、中海壳牌等原有客户的市场份额，一方面与洋河酒业、梅花集团等新客户形成了战略合作伙伴关系。除了在快消品、化工品等优势领域保持领先地位，招商物流积极开展业务创新，成功推出了危化品物流、医药物流、供应链金融等新业务，取得了良好的经营效果。

招商物流示范基地仓库

招商物流仓储分拨中心

未来，招商物流将继续恪守“用心做事、亲力亲为”的核心理念，充分发挥专业化、网络化、信息化的优势，以高水平的服务质量和规模化、标准化的营运能力，专注把现有仓储、运输业务做到最好，同时学习和创新业务模式，努力成为具有较好效益、有特色、有品牌的中国标志性的现代物流服务供应商。

资料来源：招商局集团官网。

招商物流的发展历程带给你哪些公司组建与管理的相关信息？

任务三　企业市场定位

知识点

1. 企业成立的条件。
2. 市场调查的方法。
3. 市场调查的步骤。
4. 市场定位的步骤。
5. 目标市场选择策略。

学习目标

1. 知识目标

- 理解企业成立的条件、市场调查的步骤。
- 掌握目标市场选择策略、市场定位的方法。

2. 素质目标

- 认真负责地开展市场调查。
- 培养耐心细致的工作态度。

3. 技能目标

- 能够利用所学的知识设计市场调查表并完成市场调研。
- 能够为企业进行市场定位。

实训项目

1. 选择一个仓储企业，了解该企业成立的过程。

2. 参观一个物流仓库，判断其目标市场选择策略，并讨论其市场定位的合理性。

引例

创业者的机遇和挑战

在这个“大众创业，万众创新”的时代，创新创业与经济社会发展深度融合，对推动新旧动能转换和经济结构升级、扩大就业和改善民生、营造公平营商环境和创新社会氛围发挥了重要作用。张强和两个同学了解到国家税务总局公布的我国针对创新创业的主要环节和关键领域陆续推出了102项税费优惠政策措施，决定以仓储服务为主要经营项目，共同出资创建一家万通物流有限责任公司。

但是他们对创办公司的程序和手续不太清楚，需要开展一系列的专业市场调研和公司筹备工作。

由最新的税费优惠政策可知，企业初创期，除了普惠式税收优惠，符合条件的增值税小规模纳税人、小型微利企业、个体工商户，特殊群体创业或者吸纳特殊群体就业（高校毕业生、失业人员、退役士兵、军转干部、随军家属、残疾人、回国服务的在外留学人员、长期来华定居专家等）还能享受特殊的税费优惠。同时，国家还对扶持企业成长的科技企业孵化器、大学科技园等创业就业平台，创投企业，金融机构，企业和个人等给予税收优惠，充分发挥集聚效应，给予企业金融支持。

张强他们还咨询了专业人士，得知从计划组建仓储物流公司到正式开业需要完成以下四个阶段的任务：

1. 办理营业执照、交通运输许可证等证件；
2. 准备仓储场地、营运车辆、装卸设备等营运资源；
3. 招聘相关从业人员，含司机、仓管员、配送员、文员、财务、销售及各种管理人员；
4. 建立相关规章制度、组织方式、管理模式等。

因此，张强他们在物流市场开展广泛调研和客户开发的基础上，还需要认真了解国家颁布的《公司法》《合伙企业法》等法规的相关规定。他们计划从企业性质、经营类别、行业管理、选址决策、组织结构等方面精心筹备创业工作，对企业经营和管理等方面的具体措施谋划丝毫不敢松懈。

引例分析

经过一段时间的调研和整理，张强他们总结了物流企业设立的基本程序：

1. 选择公司形式。
2. 准备公司注册所需的资料，包括：

（1）法人、股东（表明出资比例等）、监事、经理、财务等个人资料和任职文件；

（2）经营范围；

（3）商用地址提供租房合同，民用地址要居委会开证明；

（4）注册资本、股东及其出资比例；

（5）公司法定代表人签署的“公司设立登记申请书”；

（6）全体股东签署的公司章程（市场监督管理局或政务网有模板）；

（7）法律、行政法规规定设立公司必须报经批准的，应当在公司登记前依法办理批准手续。

3. 到市场监督管理局核准公司注册名称（确定公司名称，查是否重名，市场监督管理局审核通过即可）。
4. 注册公司：到市场监督管理局领取公司设立登记的各种表格。
5. 凭营业执照，到公安局指定的刻章社刻公章、财务专用章等。

6. 到银行开基本户：凭营业执照去银行开立基本账户。

7. 到税务局办理登记信息确认。

8. 申请领购发票。注意每个月按时向税务局报税，即使没有开展业务不需要缴税，也要进行零申报，否则会被罚款。

资料来源： 国家税务总局．“大众创业 万众创新”税费优惠政策指引[N]．中国税务报，2021-7-26.

一、组建企业

（一）企业概念

企业是指以营利为目的，运用各种生产要素向市场提供商品或服务，实行自主经营、自负盈亏的社会经济组织。

企业生产产品或服务，满足人们物质和精神上的需求，反过来消费促进生产发展，企业的生产与人们的消费相辅相成，共同促进，社会也在这个过程中得到发展。企业作为社会最基本的经济细胞，其经营活动是企业创造价值、服务社会和获取利润的主要环节。对企业的概念应重点关注以下几点。

① 企业是在社会化大生产条件下产生的，是商品生产与商品交换的产物。

② 企业是从事生产、流通与服务等基本经济活动的经济组织。

③ 就企业的本质而言，它属于追求盈利的营利性组织。

企业的根本目标是实现利润。企业首先要制定一个经营方针，决定经营什么、生产什么，然后需要准备资金，即进行财务活动。在买方市场，企业面临着残酷的竞争。企业的核心竞争力关系到企业的生死存亡。不同的企业有不同的战略，有不同的竞争力要素组合。市场和用户始终关心企业所提供的产品或服务是否满足需要。

那么，所谓物流企业，就是指提供运输、仓储、配送、流通加工、装卸搬运、包装及物流信息等物流服务的企业。其中，仓储活动在社会经济发展及人们的日常生活中发挥着重要作用。仓储企业是以仓储活动为主营业务的物流企业，其重要性表现为：

① 有序的仓储活动是社会再生产过程顺利进行的必要条件。商品生产和消费在空间、时间、品种、数量等方面都存在着矛盾。这些矛盾在生产领域和消费领域都不能得到解决，只能在流通领域，通过连接生产和消费的商品仓储活动加以解决。因此，发挥仓储活动连接生产与消费的纽带和桥梁作用，才能保证社会再生产顺利进行。

② 高效的仓储活动是提高经济效益的有效途径。商品在生产以后消费之前，还要经过很长时间和各项环节。采取合适的防护措施，确保商品数量的准确性和质量的稳定性，对商品进行科学的管理，加强对商品的养护，保持其使用价值，减少商品损耗和劳动消耗，加速物资流通和资金周转，从而降低物流成本，开拓“第三利润源泉”，提高物流社会效益和企业的经济效益。

（二）企业类型

1. 按投资人的出资方式和责任形式分类

企业按投资人的出资方式和责任形式，分为个人独资企业、合伙企业和公司。

（1）个人独资企业

个人独资企业是指依法在中国境内设立，由一个自然人投资，财产为投资人个人所有，投资人以其个人财产对企业债务承担无限责任的经营实体。

个人独资企业是指个人出资兴办、完全归个人所有和控制的企业。个人独资企业的投资人必须是自然人，法人、其他组织不能成为个人独资的企业的投资人。个人独资企业不是法人，但是法律确认它能以自己的名义享有一定的权利、承担一定的义务，承认它有一定的独立的能力。

我国对个人独资企业的设立，在立法上采取了准则主义，即只要符合法律规定的设立条件，企业即可直接办理工商登记，无须经过有关部门的批准。根据《个人独资企业法》的规定，个人独资企业的设立条件如下。

① 申请设立个人独资企业的投资人应当具有相应的民事权利能力和民事行为能力。

② 有合法的企业名称。个人独资企业必须与其责任形式相符合，不能使用“有限责任”“有限”“公司”等字样。

③ 有投资人申报的出资。

④ 有固定的生产经营场所和必要的生产经营条件。

个人独资企业的优点是设立、转让、关闭容易，出资人拥有绝对决策权，管理灵活。个人独资企业的缺点是负无限责任，风险大；受资金和个人管理能力的限制，规模有限。

（2）合伙企业

合伙企业是指由两个或两个以上合伙人订立合伙协议，共同出资、共同经营、共享收益和共担风险，并对合伙企业债务承担无限连带责任的营利性组织。

合伙企业也属于非法人企业。根据《合伙企业法》的规定，合伙企业的设立条件如下。

① 应当有两个以上的合伙人。

② 有合伙人实际缴付的出资。作为合伙企业的合伙人必须有具体的出资，出资的形式可以是货币、实物、土地使用权、知识产权、其他财产权。经合伙人一致同意，劳务也可以作为出资形式。合伙企业的具体出资额，法律并没有金额限制，只要合伙人认为与经营相适应即可。

③ 有自己的名称。

④ 有经营场所和从事合伙经营的必要条件。

合伙企业的优点是由众多合伙人共同筹资，可以扩大规模；合伙人共负偿债的无限责任，减少了贷款者的风险；容易成长和扩展。合伙企业的缺点是合伙企业属无限责任企业，合伙人对经营有连带责任，风险大；合伙人皆能代表公司，权力分散，多头领导，意见易产生分歧，决策缓慢。

（3）公司

公司是指由两个或两个以上自然人或法人投资设立的，具有独立法人资格和法人财产的企业。符合《公司法》规定的设立条件的，由公司登记机关分别登记为有限责任公司或股份有限公司；不符合《公司法》规定的设立条件的，不得登记为有限责任公司或股份有限公司。有限责任公司的股东以其认缴的出资额为限对公司承担责任；股份有限公司的股东以其认购的股份为限对公司承担责任。

有限责任公司的设立条件如下。

① 有符合法律规定的股东人数。按照《公司法》的规定，有限责任公司由五十个以下股东出资设立。一个自然人或一个法人可以投资设立一人有限责任公司，一个自然人只能投资设立一个一人有限责任公司。一人有限责任公司应当在公司登记中注明自然人独资或法人独资，并在公司营业执照中载明。

② 股东出资达到法定资本最低限额。

③ 股东共同制定公司章程或一人有限责任公司股东制定章程。

④ 有公司名称。公司名称中应标明“有限责任公司”或“有限公司”字样，并建立符合有限责任公司要求的组织机构。

⑤ 有固定的生产经营场所和必要的生产经营条件。

股份有限公司的设立条件如下。

① 发起人符合法定人数。按照《公司法》的规定，股份有限公司应当有二人以上二百人以下为发起人，其中半数以上的发起人需在中国境内有住所。

② 有符合公司章程规定的全体发起人认购的股本总额或募集的实收股本总额。

③ 股份发行、筹办事项符合法律规定。

④ 发起人制定公司章程，采用募集方式设立的经创立大会通过。

⑤ 有公司名称，建立符合股份有限公司要求的组织机构。

⑥ 有公司住所。

在这三种类型中，公司是现代市场经济条件下最主要的企业形式。从国际和国内经济发展的经验来看，到目前为止，现代公司制度是一致公认的最符合现代生产力发展的企业制度形式。公司的优点是容易筹资，公司具有独立寿命，不受出资人寿命的影响；容易吸收人才。其缺点是手续复杂，透明度较高，而且容易受“内部人控制”。

企业类型简介如表 3.1 所示。

表 3.1　企业类型简介

类型	个人独资企业	合伙企业	公司制企业
定义	单人拥有并控制的企业	两人或多人拥有并控制的企业	两个以上的资产所有人经法律批准所组成的法人企业
优点	1. 容易组成和解散； 2. 决策自由、简单； 3. 管理灵活性大； 4. 利润独享	1. 容易组成和解散； 2. 信用可靠； 3. 政府管理少； 4. 资金来源较多； 5. 政府税收政策优惠； 6. 经营管理可分工、专门化； 7. 较易成长与扩展	1. 容易筹集大量资金； 2. 股东只负有限债务责任； 3. 企业可望长期生存； 4. 容易吸收各种人才； 5. 股权细分，有利于决策民主； 6. 股权易转移，资源配置市场化
缺点	1. 无限债务清偿责任； 2. 企业生存寿命不稳定； 3. 筹集资金困难； 4. 缺乏管理人才	1. 无限清偿债务责任； 2. 企业生存寿命更不稳定； 3. 内部职权矛盾冲突加剧； 4. 难以撤退投资	1. 公司组织的成本较高； 2. 政府对公司的监管较严； 3. 投资者个人的经营权丧失； 4. 经营者拿薪金时缺乏责任心； 5. 投资者的利益不易确保

视野拓展

个人独资企业、合伙企业、有限责任公司的区别

首先，合伙企业是契约式企业，有限责任公司是股权式企业。我国《合伙企业法》规定，合伙企业是由各合伙人依法订立合伙协议，共同出资，合伙经营，共享收益，共担风险，并承担无限连带责任的企业。合伙协议是合伙人享受权利和承担义务的依据，合伙人的出资方式、数额和期限，合伙人分配利润和分担亏损的办法，合伙企业的事务执行、解散和清算等问题都按照依法订立的合伙协议来操作。《公司法》规定，有限责任公司股东按照比例出资，以其出资额为限对公司承担责任，并且按照投入公司的资本额享有所有者的资产收益、重大决策和选择管理者等权利。

其次，合伙企业不具有法人资格，有限责任公司具有法人资格，这是合伙企业和公司的最主要的区别。这一区别有两重意义：第一说明合伙企业只具有相对独立的人格，有限责任公司具有绝对独立的人格；第二说明合伙企业的财产只具有相对独立性，有限责任公司的财产具有绝对的独立性。合伙企业是每一个独立的合伙人根据合伙协议组合成立的，具有人合的性质。合伙企业只具有相对独立的人格，它作为独立的主体进行经营活动，可以以自己的名义拥有财产、参与诉讼，享受其他各种权利，但在承担债务责任方面，合伙人与合伙企业则具有连带关系。合伙人对企业的债务承担无限连带责任，每一个合伙人都可以代表其他合伙人享受权利和承担义务，即使他们内部定有承担债务责任比例的协议，也不能对抗对外的无限连带责任。

第三，合伙企业与有限责任公司在承担责任方面的区别，与它们在产权结构方面的区别有密切的联系。合伙企业的产权结构是一元结构，而公司的产权结构是二元结构。合伙企业的财产不属于合伙组织独立所有，而是属于合伙人共有，因此合伙人与合伙企业是连带责任关系。

最后，合伙企业与公司在设立方式、运营结构、投资的撤出和转让，以及企业的延续和解散等方面也有明显的区别。

2. 按在社会再生产过程中的作用分类

企业按在社会再生产过程中的作用不同，分为生产型企业、流通型企业、金融型企业和服务型企业（见图 3.1）。

（a）生产型企业——宝钢集团

（b）流通型企业——沃尔玛

（c）金融型企业——中银

（d）服务型企业——中粮集团

图 3.1　企业按在社会再生产过程中的作用分类

（1）生产型企业

生产型企业分狭义和广义两个层面。狭义的生产型企业主要是指有实物产品产出的企业，如化工、冶金、炼油、食品、服装、造纸等以实物产品产出，需要原材料供给的企业；广义的生产型企业包括输入转化为输出过程的一切社会组织。

（2）流通型企业

流通型企业专门从事交易、零售或批发，为社会提供原材料、半成品及产成品，再通过物流企业传送到消费者手中，促进生产企业的生产加工及消费者的最终使用。

（3）金融企业

金融企业是国家管理经济的重要部门，负有国家间接管理经济的职能。金融企业是特殊企业，它的设立必须经过国家有关部门的批准，并核发金融业务许可证；它的经营对象是特殊的商品，即货币和信用；它以信用方式从事经营活动；它的经营环境是国民经济活动的方方面面。金融企业具有很大的社会性和宏观性。

（4）服务型企业

服务型企业是指从事现行增值税“服务业”科目规定的经营活动的企业，如代理业、旅店业、饮食业、旅游业、仓储业、租赁业、广告业等。

3. 按规模分类

企业按规模的不同，分为大型企业、中型企业和小型企业。

根据2003年《国务院国有资产监督管理委员会办公厅关于在财务统计工作中执行新的企业规模划分标准的通知》，以工业企业、交通运输业企业、邮政业企业为例，大中小型企业划分标准如表3.2所示。

表3.2　大中小型企业划分标准

行业名称	指标名称	单　位	大　型	中　型	小　型
工业	从业人员数	人	2 000以上	300～2 000	300以下
	销售额	万元	30 000及以上	3 000～30 000	3 000以下
	资产总额	万元	40 000及以上	4 000～4 000	4 000以下
交通运输业	从业人员数	人	3 000及以上	500～3 000	500以下
	销售额	万元	30 000及以上	3 000～30 000	3 000以下
邮政业	从业人员数	人	1 000及以上	400～1 000	400以下
	销售额	万元	30 000及以上	3 000～30 000	3 000以下

4. 按生产力要素比重分类

企业按生产力要素比重的不同，分为劳动密集型企业、资产密集型企业、技术密集型企业和知识密集型企业（见图3.2）。

（1）劳动密集型企业

劳动密集型企业是指生产需要大量的劳动力，也就是说产品成本中活劳动量消耗占比重较大的企业，又称劳动集约型企业，如纺织业、服务企业、食品企业、日用百货等轻工企业及服务性企业等。富士康就是典型的劳动密集型企业。

（2）资产密集型企业

资产密集型企业是指单位劳动力占有资金量（或资产量、资本）较多的企业，又称资本密集型企业。这种企业资本的价值构成高，资本的有机构成也高，一般都具有技术装备率高、机械化和自动化水平高、产品成本中物化劳动比重大等特点。在大多数情况下，它同时又是技术密集型企业。电力、冶金、航天、石化、电子等企业，都属于资产密集型企业。电力企业是最典型的资产密集型企业。

（a）劳动密集型企业

（b）资产密集型企业

（c）技术密集型企业

（d）知识密集型企业

图 3.2　企业按生产力要素比重分类

（3）技术密集型企业

技术密集型企业是指技术装备程度比较高，所需劳动力或手工操作的人数比较少，产品成本中技术含量消耗占比较大的企业。这类企业的特点是企业内部员工主要由具有较高的专业技术知识与技能的人员所构成，拥有大量高、尖、新技术设备，产品具有较高的知识与技术含量，生产与管理内容和环节主要依赖知识与技术活动，企业的无形资产占有相当大的比重，如程序设计公司、网站设计公司等。

（4）知识密集型企业

知识密集型企业是指建立在现代科学技术基础上，生产高、尖、精产品，集中大量科技人员，科研设备先进的企业，又称知识技术密集型企业，如电子计算机、飞机和宇宙航空工业、大规模和超大规模集成电路工业、原子能工业等。有人把从事电子计算机软件设计、技术和管理的咨询服务业也归入其中。

5. 按所有制形式分类

企业按所有制形式不同，可分为全民所有制企业、集体所有制企业、合资经营企业和私人企业。

① 全民所有制企业是指生产资料归全体人民所有，依法自主经营、自负盈亏、独立核算，以营利为目的的企业。

② 集体所有制企业是指财产归群众集体所有，劳动群众共同劳动，实行按劳分配为主、适当分红为辅，提取一定公共积累的企业。

③ 合资经营企业一般指中外合资，是由中国投资者和外国投资者共同出资、共同经营、共负盈亏、共担风险的企业。外国合营者可以是企业、其他经济组织或个人；中国合营者目前只

限于企业、其他经济组织，不包括个人和个体企业。

④ 私人企业，所有财产属于私人，上市后就可以发行企业股票（股票是一种融资方式）。

二、筹集企业资金

资金是企业运作之本，企业筹集资金的方式有多种，在不同阶段可以选择合适的资金筹集方式，以满足企业的需要。

（一）发行股票和债券

发行股票和债券属于直接筹资，这种方式是不需要通过金融机构的。股票筹资是一种高成本、低风险、筹资方便程度较差的筹资方式，仅用于股份制企业资本金的筹集。发行债券筹资，应当在企业预期资金利润率高于债券利息率的情况下，才能利用财务杠杆获得更多的收益，也才有能力承担较大的财务风险。

视野拓展

股份有限公司的设立资金来源

《公司法》规定，股份有限公司发起人承担公司筹办事务。发起人应当签订发起人协议，明确各自在公司设立过程中的权利和义务。股份有限公司的设立，可以采取发起设立或募集设立的方式。

1. 发起设立，是指由发起人认购公司应发行的全部股份而设立。注册资本为在公司登记机关登记的全体发起人认购的股本总额。在发起人认购的股份缴足前，不得向他人募集股份。

2. 募集设立，是指由发起人认购公司应发行股份的一部分，其余股份向社会公开募集或向特定对象募集而设立。注册资本为在公司登记机关登记的实收股本总额。

法律、行政法规及国务院决定对股份有限公司注册资本实缴、注册资本最低限额另有规定的，从其规定。

（二）依靠企业自有资金

依靠企业自有资金的特点是长久有效，资金生生不息，付现成本为零。搞好内部积累的措施是建立和强化现代企业制度，加强财务、生产、技术管理；不断创新，大幅降低生产成本，向社会提供优质产品；有创意地经营，全面占领市场，争得消费者，这样才能积累丰厚的利润。另外，加强资金风险意识，控制应收账款的规模并及时清理，也是增加企业内部资金积累的重要因素。

（三）从金融机构借款

从金融机构借款是间接融资的一种方式。这里主要指向银行和非银行金融机构借入资金。从金融机构借款的方式，一是信用担保借款，二是抵押贷款。金融机构是资金市场的主力军，是连接资金和经济活动的纽带。它的特点是资金供应灵活方便、服务完善、诚信度高，对促进商品生产和流通、保证生产经营的顺利发展、繁荣经济有重要的作用。银行借款与发行债券相比，手续较为简便，借款弹性较大，资金成本较低。但银行借款的额度受国家银根松紧的直接影响，且借款用途的限制性较大，长期借款一般还要提供资产做抵押，对企业举债能力有较大影响。与企业发行债券一样，从金融机构借款必须按期还本付息，企业可能因无法还本付息而破产。因此，从金融机构借款也属于资金成本低而财务风险较大的筹资方式。

（四）利用外资

改革开放以来，外资大量涌入国内。随着我国加入世界贸易组织，外资银行已进入我国资金市场开办金融业务。利用外资的渠道，包括外国政府、企业和个人的投资、我国港澳台地区的投资等；利用外资的形式，包括政府间的贷款，国际金融组织的贷款，企业之间的中外合资经营、合作经营等；利用外资较好的方式是吸引外资参股，由国内企业控股，利用外资进口设备从事生产经营等。就目前来看，利用外资可弥补我国经济建设资金不足的缺点，减轻就业压力，还可以引进先进技术、设备和管理经验，加强国际经济联系，对我国经济建设有十分重要的作用和意义。

视野拓展

降低公司设立门槛

自从2018年颁布新《公司法》，就存在对新《公司法》和老《公司法》的区别的疑问。两者的区别主要体现在对公司设立条件的修改，即公司设立门槛降低。

新《公司法》降低门槛的表现具体为：一人可开设公司；有限责任公司的最低注册资本额降至人民币3万元，而且出资人可以分期在2年内缴纳（实行认缴制）；允许股权、知识产权等法律、行政法规允许的其他形式用于股东出资，不过，增加的出资形式比人们预计的要少，如不包括著作权出资等；取消了无形资产出资比例的限制，只要求现金出资不得低于30%，无形资产出资比例最高可至注册资本的70%。

在此之前，我国公司立法对外商投资企业并无最低注册资本限额的规定，还允许外商投资企业的投资者分期缴纳注册资本；而内资公司则有最低资本额限制，并且要求资本一次缴清。这种立法限制了大量小规模民间资本的投资，还明显地造成了内外资之间的差别待遇，事实上造成了内外资企业待遇的不平等。新《公司法》平等地鼓励各类投资者直接投资。

三、构建企业组织结构

（一）仓储组织概念

企业组织是组织内部按分工协作关系和领导隶属关系对组织机构有序结合的总体，其基本内容包括明确组织结构的部门划分和层次划分，以及各个组织结构的职责、权限和相互关系，由此形成一个有机整体。

为了进行有效的仓储经营管理活动，实现仓储组织目标，必须建立相应的组织结构，形成合理的仓储组织结构。仓储企业不同部门及其责权的划分，反映了仓储组织结构之间的上下级或领导隶属关系。确定仓储组织结构的基本原则是：精简、统一、自主、高效。

① 精简原则。仓储组织经营管理的各个部门的组建应同仓储组织的经营规模和经营任务相适应，要求精简管理层次、压缩管理人员的编制。因此，仓储组织要在服从经营需要的前提下，因事设机构、设职，因职用人，尽量减少不必要的机构和人员，力求精兵简政，以达到组织结构设置的合理化，提高工作效率。同时，还要求各级仓储组织具有明确的职责范围、权限，以及相互间的协作关系；具有健全和完善的信息沟通渠道；制定合理的奖惩制度；还应有利于发

挥职工的主动性和积极性，确保工作质量和工作效率。

② 统一原则。仓储组织经营管理的各个部门、各个流程必须是一个有机结合的统一的组织体系。各层次的仓储组织结构形成一条职责、权限分明的等级链，不得越级指挥与管理。实行这种指挥的优点是：谁命令、谁执行都很清楚，执行者负执行的责任，指挥者负指挥的责任，自上而下地逐级负责、层层负责，保证经营任务的顺利进行。

③ 自主原则。仓储组织经营管理的各个部门、各个流程都在各自的职责和权限范围内，独立自主地履行职能，充分发挥各级组织结构的主动性和积极性，提高管理工作效率。上级对下级在其职权范围内做出的决定不能随意否定。可见，自主的原则是统一领导和分级管理，原则性和灵活性相结合。

④ 高效原则。这是仓储组织经营管理的各个部门必须遵循的根本原则，是验证组织结构合理与否的准绳。组织结构必须以完成经营目标和任务为准绳，必须具有管理工作的高效率和经营的高效益。因此，组织结构必须讲求科学分工，明确职责，实行责、权、利的统一，以提高管理效率和全员劳动效率。

（二）仓储组织结构类型

1. 直线型组织结构

直线型组织结构中每一位管理者对其直接下属有直接职权；组织中每一个人只能向一位直接上级报告，即“一个人，一个头”；管理者在其管辖的范围内，有绝对的职权或完全的职权。

直线型组织结构适合仓库规模小、人员不多、业务简单的小型仓储企业。其优点是：①结构比较简单；②责任与职权明确；③指令传达迅速，管理意图可得到充分执行。其缺点是：①在组织规模较大的情况下所有管理职能都集中由一个人承担，受管理者自身能力的限制；②部门间协调性差，在业务量大、作业复杂的情况下，管理者会感到压力很大。

直线型组织结构如图3.3所示。

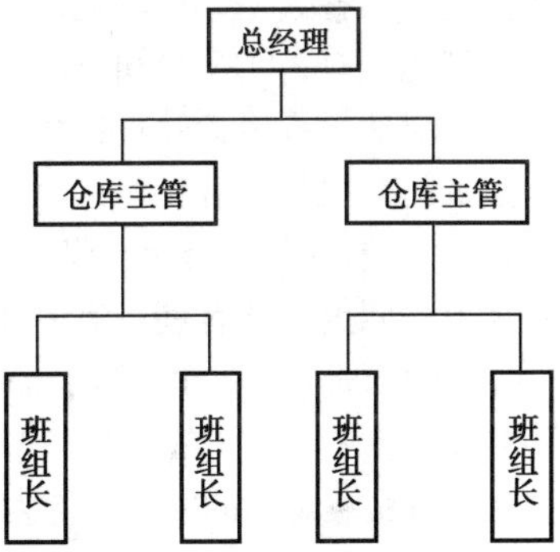

图3.3　直线型组织结构

2. 职能型组织结构

职能型组织结构采用按职能分工，实行专业化的管理办法来代替直线型的全能管理者，各职能机构在自己业务范围内可以向下级下达命令和指示，直接指挥下属。由于这种组织结构形式的缺陷明显，现代企业一般都不采用。

其优点是：①管理工作分工较细；②由于吸收专家参加管理，减轻了上层管理者的负担，使他们有可能集中注意力履行自己的职责。

其缺点是：①由于实行多头领导，妨碍了组织的统一指挥，容易造成管理混乱，不利于明确划分职责与职权；②各职能机构往往从本单位的业务出发考虑工作，横向联系差；③对于环境发展变化的适应性差，不够灵活；④强调专业化，使管理者忽略了本专业以外的知识，不利于培养上层管理者。

职能型组织结构如图3.4所示。

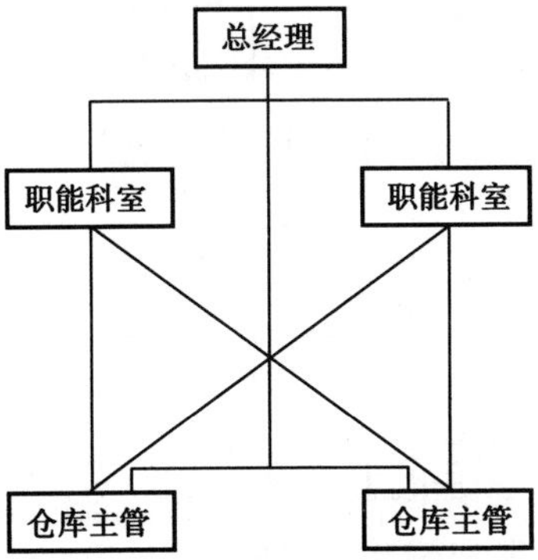

图3.4　职能型组织结构

3. 直线-职能型组织结构

直线-职能型组织结构按照组织职能来划分部门和设置机构，实行专业分工；把组织管理机构和人员分为两类——一类是直线指挥部门和人员，一类是参谋部门和人员；实行高度集权。绝大多数企业都采用这种组织结构形式。

其优点是：①各级直线管理者都有相应的职能机构和人员作为参谋和助手，因而能够对本部进行有效管理，以适应现代管理工作比较复杂而细致的特点；②每个部门都是由直线人员统一指挥，这就满足了现代组织活动需要统一指挥和实行严格责任制度的要求；③克服了管理者的精力和工作时间有限的缺点。

其缺点是：①下级部门的主动性和积极性的发挥受到限制；②部门之间互通情报少，不能集思广益地做出决策；③各参谋部门和直线指挥部门之间的目标不统一，容易产生矛盾，协调工作量大；④难以从组织内部培养熟悉全面情况的管理人员；⑤整个组织系统的适应性较差。

直线-职能型组织结构如图 3.5 所示。

4. 事业部型组织结构

事业部型组织结构采用集中政策、独立经营、单独核算的经营方式。最早是由美国通用汽车公司总裁斯隆于 1924 年提出的，故有“斯隆模型”之称，也称“联邦分权化”，是一种高度集权下的分权管理体制。事业部型是分级管理、分级核算、自负盈亏的一种形式。它适用于规模庞大、品种繁多、技术复杂的大型仓储企业。

其优点是：①总公司领导可以摆脱日常事务，集中精力考虑全局问题；②事业部实行独立核算，更能发挥经营管理的积极性，更有利于组织专业化生产和实现企业的内部协作；③各事业部之间有比较、有竞争，这种比较和竞争有利于企业的发展；④事业部内部的供、产、销之间容易协调，不像在直线-职能型组织机构下需要高层管理部门过问；事业部经理要从事业部整体来考虑问题，这有利于培养和训练管理人才。

其缺点是：①公司与事业部的职能机构重叠，造成管理人员的浪费；②事业部实行独立核算，各事业部只考虑自身的利益，影响事业部之间的协作，一些业务联系与沟通往往也被经济关系所替代，甚至连总部的职能机构为事业部提供决策咨询服务时，也要事业部支付咨询服务费。

事业部型组织结构如图 3.6 所示。

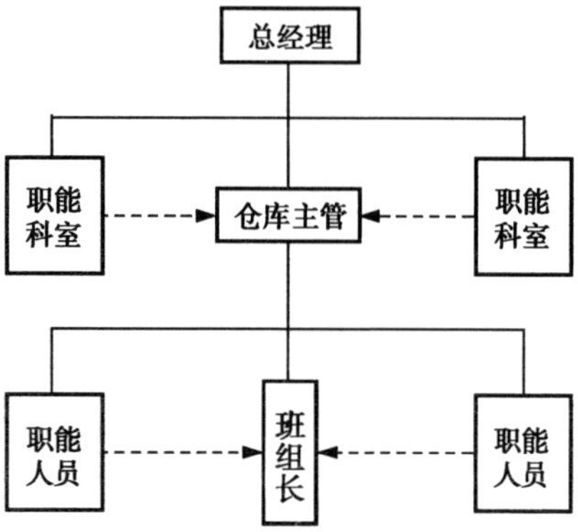

图 3.5　直线-职能型组织结构

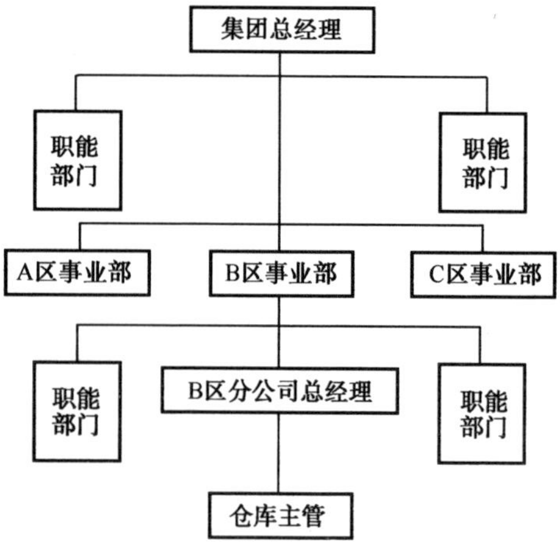

图 3.6　事业部型组织结构

5. 矩阵型组织结构

矩阵型组织结构既有按职能划分的垂直领导系统，又有按项目划分的横向领导系统。这种组织结构特别适用于以开发与实验为主的单位，如科学研究，尤其是应用型研究单位等。

其优点是：①灵活性、适应性强；②集思广益，有利于把组织的垂直联系与横向联系更好地组合起来，加强各职能部门之间的协作。

其缺点是：①小组是临时性的，稳定性较差；②小组成员要接受双重领导，当两个领导意见不一致时，就会使他们的工作无所适从。矩阵型组织结构适用于一些重大攻关项目，企业可用来完成涉及面广的、临时性的、复杂的重大工程项目或管理改革任务。

矩阵型组织结构如图 3.7 所示。

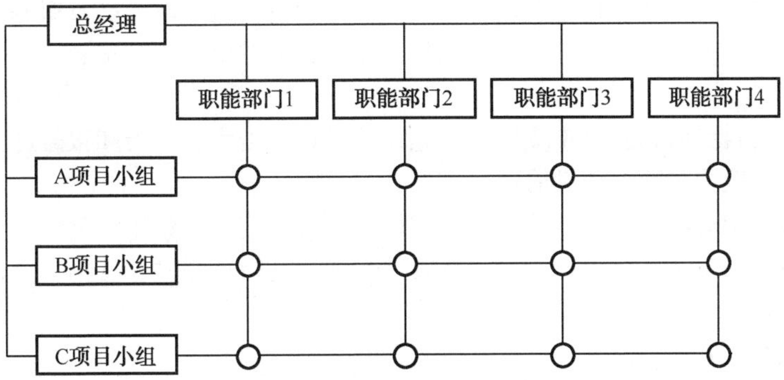

图 3.7　矩阵型组织结构

6. 虚拟组织

虚拟组织与传统的实体组织不同，它是围绕核心能力，利用计算机信息技术、网络技术及通信技术，与全球企业进行互补、互利的合作。合作目的达到后，合作关系随即解除。组织以这种形式能够快速获取全球各处的资源，为我所用，从而缩短“从观念到现金流”的周期。不仅如此，灵活的虚拟组织可避免环境的剧烈变动给组织带来的冲击。

7. 集团型和微型组织结构

近代企业组织有一个明显的变化趋势，即从常规企业向集团型和微型方向发展。究其原因，主要是市场竞争的结果。企业为了分散和减少风险，不得不联合起来，或者干脆“以小卖小”，以充分发挥企业的经营优势。例如，中外运公司的组织结构如图 3.8 所示。

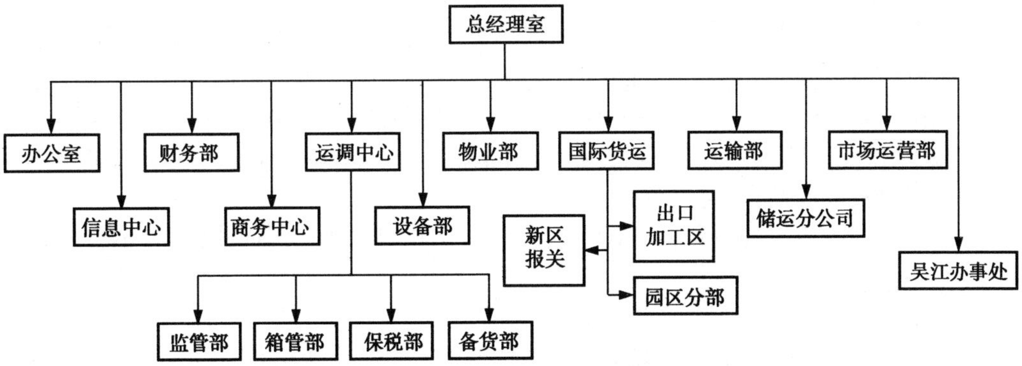

图 3.8　中外运公司的组织结构

四、实施市场调查

（一）市场调查的含义

市场调查是市场营销活动的起点，通过对市场的了解和把握，在调查活动中搜集、整理、分析市场信息，掌握市场发展变化的规律和趋势，为企业进行市场预测和决策提供可靠的数据和资料，从而帮助企业确立正确的发展战略。市场调查对于企业而言，是能够准确把握消费者需求的工具。不经过市场调查，就无从了解市场情况，无从制定企业的经营战略。

目前学术界存在多种有关“市场调查”的定义。

① 美国市场营销协会给市场调查下的定义是：“市场调查是对商品及服务市场相关问题的全部数据进行系统的搜集、记录、分析的过程，是一种通过信息将消费者、顾客和公众与营销者连接起来的职能。”

② 菲利普·科特勒认为：“市场调查是系统地设计、搜集、分析和报告与公司所面临的具体市场形势有关的数据和调查结果的过程。”

市场调查就是指运用科学的方法，有目的地、系统地搜集、记录、整理有关市场营销信息和资料，分析市场情况，了解市场的现状及发展趋势，为市场预测和营销决策提供客观的、正确的资料的活动。

市场调查的特点表现为：

① 客观性。市场调查必须采用科学的方法；必须不带偏见，不受感情的影响；对事实、证据的阐述必须排除主观性，进行合乎逻辑的推断。

② 系统性。市场调查必须针对某一问题进行，目的明确；必须先行设计、经过认真的策划和实施；必须搜集充分的、有代表性的数据，并加以精确计算。

③ 社会性。市场调查研究的内容和应用范围涉及社会经济生活的各个领域。

④ 目的性。市场调查的最终目的是为有关部门和企业进行预测和决策提供科学的依据。

经验之谈

市场调查人员的座右铭应该是：“寻找事物的本来面目，说出事物的本来面目。”

（二）市场调查的作用

市场调查是企业生产经营活动的基本出发点。有时候，人们会把市场调查比作企业营销业务的“耳目”。这种比喻是恰如其分的，它从总的方面形象而生动地道出了市场调查在企业营销活动中所起的重要作用。具体地说，市场调查对企业的作用主要表现在以下三个方面。

1. 市场调查是企业实现生产目的的重要环节

企业的生产目的是满足消费者日益增长的物质文化需要，为此，首先要了解消费者需要什么，以便按照消费者的需要进行生产，尤其是消费者的需要在不断变化，这就不但要调查，而且要及时进行调查。因此，市场调查是国民经济各部门制订计划及企业实现生产目的的重要一环。

2. 市场调查是企业进行决策的客观依据

企业进行经营决策，首先要了解内部和外部的环境及信息，要掌握信息，就必须进行市场调查，包括以下几个方面：

① 产品在哪些市场的销售前景较好？

② 产品在某个市场上的销售预计可达到什么样的数量？

③ 怎样才能扩大企业产品的销路，增加销售量？

④ 如何掌控产品的价格？

⑤ 应该使用什么方法去组织产品推销？

类似问题，只有通过市场调查后才能得到具体答案，才能作为决策或修正策略的客观依据。

3. 市场调查是增强企业竞争力的重要手段

市场的竞争是激烈的，情况也在不断发生变化。市场上的各种变化因素可以归结为两类：一是可控制因素，如产品、价格、分销、广告和推广等；二是非可控制因素，如国内环境和国际环境所包括的有关政治、经济、文化、地理条件、战争与国外分支机构等因素。这两类因素是相互联系、相互影响，而且不断发生变化的。及时调整可控制因素以适应非可控制因素的变化情况，才能应对市场上的竞争。只有通过市场调查才能及时了解各种非可控制因素的变化情况，从而有针对性地采取某种应变措施去应对竞争。通过市场调查所了解的情况或所获得的资料，除了解市场目前状况外，还可预测未来的市场情况。

经验之谈

了解市场调查的一般规律

1. 调动一切因素。市场调查是一项繁杂的工作，即使是具备独立市场部门或专职市场调查人员的大公司，市场调查工作也不是由市场调查人员“包干到底”的，它需要动员上至总经理下至业务员、门卫等企业一切人员的积极性、创造性方能奏效。

2. 构建良性循环。市场调查应当建立起策划、组织、实施、反馈、修正、实施、评估和再策划的良性循环。

3. 倚重销售人员。总经理是负责市场调查的策划、组织、领导和控制工作的，实践工作还是应由销售人员借工作之便进行调查或临时执行调查任务。这是因为销售人员是冲锋陷阵的“战士”，他们最了解“敌情”，也是最需要了解“敌情”的人。倚重销售人员，一方面可以节省公司人力、物力、财力，起到事半功倍之效；另一方面可以督促销售人员深入了解市场。

4. 借中间商之力协助完成市场调查工作。经销商或代理商在做好本地区市场以获取最大利润这一基本愿望上是与企业完全一致的。在这一前提下，企业可以策划、指导、支持经销商或代理商做好本地区的市场调研工作，了解本地区基本状况、消费状况、购买力水平、竞争品牌状况、媒介状况，以及当地政府的政策、方针、态度和民间组织活动等。

（三）选择市场调查方法

1. 按商品消费目的的不同划分

① 消费者市场调查。消费者市场的商品购买者是消费者个人或家庭，市场购销活动对象主要是最终产品——生活资料。消费者的购买活动是经常性的、零星的，由于商品消费的替代性较强，购销活动有一定的弹性。服务质量对商品销售量影响很大。对消费者市场进行调查，除直接了解需求数量及其结构外，还必须对诸多的影响因素进行调查。

② 生产者市场调查。生产者市场是指为了满足加工制造等生产性活动需要而形成的市场。

按照我国的习惯，通常称为生产资料市场。生产者市场的购买者主要是生产企业、单位，购买的产品多为初级产品和中间产品或生产资料，购销活动具有定期、大量和缺乏一定弹性的特点。这是因为许多生产过程需要特定的原材料，否则就不能生产出合格的产品或有一定特征的产品。同时，生产者市场的购买者多具有专门知识，有主见，不能轻易被说服。

2. 按调查目的的不同划分

① 描述性调查，是指对需要调查研究的客观事实资料，进行搜集、记录及分析的正式调查。它是要解决 5 个 W，即“谁”“什么”“什么时间”“什么地点”“为什么”的问题。假设一家快餐店开设分店，公司想知道人们是如何光顾这家分店的，就要描述下列问题：光顾者是谁，他们的性别、年龄和居住地点及他们是如何来这里的，他们对快餐产品和服务的要求是什么等。当然这些描述问题必须根据调查的目的而定。如果是用来制订促销计划，重点应放在人们是如何知道这家店的；如果是决定开店的位置，重点应放在分析快餐的商圈上。

② 探测性调查，是指企业对市场上发生的某种条件原因不明或趋势不明时，为了找出问题的症结和明确进一步深入调查的具体内容和重点而进行的非正式的初步调查。探测性调查的目的是发现新的想法和新的关系。企业将调查问题产生原因的情况做假设，然后展开市场调查，验证假设是否成立，进而针对问题采取改进方法。

③ 因果性调查，是指为了弄清有关市场变量之间的关系而进行的专题调查。它是调查一个变量是否引起或决定另一个变量的研究过程，其目的是识别变量之间的因果关系。例如，在某一时期，影响自行车销量的因素有哪些，其中哪些为主要影响因素，哪些为次要影响因素。又如，快餐店的销售额受地点、价格和广告等因素的影响，我们就要明确因变量与自变量之间的关系，通过改变其中一个重要的自变量来观察因变量受到影响的程度。

④ 预测性调查，是指为了预测未来市场变动趋势而进行的调查，属于市场预测的范围。它是在描述性调查和因果性调查的基础上，对市场的潜在需求进行的估算、预测和推断。因此，预测性调查实质上是市场调查结果在预测中的应用。在市场竞争日益激烈的情况下，为了避免企业决策错误，就必须进行调查和预测市场潜在需求，这样才能把握市场机会。例如，在快餐店的经营中，通过建立销售与广告的因果关系，得知广告与销售额成正比，据此就可以预测下年提高广告费可以增加多少销售额。

3. 按调查对象范围的不同划分

（1）全面调查

全面调查是指对调查对象中的所有单位进行调查。目的是了解市场的基本情况，对市场状况做出全面、准确的描述，从而为制定有关政策、规划提供可靠的依据。其调查结果虽比较正确，但不易进行，需要具备一定的人力、物力。

（2）非全面调查

非全面调查是指对调查对象中的一部分单位进行调查，但所调查的单位应具有较充分的代表性。它又分为市场典型调查、市场重点调查和市场抽样调查。

① 市场典型调查是从总体中选择具有代表性的部分单位作为典型单位进行调查。其目的是通过典型单位的调查来认识同类市场现象总体的规律性及其本质。

② 市场重点调查是从调查对象总体中选择少数重点单位进行调查。其目的是通过对这些重点单位的调查，反映市场的基本情况。

③ 市场抽样调查是根据概率原则抽出适当样本进行调查。其结果可以控制，在市场调查中应用较广。

4. 按调查内容的不同划分

① 定量市场调查，主要是指搜集和了解有关市场变化的各种数据进行量化或模型分析，预测潜在的需求量和商品销售的变化趋势。

② 定性市场调查，是指根据性质和内容对市场进行调查，如对市场环境、政治经济环境，以及来自消费者各个方面的反应等进行定性分析，为企业的营销决策提供可靠依据。

5. 按调查时间连续性的不同划分

① 经常性调查，是指随着事物在时间上的发展变化连续不断地进行调查。企业在市场营销活动中，需要随时根据市场变化，不断地做出经营管理决策。为了科学决策，需要掌握必要的市场信息，由此也就要经常开展市场调查活动。按照企业管理、经营决策的要求，每次调查的时间、内容一般都是不固定的。

② 定期调查，是指企业针对市场情况和经营决策的要求，按时间定期所做的市场调查。它的形式有月末调查、季末调查和年终调查等。通过定期调查，分析研究一定时间内企业经营活动的内外部情况，以便科学地认识市场环境，定期按计划指导经营活动。

③ 一次性调查，是指对那些短期内变动不大的研究对象一般不做连续性调查，而是为了某一特定目的组织的定期或不定期的一次性调查。

6. 按市场调查基本方法的不同划分

① 实地调查，是指调查者自身搜集第一手市场资料的方法。它包括观察法、实验法和访问法等。实地调查在借助科学研究方法的基础上，能够得到比较真实的资料和信息。

② 文献调查，是指对现有资料进行搜集整理的一种调查方法。通过搜集各种历史和现实的动态统计资料，从中摘取与市场调查课题有关的信息。文献调查具有简单、快速、节省调查经费等特点，尤其适用于对历史资料和现状的了解，既可以作为一种独立方法来运用，也可作为实地调查的补充。

③ 网络调查，又称网上调查或联机调查，是指通过网络进行有系统、有计划、有组织地搜集调查、记录整理，分析与商品或服务有关的市场信息，客观地测定及评价现在市场及潜在市场，其结果可作为各项营销决策的依据。网络调查借助互联网的各种特点和优势，搜集顾客和潜在顾客的有关信息，较传统调查具有快速性、广泛性和及时性等优点。

7. 按地域的不同划分

① 国内市场调查，是指以国内市场为对象进行的调查。它可以分为全国性市场调查和地区性市场调查，还可以分为城市市场调查和农村市场调查。

② 国际市场调查，是指以世界市场的需求动向为对象进行的调查。我国国内市场是国际市场的重要组成部分，国际市场同时也影响着我国国内市场。按不同空间组织的市场调查资料，对于研究不同空间市场的特点、合理组织各地区商品生产与营销、进行地区间合理的商品流通，都具有十分重要的价值。

此外，市场调查的分类方法还有：按市场调查主体的不同，分为企业组织的市场调查、政府部门组织的市场调查、个人组织的市场调查和社会其他机构组织的市场调查；按调查者的角度的不同，分为需求调查与供给调查；按购买商品目的的不同，分为消费者市场调查和产业市场调查；按商品流通环节的不同，分为批发市场调查和零售市场调查，等等。

（四）开展市场调查的步骤

市场调查包括四个完整的步骤：市场调查准备阶段、市场调查搜集资料阶段、市场调查研究阶段、市场调查总结阶段，如图 3.9 所示。

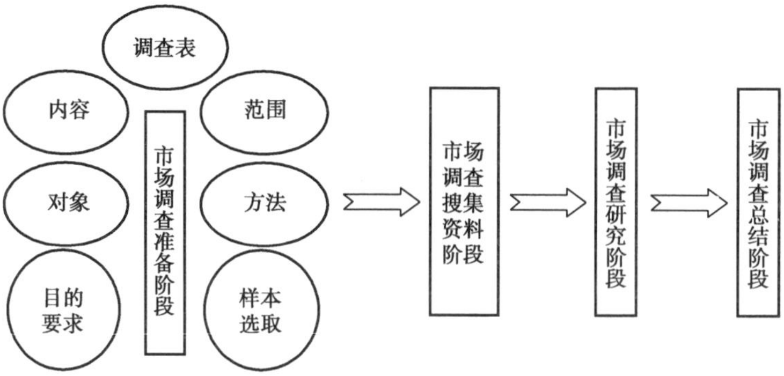

图 3.9　市场调查的步骤

1. 市场调查准备阶段

对企业提供的资料进行初步的分析，找出问题存在的征兆，明确调查课题的关键和范围，以选择最主要也是最需要的调查目标，制订出市场调查的方案。一个完善的市场调查方案一般包括以下几方面内容。

① 明确调查目标。例如，本次市场调查的目的是了解某产品的消费者购买行为和消费偏好情况等。

② 明确调查对象。市场调查的对象一般为消费者、零售商和批发商。零售商和批发商为经销调查产品的商家，消费者一般为使用该产品的消费群体。在以消费者为调查对象时，要注意有时某一产品的购买者和使用者不一致，如对婴儿食品的调查，其调查对象应为孩子的母亲。此外，还应注意到一些产品的消费对象主要针对某一特定消费群体或侧重于某一消费群体，这时调查对象应注意选择产品的主要消费群体，如对于化妆品，调查对象主要选择女性，而对于酒类产品，调查对象主要选择男性。

③ 明确调查内容。调查内容是搜集资料的依据，是为实现调查目标服务的，可以根据市场调查的目的确定具体的调查内容。例如，调查消费者行为时，可按消费者购买、使用和使用后评价三个方面列出调查的具体内容。调查内容的确定要全面、具体，条理清晰、简练，避免面面俱到、内容过多、过于烦琐，避免把与调查目的无关的内容列入其中。

④ 设计调查表。调查表是市场调查的基本工具，调查表的设计质量直接影响到市场调查的质量。设计调查表要注意以下几点。

- 调查表的设计要与调查主题密切相关，重点突出。设置的问题要容易让被调查者接受，避免出现被调查者不愿回答或令被调查者难堪的问题。
- 调查表中的问题要条理清楚，符合逻辑顺序。一般可遵循以下次序：一是容易回答的问题放在前面，较难回答的问题放在中间，敏感性问题放在最后；二是封闭式问题在前，开放式问题在后。
- 调查表的内容要简明，尽量使用简单、直接、无偏见的词汇，保证被调查者能在较短的时间内完成调查表。

⑤ 确定调查范围。调查范围应与企业产品销售范围相一致。当在某一城市做市场调查时，调查范围应为整个城市。但由于调查样本数量有限，调查范围不可能遍及城市的每一个地方，一般可根据城市的人口分布情况，主要考虑人口特征中收入、文化程度等因素，在城市中划定若干个小范围调查区域，划分原则是使各区域内的综合情况与城市的总体情况分布一致，将总样本按比例分配到各个区域，在各个区域内实施访问调查。这样可相对缩小调查范围，减少实

地访问工作量，提高调查工作效率，降低费用。

⑥ 样本选取。调查样本要在调查对象中抽取，抽取数量可根据市场调查准确程度的要求确定，市场调查结果准确度要求越高，抽取样本数量应越多。实际市场调查中，在一个中等以上规模的城市进行市场调查的样本数量，按调查项目的要求不同，可选择 200～1 000 个样本。样本的抽取可采用抽样法。具体抽样时，要注意对抽取样本人口特征因素的控制，以保证抽取样本的人口特征分布与调查对象总体的人口特征分布相一致。

⑦ 选择调查方法。市场调查中，常用的资料搜集方法有调查法、观察法和实验法。一般来说，前一种方法适宜于描述性研究，后两种方法适宜于探测性研究。企业做市场调查时，常采用的调查法有面谈法、电话调查法、邮寄法和留置法等。这几种调查方法各有优缺点，适用于不同的调查场合，企业可根据实际调查项目的要求来选择。

2. 市场调查搜集资料阶段

资料搜集必须通过调查人员来完成，调查人员的素质会影响调查结果的正确性。因此，应选择恰当的调查员或对调查人员进行事先培训，以尽量提高调查资料的实用性和准确性。这是市场调查的关键步骤，直接影响整个市场调查工作的最终成果，应按照之前的计划灵活地开展调查工作。

3. 市场调查研究阶段

资料搜集后，应检查所有答案，不完整的答案应考虑剔除，或者再询问该应答者，以求填补资料空缺。然后对这些资料进行编组或分类，使之成为某种可供备用的形式。最后把有关资料用适当的表格形式展示出来，以便说明问题或从中发现某种典型的模式。资料分析应将结果编成统计表或统计图，方便读者了解分析结果，并可从统计资料中看出其与调查主题之间的关系。

4. 市场调查总结阶段

经过对调查资料的综合分析整理，便可根据调查目的写出一份调查报告，得出调查结论。值得注意的是，调查人员不应当把调查报告看作市场调查的结束，而应继续注意市场情况变化，以检验调查结果的准确程度，并发现新的市场趋势，为改进以后的调查工作打好基础。

（五）分析市场调查的结果

市场调查的结果是经过科学方法处理分析后的基础性数据和资料，可以用各种形式的调研报告向社会或委托人公布（如果有协议或合同，应根据文件的要求执行）。调查中发现的问题、受到的启示及有关的建议都应在报告中提出，以帮助管理决策部门利用这些信息做出相应的反应或行为。但必须强调指出，市场调查的结果只是用于帮助管理部门做出正确的决策，其结果本身不是一种目的。

一般来说，市场调查的结果都会以市场调研报告的形式体现出来。下面就来看一下应该如何编写市场调研报告。

市场调研报告的格式一般由标题、目录、概述、正文、结论与建议、附件等几部分组成。

① 标题。标题和报告日期、委托方、调查方，一般应打印在扉页上。同时，还应把被调查单位、调查内容明确而具体地表示出来，如《关于哈尔滨市家电市场调查报告》。有的调查报告还采用正、副标题形式，一般正标题表达调查的主题，副标题则具体表明调查的单位和问题，如《消费者眼中的〈物流快报〉——〈物流快报〉读者群研究报告》。

② 目录。如果调查报告的内容、页数较多，为了方便读者阅读，应当使用目录或索引形式列出报告所分的主要章节和附录，并注明标题、有关章节号码及页码。一般来说，目录的篇幅不宜超过一页。

③ 概述。概述主要阐述课题的基本情况。它按照市场调查课题的顺序将问题展开，并阐述对调查的原始资料进行选择、评价、得出结论和提出建议的原则等。它主要包括以下三方面内容：第一，简要说明调查目的，即简要地说明调查的由来和委托调查的原因；第二，简要介绍调查对象和调查内容，包括时间、地点、对象、范围、调查要点及所要解答的问题；第三，简要介绍调查研究的方法。介绍调查研究的方法，有助于使人确信调查结果的可靠性，因此，对所用方法要进行简短叙述，并说明选用方法的原因。如果这部分内容很多，应有详细的工作技术报告加以说明补充，附在市场调查报告最后部分的附件中。

④ 正文。正文是市场调查分析报告的主体部分。这部分必须准确阐明全部有关论据（包括问题的提出到引出的结论）论证的全部过程，分析研究问题的方法，还应当有可供市场活动的决策者进行独立思考的全部调查结果和必要的市场信息，以及对这些情况和内容的分析评论。

⑤ 结论与建议。结论与建议是编写市场调研报告的主要目的。这部分包括对概述和正文部分所提出的主要内容的总结，以及提出如何利用已证明为有效的措施和解决某一具体问题可供选择的方案与建议。结论和建议与正文部分的论述要紧密对应，不能提出无证据的结论，也不能做没有结论性意见的论证。

⑥ 附件。附件是指市场调研报告正文包含不了或没有提及，但与正文有关必须附加说明的部分。它是对正文报告的补充或更详尽的说明，包括数据汇总表及原始资料背景材料和必要的工作技术报告，如为调查选定样本的有关细节资料及调查期间所使用的文件副本等。

五、定位目标市场

（一）物流市场细分过程

物流市场细分是指物流企业根据市场需求的多样性和购买者行为的差异性，把整体市场，即全部顾客和潜在顾客，划分为若干具有某种相似特征的顾客群，以便选择确定自己的目标市场的活动。物流市场中，客户对物流服务的需求，无论是在产品的质量和数量上，还是在产品的特性和要求上都存在明显的差异。虽然客户的根本要求都是完成物品从供应地向接收地的实体流动过程，但是物流活动或物流作业的具体运作活动却各不相同，这就为物流市场的细分提供了客观依据。因此，物流企业必须致力于分析确认客户的需求差别，进行市场细分，从而选择和确定目标市场，来提高企业物流服务营销的效率和效益。

根据物流市场的特点，物流企业可按物流服务功能、物流服务内容、物流服务产品特点、地理区域、物品属性、客户规模、时间长短、服务方式和外包动因等对物流市场进行细分。

1. 按物流服务功能分类

根据物流企业以某项服务功能为主要特征，物流市场可分为运输型物流需求、仓储型物流需求和综合服务型物流需求。

① 运输型物流需求要求物流企业同时符合以下要求：

- 以从事货物运输业务为主，包括货物快递服务或运输代理服务，具备一定规模；
- 可以提供门到门运输、门到站运输、站到门运输、站到站运输服务和其他物流服务；
- 企业自有一定数量的运输设备；
- 具备网络化信息服务功能，应用信息系统可对运输货场进行状态查询、监控。

② 仓储型物流需求要求物流企业同时符合以下要求：

- 以从事仓储业务为主，为客户提供货物储存、保管、中转等仓储服务，具备一定规模；
- 企业能为客户提供配送服务及商品经销、流通加工等其他服务；

● 企业自有一定规模的仓储设施、设备，自有或租用必要的货运车辆；

● 具备网络化信息服务功能，应用信息系统可对货物进行状态查询、监控。

③ 综合服务型物流需求要求物流企业同时符合上述两类物流企业的要求。

2. 按物流服务内容分类

根据国民经济组成不同产业领域对物流服务的需求，物流市场可分为：制造业物流仓储需求、商贸流通业物流需求、电子商务物流需求。

（1）制造业物流需求

制造业的生产制造过程包括原材料的采购、产品在生产线上的生产、产成品的入库、产成品出库销售、废旧物资的回收利用或处理等环节。制造业物流可划分为供应物流、生产物流、销售物流、回收物流和废弃物物流。

制造业的物流仓储需求贯穿于整个生产链，原料采购、产品生产、产品销售及产品回收四个主要方面都涉及仓储需求。因此，可以把制造业的物流仓储需求分为采购仓储需求、生产仓储需求、销售仓储需求和产品回收仓储需求等主要需求。

（2）商贸流通业物流需求

商贸流通业是连通产品生产和市场的中间环节，是采用批发、零售和储存手段将生产企业的产品进行区域集中，然后再运用分拣、加工、配送运输的形式，把适当的数量送到客户手中的过程。

为商贸流通业服务的物流，保证了商品流通的顺畅进行，是商贸业活动的重要组成部分。随着经济的发展，人民生活水平的提高，必然带来消费水平的提高，从而促进商贸流通业的物流需求。商贸流通业物流运作以货物的集中再分散为主，因此，商贸流通业的物流需求主要为区域配送中心需求、采购仓储需求和配送仓储需求。

（3）电子商务物流需求

电子商务是互联网经济的重要组成部分，是数字化商务活动。电子商务代表着未来的贸易方式、消费方式和服务方式。因此，要求打破原有物流行业的传统格局，建设适应电子商务特点和发展趋势的电子商务物流体系。

电子商务物流是运用现代信息技术整合物流环节，实现高度信息化的物流。随着电子商务的发展，物流为了应对信息化、智能化的服务需求，其功能也日益多元化、增值化，在一整套仓储运营系统的指导下，向着集流通加工和配送为一体的多功能、信息化方向发展。

电子商务物流由原来的商流、物流分离，发展到商流、物流、信息流、资金流的有机结合，提供了高速、安全、可靠的物流服务。电子商务物流要求物流服务能够适应生产、流通与消费的需求，根据具体订单灵活组织和实施物流作业。

拓展阅读

增值物流服务

根据物流服务的内容划分为基本物流服务和增值物流服务。其中，增值物流服务是指在完成物流基本功能的基础上，根据客户需求提供的各种延伸业务活动，以及其他服务项目。这些物流服务都具有无形性、不可分性、可变性、易消失性、从属性、一体化和个性化。在竞争不断加剧的市场环境下，不但要求物流企业在传统的运输和仓储服务上有更高的服务质量，而且要求大大拓展物流业务，提供尽可能多的增值服务。主流的增值物流服务主要包括以下几个方面：

1. 增加便利性的服务。一切能够简化手续、简化操作的服务都是增值服务。简化是相对于消费者而言的，并不是说服务的内容简化了，而是指为了获得某种服务，以前需要消费者自己做的一些事情，现在由物流服务提供商以各种方式代替消费者做了。

2. 加快反应速度的服务。物流企业面对多品种、小批量的买方市场，能以最快速度抽取要素，提供所需服务或产品。优化配送中心、物流中心网络，重新设计适合客户的流通渠道，以此来减少物流环节、简化物流过程，提高物流系统的快速反应能力。

3. 降低成本的服务。通过提供增值物流服务、采取物流共同化计划等，寻找能够降低物流成本的物流解决方案。采用比较实用但投资较少的物流技术和设施设备，或推行物流管理技术，提高物流的效率和效益，降低物流成本。

4. 延伸服务。所谓延伸服务，向上可以延伸到市场调查与预测、采购及订单处理，向下可以延伸到物流咨询、物流系统设计、物流方案的规划与选择、库存控制决策建议、货款回收与结算、教育与培训等。这些延伸服务最具有增值性，但也是最难提供的。

资料来源：孙浩静，杨莉. 物流企业运营管理实务[M]. 北京：人民交通出版社，2015.

3. 按物流服务产品特点分类

按客户所属行业产品特点的不同，可将物流市场分为农产品物流市场（见图 3.10）、家电物流市场（见图 3.11）、汽车物流市场和危险品物流市场等。

图 3.10　农产品物流市场

图 3.11　家电物流市场

其他物流市场细分的方法，还有以下几种：

① 按地理区域的不同，可将物流市场分为区域物流市场、跨区域物流市场和国际物流市场。

② 按客户规模的不同，可将物流市场分为大客户市场、中等客户市场和小客户市场。

③ 按时间长短的不同，可将物流市场分为长期客户市场、中期客户市场和短期客户市场。

④ 按服务方式的不同，可将物流市场分为单一型物流服务方式市场和综合型物流服务方式市场。

⑤ 按外包动因的不同，可将物流市场分为关注成本型市场、关注能力型市场、关注资金型市场和多动因型市场。

（二）实施市场定位

1. 物流市场定位定义

物流市场定位是指物流企业通过自身的物流服务创立鲜明个性，塑造出与众不同的市场形象，使之在客户心目中占据一定的位置，从而更好地抓住客户、赢得客户。市场定位为物流服务差异化提供了机会，使每一家企业及其服务在客户心目中形成特定的形象，从而影响其购买决定。

2. 物流市场定位原则

① 以“需求为中心”的物流服务精神。

② 以“最低成本完成最佳任务”为根本的物流服务目标。

③ 以“绿色、双赢策略”为标准的物流服务模式。

3. 物流市场定位步骤

物流市场定位的步骤如图 3.12 所示。

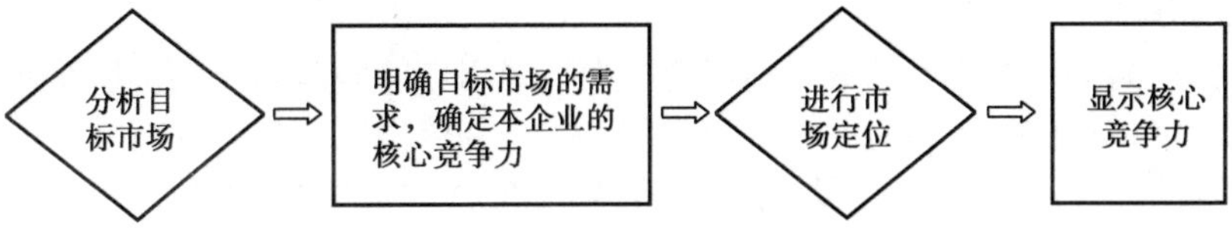

图 3.12 物流市场定位的步骤

（1）分析目标市场

根据物流服务产品价格、质量、功能等特征来分析市场构成，明确竞争对手的数量和实力；也可以通过竞争结构图或市场结构表来表现目标市场。

（2）明确目标市场的需求，确定本企业的核心竞争力

在市场分析基础之上，物流企业应该明确三个问题：目标市场上竞争对手的服务产品定位如何？目标市场上足够数量的客户的物流需求是什么，他们的欲望满足程度如何？本企业能为此做些什么？通过对以上三个问题的回答，物流企业可以更清楚如何做才能吸引客户。

（3）进行市场定位

市场定位分两步走，初步定位后，还要经过调查、试销、校正偏差等正式定位。需要强调的是，随着目标市场供求状况的不断变化，企业在目标市场上的定位将不断得到修正。

（4）显示核心竞争力

凸显企业优势、显示核心竞争力是赢得客户的关键。首先，建立与市场定位相一致的形象，让目标客户知道、了解和熟悉本企业的市场定位，使目标客户对本企业的市场定位产生认同、喜欢和偏爱。其次，巩固与市场定位相一致的形象，通过强化目标客户的印象、保持目标客户的了解、稳定目标客户的态度和加深目标客户的感情等来实现。最后，矫正与市场定位不一致的形象。有时候，目标客户对企业及其市场定位的理解会出现偏差，如定位过低或过高，定位模糊与混乱，易造成误会，必须及时纠正。

4. 物流市场定位方法

物流企业推出的每种服务产品，都需要选定其特色和形象。现有产品在其原有定位已经不再具有生命力时，也需要重新定位。服务产品的市场定位有多种方法，主要有以下几种。

（1）按产品特色定位

按产品特色定位是指根据产品本身的特色确定其在市场上的位置。这时广告宣传应侧重介绍定位依据，如产品质量、价格和特色等。

例如，中海北方物流有限公司组建的同时拥有普货、冷藏货，冠名为“中国海运一号”的五定班列。该班列每周一、周四由大连发车，周三、周六由长春出发，实施“五定”：定地点、定日期、定线路、定运价和定时间。

（2）按所提供的利益和解决问题的方法定位

产品本身的属性和由此衍生的利益、解决问题的方法及重点需要的满足程度也能使客户感受到它的定位。例如，物流行业中人性化专业物流服务的定位——“满足客户的需要、做到客户想要的、发现客户将要的”服务理念。

（3）按产品的专门用途定位

为老产品找到一种新用途，是为该产品创造新的市场定位的好方法。例如，物流的概念未传入我国之前，类似物流的行业在我国已经存在，包括流通业、仓储业、交通运输和邮政业等。但是进一步完善市场经济之后，就需要我们重新对物流行业进行定位，完善现代物流产业，呼唤具有现代物流运作模式的现代物流企业，以满足市场经济的发展。

（4）按使用者的类型定位

这是指把产品推荐给适当的潜在使用者，根据使用者的心理和行为特征及特定消费模式塑造出恰当的形象。例如，中海北方物流有限公司把物流同农业生产联系到一起，为物流产业塑造了适宜的形象：“中海人”以先进的现代物流理念，率先在国内物流界推出了“以现代化物流产业服务于现代农业”的经营方针。在海南和大连采用“公司+农户”的方式建成投产了数万亩现代化水果蔬菜种植基地，并通过集团强大的海上实力开通了国内精品航线—海上绿色通道，反季节果菜汇集到两地物流配送基地，精加工后配送给超市，使物流产业同大众更加亲近了。

（5）按竞争定位

这是指按竞争者的特色与市场位置，结合企业自身发展的需要，将本企业的产品，定位于与其相似的另一类竞争产品的档次，或者定位于与竞争产品直接相关的不同属性或利益。

以上定位方法往往是相互关联的，物流企业在进行市场定位时可在综合考虑各方面因素的基础上，将各种方法结合起来使用。

（三）选择目标市场

1. 无差异性市场营销策略

无差异性市场营销策略是指企业将产品的整个市场视为一个目标市场，用单一的营销策略开拓市场，即用一种产品和一套营销方案吸引尽可能多的消费者。

无差异性市场营销策略只考虑消费者或用户在需求上的共同点，而不关心他们在需求上的差异性（见图 3.13）。UPS 在 20 世纪 60 年代以前采取的就是单一服务内容、统一价格、同一广告的无差异性市场营销策略。优点是有利于标准化及大规模生产，降低生产、存货、运输、研发等方面的成本。缺点是单一的产品以同样的方式销售而希望所有的消费者满意是不可能的。

2. 差异性市场营销策略

差异性市场营销策略是指企业同时为几个子市场服务，设计不同的产品，并在渠道、促销、定价方面都加以相应的改变，以适应各个子市场的需要（见图 3.14）。

图 3.13　无差异性市场营销策略

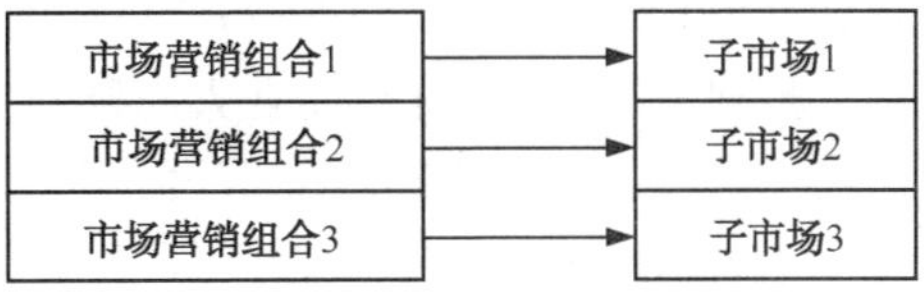

图 3.14　差异性市场营销策略

企业的产品如果同时在几个子市场都占有优势，就会提高重复购买率。而且通过多样化的渠道和产品线进行销售，总销售额也会明显增加。差异性市场营销策略的不足是会增加企业的生产成本和市场营销成本及管理费用。

3. 集中性市场营销策略

实行无差异性市场营销策略和差异性市场营销策略，企业均是以整体市场作为营销目标，试图满足所有消费者在某一方面的需要。集中性市场营销策略则是集中力量进入一个或少数几个细分市场，实行专业化生产和销售。实行这一策略，企业不是追求在一个大市场角逐，而是力求在一个或几个细分市场占有较大份额。例如，生产空调机的企业不是生产各种型号和款式、面向不同消费者的空调机，而是专门生产安装在汽车内的空调机；汽车轮胎制造企业只生产用于换胎业务的轮胎：这些都采用了此策略。又如，早期的宝供物流基本上是为宝洁一家公司提供物流服务的，它采用的也是集中性市场营销策略。

经验之谈

市场细分和选择目标市场的关系

两者的区别在于：市场细分是企业寻求市场上不能得到满足的需求和按不同的购买欲望划分消费群体的过程，而选择目标市场则是企业根据自身的条件，确定某一个细分市场作为营销对象的过程。

两者的联系在于：市场细分是选择目标市场的基础，而目标市场的选择又是市场细分的目的和结果。

例如，某物流企业市场细分过程如图 3.15 所示。

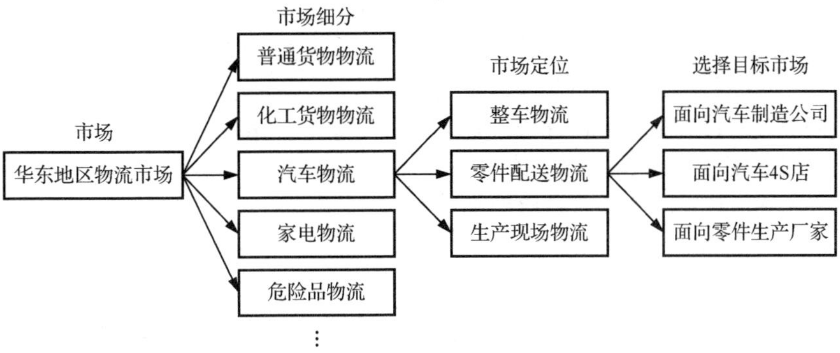

图 3.15　某物流企业市场细分过程

六、组织人力资源招聘

1. 招聘的概念

员工招聘是指组织根据人力资源管理规划和工作分析的要求，从组织内部和外部吸收人力资源的过程。招聘工作直接关系到企业人力资源的组成，不仅直接影响人员配备，而且对整个管理过程的进行，乃至整个组织的活动，也都有极其重要和深远的影响。

一般来讲，员工招聘主要有两种方式：内部提升和外部招聘。内部提升和外部招聘各有优劣，这两种方式的招聘都有非常成功的经验。但是对于企业来说，外部招聘应该是补充人力资源的主渠道。

2. 招聘的原则

① 效率优先原则。效率优先原则就是用尽可能低的招聘成本录用最佳人选。

② 竞争择优原则。竞争择优原则是指在员工招聘中引入竞争机制，在对应聘者的思想素质、道德品质和业务能力等方面进行全面考察的基础上，按照考察的结果择优选拔录用员工。

③ 公开、公平、公正原则。公开就是要公示招聘信息、招聘方法。这样既可以将招聘工作置于公开监督之下，防止以权谋私、假公济私的现象，又能吸引大量应聘者。公平、公正就是确保招聘制度给予合格应征者平等的获选机会。

④ 因事择人原则。所谓因事择人，就是员工的招聘应以实际工作的需要和岗位的空缺情况为出发点，根据岗位对任职者的资格要求选用人员。

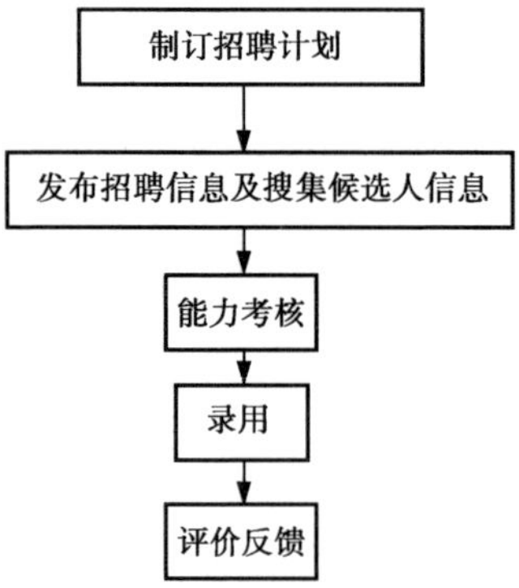

图 3.16 招聘的程序

3. 招聘的程序

招聘程序如图 3.16 所示。

① 制订招聘计划。招聘计划是组织根据发展目标和岗位需求对某一招聘工作所做的安排，包括招聘目标、信息发布的时间与渠道、招聘员工的类型及数量、选拔方案及时间安排等方面。

具体来讲，员工招聘计划包括以下内容。

- 招聘岗位、要求及其所需人员数量。
- 招聘信息的发布方式。
- 招聘对象、招聘范围。
- 招聘预算和时间安排。

② 发布招聘信息及搜集候选人信息。组织要将招聘信息通过多种渠道向社会发布，向社会公众告知用人计划和要求，确保有更多符合要求的人员前来应聘。

企业可以通过以下方式搜集候选人信息：应聘者自己所填的求职表，内容包括姓名、性别、年龄、学历、专业、工作经历及业绩等；推荐材料，即有关组织或个人向本单位写的关于应聘者的推荐材料；调查材料，即针对某些岗位人员的招聘，还需要亲自到应聘人员工作过、学习过的单位或向其接触过的有关人员进行调查，以掌握第一手材料。

③ 能力考核。能力考核的过程一般是按计划依次对所有应聘者的情况进行进一步审查、知识与心理素质测试、面试，以确定最终的录用者。

④ 录用。录用过程一般可分为试用合同的签订、新员工的安置、岗前培训、试用和正式录用等几个阶段。试用就是企业对新上岗员工的尝试性使用，这是对员工的能力与潜力、个人品质与心理素质的进一步考核。员工的正式录用是指试用期满后，对表现良好、符合组织要求的新员工，使其成为组织正式成员的过程。一般由用人部门根据新员工在试用期间的具

体表现对其进行考核，做出鉴定，并提交人力资源管理部门。人力资源管理部门对考核合格的员工进行正式录用，并代表企业与员工签订正式录用合同，正式明确双方的责任、权利与义务。

⑤ 评价反馈。招聘工作评价主要是指对招聘的结果、招聘的成本和招聘的方法等方面进行评价。一般在一次招聘工作结束之后，对整个招聘工作做一个总结和评价，目的是进一步提高下次招聘工作的效率。对招聘工作的评价一般应从两方面进行：一是招聘工作的效率；二是录用人员的表现。

经验之谈

新员工招聘具体流程

1. 人力资源管理部门在经过总部批准的年度招聘计划的指导下，按时进行计划内的人员招聘工作。

2. 当人员离职或其他原因出现职位空缺时，由相关团队的负责人提前提出，并拟定岗位职责和资格条件。这项工作由人力资源管理部门执行并告之总部执行人员补充。

3. 拟定招聘广告。由所聘岗位的团队负责人编写招聘广告，并由人力资源管理部门审核。

4. 批准。招聘计划报批后，将最终确定的招聘广告发布并备案。

5. 评估现有招聘渠道的有效性，根据岗位的要求发布在相关媒体上。

6. 人力资源管理部门人员负责发掘新的、免费的招聘广告发布渠道。

7. 将招聘信息挂在机构的网站上。

8. 发布期随时监控招聘进展，回顾渠道是否合适。

9. 收到应聘者的各项材料，进行初步审核——审核其学历、经验是否符合所需，并初步淘汰不合格者，之后将材料转交用人团队进一步审核，通过书面材料淘汰一部分不合格的应聘者。

10. 根据需要对应聘者进行电话面试并做相关的记录，再淘汰一部分应聘者，组织面试小组成员。

11. 对应聘者进行笔试筛选及第一轮面试。如有外地应聘者，第一轮面试也可通过电话完成。

12. 安排候选人的行程及后勤工作，进行第二轮的面试。通知被录用的应聘者。

13. 与用人团队的负责人共同确定新员工基本的薪资。对被淘汰的应聘者寄发婉拒信。

14. 通知新聘员工入职，与之签订聘用合同。

15. 将其他优良人选的资料保存在人力资源库中。

4. 激励

将员工招进企业后，在人员使用的过程中还应注意激励员工，要留得住员工。企业一般会有一套相应的激励措施确保员工持续努力地为企业做贡献，这些激励方法一般都能体现以下原则。

① 物质激励与精神激励相结合。只有物质激励是害人，只有精神激励是愚人。金钱是短期最有效却不一定长期有效的激励方法。低金钱价值、高名誉价值的奖励往往更能留住人。奖励除每年年底的表彰外，应不定期地开展一事一奖，以保证奖励的及时性、针对性和多样性。根据事情大小，经自我申报、部门审核、总经理审批等程序，设鼓励、记功、记大功、嘉奖和特

别嘉奖等，并给予相应的物质奖励。具体奖励方法也要不断创新，可以制作奖励菜单，让受奖者自己选择，奖励时间也不要固定。同时注意不要出现奖励过频、刺激作用减少的现象。另外，薪酬奖励是企业激励机制中最易采取也最重要的激励手段，比较容易控制，但操作技巧很有讲究。工资水平必须随工作量增加而递增，收入越高奖励成本越高。

② 内激励和外激励相结合。内激励是指工作本身的挑战性与成就感，外激励是指工作之外的回报、奖赏和赞扬。

③ 正激励和负激励相结合。正激励是指奖励符合组织目标的行为，使之强化和重复；负激励是指约束和惩罚违背组织目标的行为，使之消退。正激励应保持间断性，时间和数量尽量不固定。如果采用连续性正激励，既费时费力，也易使效力递减。负激励则要坚持连续性，及时予以惩罚，消除员工的侥幸心理，而且惩罚的刺激比鼓励的奖励更易见效。

④ 按需激励。把握不同员工不同时期的不同需要，进行正确引导和满足，可以开展需求调查或制作需求菜单让员工选择。

师傅教我做

不同类型员工的激励技巧

一、领导型员工的激励技巧

领导型员工个性较强，喜欢命令别人做事情，在选取激励方法时应注意以下几点。

1. 管理者要在能力上胜过他们，支持他们正确的想法、做法。
2. 帮助他们协调人际关系，协调效率低的人与其合作。
3. 不要指责，要让他们在工作中自己弥补自己的不足。
4. 巧妙安排工作，使他们产生自我管理的优越感。

二、关系型员工的激励技巧

这类员工在团队中人际关系通常较好。对于这类员工，管理者应采取以下激励技巧。

1. 关心他们的业余生活，谈话时注意沟通技巧，使其感到被尊重、受重视。
2. 他们比较缺乏责任心和安全感，管理者应承诺、有条件地为他们负一定责任。
3. 安排工作时，强调工作的重要性，说明不完成工作对他人的影响。

三、智慧型员工的激励技巧

这类员工擅长思考，分析能力很强，喜欢用事实和数据说话。

1. 提醒他们完成工作目标，给他们一个思路，引导他们努力的方向。
2. 避免用突袭的方式检查工作，多表达诚意和对他们劳动成果的尊重。
3. 说服他们时，要掌握比他们更多的事实和数据。

四、工兵型员工的激励技巧

这类员工的主要特征是工作勤恳，做事谨慎细致，处理程序性的工作尤为出色。管理者在激励他们时要注意以下几点。

1. 支持他们的工作，因为他们做事认真谨慎，所以工作失误会很小。
2. 给他们相当的报酬，奖励其勤勉，保持管理的规范性，并多给他们出主意、想办法。

资料来源：张彩利．管理学概论[M]．北京：北京师范大学出版社，2010.

七、制定企业管理制度

企业管理制度是企业员工在企业生产经营活动中，必须共同遵守的规定和准则的总称。企业管理制度的表现形式或组成，包括企业组织机构设计、职能部门划分及职能分工、岗位工作说明、专业管理制度、管理表单等管理制度类文件。它是提高企业基础管理水平、形成企业核心竞争力的前提。它的制定和实施着眼于企业管理的需要，并要应对环境的变化。具体应把握以下几点。

1. 内容要合法

制度的内容不得违反法律、行政法规及政策规定。内容的合法性是制度赖以存在的基础。制度的内容不但不能违反《中华人民共和国劳动法》及其配套法规，也不能违反《中华人民共和国民法典》（以下简称《民法典》）、《中华人民共和国妇女权益保障法》和《中华人民共和国残疾人就业保障法》等基本法律。甚至，国家机关出台的一些政策性规定，在制定制度时也必须考虑进去，以防止稍有不慎便步入“雷区”。

2. 内容要系统、全面

所谓的系统、全面，包含两层含义：首先，与人力资源相关的管理制度，如招聘制度、劳动合同管理制度、薪酬和福利制度、考勤制度、休息休假制度、奖惩制度与绩效考核制度，都是与劳动者切身利益相关的，因此，企业在制定制度的时候，都应当考虑进去；其次，某项具体制度的内容要完整，如制定奖惩制度，要有奖惩制度的制定目的、基本原则，奖励适用的范围，奖励的主要方式，不同奖励方式适用的范围、奖励的审批程序，惩处的方式，不同惩处所适用的范围，惩处的审批等。

3. 有较强的可操作性

制度在制定时，固然需要一些原则性、指导性的内容作为基础，但是在执行时，所依据的条款规定要具体，要有可操作性。有不少单位在制度中都规定了员工应当怎么做、禁止怎么做，但是对于员工做或不做某一事情，并未规定该如何处理；或者是制度条款的原则性过强，导致不同的人有不同的理解。新建公司没有制度不行，但光顾埋头写制度，甚至制定制度者也忘记了制度的内容，结果只会使制度成为企业的摆设，不会有多少人去遵守。

4. 要体现人性化管理

制度所适用的对象是人，而人是有感情的。在设计制度时，要处处体现以人为本的思想。有些单位的制度非常严格，甚至超出了常人所能想象的范围。例如，某运输公司规定，司机迟交货一天，扣款 1 500 元。这种制度虽然在短时间内能起到震慑员工、严肃纪律的目的，但是从一个企业的长远发展来看，肯定会导致人心背离。

5. 及时修订

制度是经营管理理念的体现，经营管理理念必须渗透到制度中。制度的制定应循序渐进，当遇到问题时，应马上予以补充和修正，在管理的实践中不断丰富和完善。对于国家新出台或调整的法律法规，企业要及时对照学习，发现本企业劳动规章制度有与之不相适应的条款要及时修订。另外，制度还应体现出预防效果，建立制度的目的不仅仅是纠正，更是为了预防——预防有损企业整体利益的行为发生，预防可能发生的错误和可能造成的损失。

小结：思路决定出路！

要点回顾

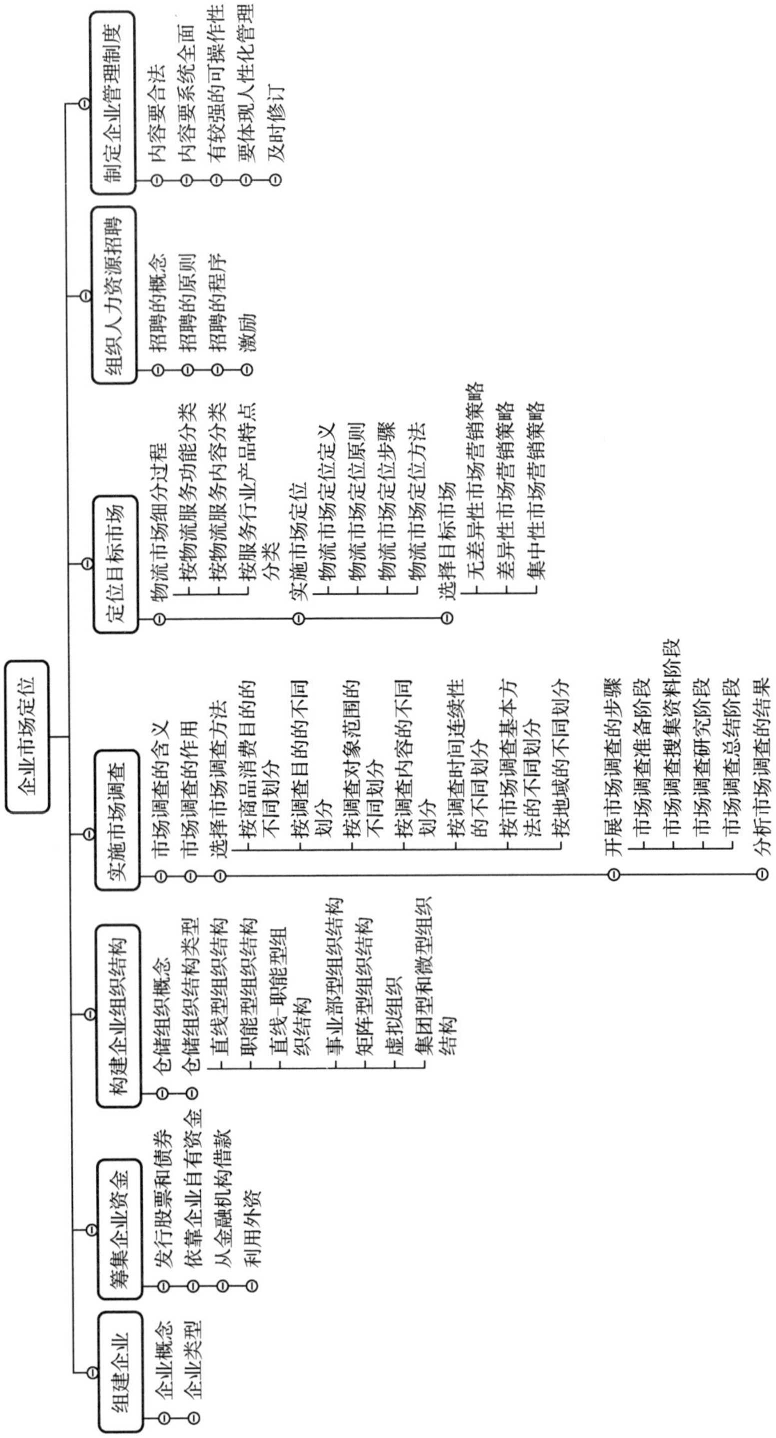
企业市场定位
制定企业管理制度
内容要合法
内容要系统全面
有较强的可操作性
要体现人性化管理
及时修订
组织人力资源招聘
招聘的概念
招聘的原则
招聘的程序
激励
定位目标市场
物流市场细分过程
按物流服务功能分类
按物流服务内容分类
按服务行业产品特点分类
实施市场定位
物流市场定位定义
物流市场定位原则
物流市场定位步骤
物流市场定位方法
选择目标市场
无差异性市场营销策略
差异性市场营销策略
集中性市场营销策略
实施市场调查
市场调查的含义
市场调查的作用
选择市场调查方法
按商品消费目的的不同划分
按调查目的的不同划分
按调查对象范围的不同划分
按调查内容的不同划分
按调查时间连续性的不同划分
按市场调查基本方法的不同划分
按地域的不同划分
开展市场调查的步骤
市场调查准备阶段
市场调查搜集资料阶段
市场调查研究阶段
市场调查总结阶段
分析市场调查的结果
构建企业组织结构
仓储组织概念
仓储组织结构类型
直线型组织结构
职能型组织结构
直线-职能型组织结构
事业部型组织结构
矩阵型组织结构
虚拟组织
集团型和微型组织结构
筹集企业资金
发行股票和债券
依靠企业自有资金
从金融机构借款
利用外资
组建企业
企业概念
企业类型

练一练

1．参观几家不同类型的物流企业，比较其企业组织结构图和主要管理制度，分析各自的优缺点。

2．将学生分成几个小组，给出情景，模拟面试，以熟悉和了解企业招聘员工的步骤。

3．联系一家物流企业，为其编制市场调查表或调查问卷，开展实际调查并写出调查报告。

4．工学结合项目：教师带领学生参观一家物流企业，根据消费群体的资料，分析这家物流企业的市场定位情况。如果定位不准确，请提出合理化建议和调整后的方案，以电子版提交。

学习资源库

1．叶茂中营销策划机构网站。

2．中国管理传播网。

3．中华广告网。

4．中国人力资源网。

测一测

客观题

实务操作题

扩一扩

案例赏析一：仓储业管理办法（征求意见稿）

案例赏析二：某公司仓库管理制度

案例赏析三：关于全球著名快递公司 UPS 的调查问卷

案例赏析四：市场调查有高招

心灵悟语：机会总是留给有准备的人的。

项目三 仓储商务管理

财富故事

一个古老的财富故事

春秋末期帮助越王勾践灭吴的楚人范蠡，人称“陶朱公”，不但政治上谋略过人，做生意更是一把好手，是当时最有钱的人，更是中国弃政从商的鼻祖，后人都把“陶朱公”当成富翁的代名词。当时齐国人慕名想请他为相，更有很多人羡慕他的富有，向他请教致富之道。

有个鲁国人叫猗顿，原来是雕刻陶砖的，手艺很好。有一天，范蠡向他订购一块陶匾，很急。猗顿说，他愿意连夜雕刻，到天亮时就可以完成，但是唯一的条件是范蠡要告诉他致富的秘诀。

范蠡同意了这个条件，到天亮时，猗顿完成了陶匾的雕刻工作，范蠡也兑现了他的诺言，他告诉猗顿：“致富的秘诀是：你赚的钱中有一部分要存下来，然后要用钱赚钱。”“财富就像树一样，从一粒微小的种子开始成长，第一笔你存下来的钱就是你财富成长的种子，不管你赚得多么少，你一定要存下十之一二。”

一年后，范蠡问猗顿是否照他的话去做，把赚来的钱存下十之一二。

猗顿很骄傲地回答，他确实照他的方法做了。范蠡就问：“那存下来的钱，你如何使用的呢？”

猗顿说：“我把钱给了对门的泥瓦匠，因为他会到北方很远的地方买回稀有的珠宝，当他回来的时候，我们将把这些珠宝卖很高的价格，然后平分这些钱。”

范蠡责骂道：“只有傻子才会这么做，为什么买珠宝要相信泥瓦匠的话呢？你存下来的钱已经泡汤了！年轻人，你把财富的树连根拔掉了。下次你买珠宝应该去请教珠宝商，买绸缎去请教绸缎商，别和外行人合伙做生意！”

正如范蠡所说，泥瓦匠被人骗了，买回来的是不值钱的玻璃，看起来像珠宝。猗顿再次下定决心存下所赚的钱的十之一二。当第二年范蠡再来的时候，他又询问猗顿钱存得如何。

猗顿回答：“我把存下来的钱借给了铁匠去买青铜原料，然后他每 3 个月付我一次利钱。”

范蠡说：“很好，那么你如何使用赚来的利钱呢？”

猗顿说：“我把赚来的利钱拿来吃了一顿丰富大餐，并买了一身很体面的衣服，我还计划买一匹好马来骑。”

范蠡笑了，说：“你把存下的钱所衍生的孳息吃掉了，你如何期望它们及它们的子孙能再为你工作，赚更多的钱？只有当你赚到足够的财富时，你才能尽情享用而无后顾之忧。”

又过了两年，范蠡问猗顿：“你是否达到梦想中的财富目标？”

猗顿说：“还没有，但是我已存下一些钱，也不乱花钱。我将存下的钱交给牧羊人，让他们多买羊崽，卖了钱分给我一半。这样我就可以钱滚钱，钱又滚钱。”

范蠡又问：“好极了，那你是否还会向泥瓦匠请教事情？”

猗顿说：“有关盖房子的事情请教他能得到很好的建议。”

范蠡说：“好了，你已学会致富的秘诀。首先，你学会了从赚来的钱中省下钱；其次，你学会了向内行的人请教意见；最后，你学会了如何让钱为你工作，使钱赚钱。也就是说，你已学会如何获得财富、保持财富、运用财富。”

后来，猗顿在 10 年之内，赚取了可比王公的财富，成为史上较富有的人之一。

成功的人都善于管理、维护、创造财富。致富之道在于听取专业的意见，并且终生奉行不渝。在这则古老的故事中蕴含着金钱的三大金科玉律。

金钱的第一定律：金钱是慢慢流向那些愿意储蓄且懂得保护它的人。每月至少存入 1/10 的钱，久而久之可以累积成一笔可观的资产。重视时间报酬意义，耐心谨慎地维护它的价值，让它持续增值，而不贪图暴利。

金钱的第二定律：金钱愿意为懂得运用它的人工作。那些愿意打开心胸，听取专业意见，将金钱放在稳当的生利投资上，让钱滚钱、利滚利的人，将会源源不断地创造财富。对于拥有金钱而不善理财的人，一眼望去，四处都有投资获利的机会，事实上却处处隐藏陷阱，误导误判，从而损失金钱。

金钱的第三定律：金钱会从那些渴望获得暴利的人身边溜走。金钱的投资报酬有一定的回收，渴望投资获得暴利的人常被愚弄，因而失去金钱。

在这个故事中，你能悟出什么道理？

任务四　仓储合同业务

知识点

1. 仓储合同的概念及订立。
2. 仓储合同的主要条款。
3. 仓储合同的无效、变更和终止。
4. 仓储合同当事人的权利与义务。
5. 违约责任的承担方式。

学习目标

1. 知识目标

- 掌握仓储合同涉及的主要条款及订立程序。
- 掌握仓储合同的无效、变更与终止。

2. 素质目标

- 培养运用所学的仓储法律知识分析问题、解决问题的能力。
- 培养良好的团队合作与社会沟通能力。

3. 技能目标

- 能够模拟订立仓储合同并审核。
- 能够防范和处理仓储合同纠纷。

实训项目

1. 宏天进出口有限公司与红日仓储有限公司拟签订一份仓储合同。要求学生每两人为一组，分别代表合同中的一方当事人，签订一份仓储合同，合同的具体内容由双方协商确定。合同应包括合同主体、仓储货物描述、验收标准和方法、保管条件要求、出入库流程和手续、损耗处理、费用结算、违约责任等。

2. 对签订的仓储合同进行审核。根据已签订的仓储合同，学生们进行交换，认真审查合同的主体是否合法，内容是否有遗漏、错误及违法之处，并判断是否是有效的仓储合同，提出修改意见。

引例

宏天进出口有限公司是一家生产家用电器的企业，由于公司的库房有限，经考察，认为红日仓储有限公司不论公司规模、仓储设施设备，还是企业经营管理水平、公司信用等都能够满足要求，于是在2021年1月10日向红日仓储有限公司发函，请求红日仓储有限公司储存保管一批电器。双方需签订一份仓储保管合同。合同约定保管期限为2021年2月1日至8月1日，储存费用为2万元，任何一方违约，均按储存费用的20%支付违约金。请学生两人一组分别代表两个公司的谈判员，从维护自身权益出发，就仓储合同有关条款进行谈判和协商，拟定合同条款，签订仓储保管合同。

引例分析

要签订一份正式的仓储保管合同，作为宏天进出口有限公司的谈判员需要做一系列相关的工作。

① 搜集红日仓储有限公司的资料，包括历史资料、公司规模、仓库情况、保管条件、履约情况、社会评价等。

② 初步拟定仓储保管合同的条款，重点考虑本公司所储存物资的保管条件要求、保管期限、仓储费、违约责任等。

③ 与对方公司的谈判员积极协商，使自己的利益最大化。

④ 最终签订正式的仓储保管合同。

⑤ 监督合同的履行。

一、认识仓储合同

（一）仓储合同的定义与特点

仓储合同是指保管人储存存货人交付的仓储物，存货人支付仓储费的合同。提供储存保管服务的一方称为保管人，接受储存保管服务并支付仓储费的一方称为存货人，交付保管的货物为仓储物。与其他合同相比，仓储合同具有以下特点。

① 保管人须有仓储设施并专门从事仓储保管业务。仓储合同中为存货人保管货物的一方，必须具备仓储设施和专门从事仓储保管业务的资格，这是从事仓储保管业务的重要条件。从事仓储保管业务的资格是指仓储保管人必须取得市场监督管理局核准的营业执照，这是仓储合同主体上的重要特征。

② 仓储合同的标的物为动产。在仓储合同中，存货人将货物交付给保管人，由保管人按照合同的约定进行储存和保管。因此，根据合同性质，存货人交付的仓储对象必须是动产，不动产不能成为仓储合同的标的物。

③ 仓储合同为双务、有偿合同。双务合同是指双方当事人互负对待给付义务的合同，而有偿合同是指当事人一方享有合同规定的权益，须向对方当事人偿付相应代价的合同。《民法典》第九百零四条规定："仓储合同是保管人储存存货人交付的仓储物，存货人支付仓储费的合同。"由此可见，仓储合同是双务、有偿合同。

④ 仓储合同为诺成合同。为约束仓储合同双方的行为，更好地维护双方利益，法律规定仓储合同自双方达成合意时起成立，而不需以储存货物的实际交付为准。《民法典》第九百零五条规定："仓储合同自保管人和存货人意思表示一致时成立。"

⑤ 仓储合同为不要式合同。当事人既可以口头形式订立仓储合同，也可以书面形式订立仓储合同。不过实践中的仓储合同多为书面形式，而且是事先印好的格式合同。

⑥ 仓单是仓储合同的重要特征。在仓储合同中，存货人按照合同约定将货物交付保管人时，保管人应当给付仓单。仓单是保管人收到货物后给存货人开付的提取货物的凭证。仓单是仓储合同的重要特征。存货人的货物已交付或返还请求权以仓单为凭证，仓单具有货物所有权凭证的作用。作为法定的提取或存入货物的书面凭证，仓单是每一份仓储合同中必备的。

（二）仓储合同的种类

1. 一般保管仓储合同

一般保管仓储合同是指是保管人根据存货人的要求为其储存保管货物，在保管期满将货物原样交还给存货人，存货人向保管人支付货物储存的有关费用而订立的合同。这类仓储合同的货物是明确的、确定的，保管人必须原物返还。存货人将货物交付给仓储经营人，其主要目的在于保管，货物的所有权不会因交付而转移。这是最常见、最主要的仓储合同。

2. 混藏式仓储合同

混藏式仓储合同是指存货人将一定品质、一定数量、一定种类的货物交付给保管人，保管人将不同存货人的同样货物混合保管，储存保管期限届满时，保管人只需将相同种类、品质、数量的货物返还给存货人，并不需要原物归还的合同。这类合同的标的物为种类物。混藏式仓储主要适用于农业、建筑业、粮食加工等行业中品质无差别、可以准确计量的货物。

3. 消费式仓储合同

消费式仓储合同是指存货人不仅将一定数量、一定品质的种类物交付给仓储保管人储存保管，而且与保管人相互约定，将货物的所有权也转移给保管人，在合同期满时，保管人以相同种类、相同品质、相同数量的替代品返还的仓储合同。消费式仓储主要适用于粮食加工、加油站的油料仓储。

消费式仓储合同与前两类仓储合同的不同之处在于，消费式仓储合同涉及货物所有权的转移，保管人的收益由约定的仓储费收益和消费货物与到期购回货物所带来的差价收益两者共同组成。

4. 仓库租赁合同

仓库租赁合同是指仓库所有人将仓库、场地、仓库设备出租给存货人，由存货人自行保管货物的合同。

（三）仓储合同的订立

1. 仓储合同订立的原则

（1）平等原则

《民法典》第四条规定："民事主体在民事活动中的法律地位一律平等。"此原则表现在不管是存货人还是保管人，无论其性质如何，都不能凌驾于他人之上，将自己的意志强加于人，双方均享有独立的法律人格，独立地表达自己的意思，双方是在平等基础上的利益互换。

（2）公平原则及等价有偿原则

公平原则要求当事人应当遵循公平原则确定各方的权利和义务。在民事活动中，除法律另有规定或当事人另有约定外，当事人取得他人财产利益应向他方给付相应的对价。在仓储合同中，任何一方当事人既要享有权利，又要承担相应的义务，在取得利益的时候，要付出相应的代价。禁止无偿划拨、调拨货物，也禁止强迫保管人或存货人接受不平等利益交换。

（3）自愿原则

自愿原则是贯彻于合同活动整个过程中的基本原则，是合同法律关系的本质体现。自愿原则是指当事人依法享有在缔结合同、选择交易伙伴、决定合同内容，以及在变更和解除合同、决定合同方式、选择合同补救方式等方面的自由，任何单位和个人都不得非法干预。仓储合同的订立只有在自愿和协商一致的基础上，才能最充分地体现出双方的利益，从而保证双方依约定履行各自承担的合同义务。

（4）诚信原则

《民法典》第七条规定："民事主体从事民事活动，应当遵循诚信原则，秉持诚实，恪守承诺。"诚信原则表现在当事人在订立仓储合同时，应诚实守信，以善意的方式履行其义务，不得滥用权利及规避法律和合同规定的义务。具体包括：①在订立合同时，应当善意行使权利，不得欺诈，不得假借订立合同恶意磋商和进行其他违背诚信原则的行为；②在履行合同义务时，当事人应当按照诚信的要求，根据合同的性质、目的和交易习惯，履行通知、协助、提供必要的条件、防止损失扩大、保密等义务；③合同终止后，也应当根据合同约定和交易习惯，履行通知、协助、保密等义务。

（5）合法原则

《民法典》第八条规定："民事主体从事民事活动，不得违反法律，不得违背公序良俗。"此原则要求仓储合同当事人从订立合同至履行合同的活动必须合法。否则，不仅不能达到当事人预期的目的，而且还会引起不利的法律后果。例如，双方订立一份储存保管盗窃、走私及毒品等物品的仓储合同，不仅违反了我国法律，还要承担相应的法律责任。

2. 仓储合同的形式

仓储合同的形式是合同内容的外在表现形式，也是合同内容的载体。仓储合同有以下几种形式。

① 书面形式。书面形式是指以文字表现当事人所订合同的形式。我国《民法典》第四百六十九条规定："书面形式是指合同书、信件、电报、电传、传真等可以有形地表现所载内容的形式。以电子数据交换、电子邮件等方式能够有形地表现所载内容，并可以随时调取查用的数据电文，视为书面形式。"书面形式的特点是合同有据可查，发生纠纷时容易举证，易于分清责任。仓储合同一般采取书面形式订立。

② 口头形式。口头形式是指当事人只通过口头不用书面订立仓储合同的形式，如当面交谈、电话联系等。凡合同当事人没有约定，法律未规定特定形式的合同均可采用口头形式。其特点是简便易行，在日常生活中经常采用；但它的缺点是发生争议时，难以取证，不易分清责任。

③ 其他形式。其他形式是指除书面形式、口头形式之外表达合同内容的形式。其他形式主要是推定和沉默等形式。

法律、行政法规规定采用书面形式的，应当采用书面形式；当事人约定采用书面形式的，应当采用书面形式。

拓展阅读

仓储合同（样例）

保管人：　　　　　　　　　　　　地址：

存货人：　　　　　　　　　　　　地址：

合同签订地：

保管人和存货人根据仓储能力的情况，双方协商一致，签订本合同，共同信守。

第一条　储存货物相关信息：名称、包装、规格、数量、质量等。

储存货物信息

编　号	货物名称	包　装	规　格	数　量	质　量

第二条　货物包装。

1. 存货人负责货物的包装。包装标准按国家或专业标准的规定执行，没有以上标准的，在保证运输和储存安全的前提下，由合同当事人议定。

2. 包装不符合国家或合同规定，造成货物损坏、变质的，由存货人负责。

第三条　保管方法：根据有关规定进行保管，或者根据双方协商的方式进行保管。

第四条　保管期限：从　　年　　月　　日至　　年　　月　　日。

第五条　验收项目和验收方法。

1. 存货人应当向保管人提供必要的货物验收资料，如未提供必要的货物验收资料或提供的资料不齐全、不及时，所造成的验收差错及贻误索赔期或发生货物品种、数量、质量不符合合同规定时，保管人不承担赔偿责任。

2. 保管人应按照合同规定的包装外观，货物品种、数量和质量，对入库货物进行验收，如果发现入库货物与合同规定不符，应及时通知存货人。保管人未按规定的项目、方法和期限验收，或验收不准确而造成的实际经济损失，由保管人负责。

3. 验收期限：国内货物不超过　　天，国外到货不超过　　天。超过验收期限所造成的损失由保管人负责。货物验收期限，是指货物和验收资料全部送达保管人之日起至验收报告送出之日止。日期均以运输或邮电部门的戳记或直接送达的签收日期为准。

第六条　入库和出库的手续。

按照有关入库、出库的规定办理。如无规定，按双方协议办理。入库和出库时，双方代表或经办人都应在场，检验后的记录要由双方代表或经办人签字。该记录视为合同的有效组成部分，当事人双方各保存一份。

第七条　损耗标准和损耗处理。

按照有关损耗标准和损耗处理的规定办理，如无规定，按双方协议办理。

第八条　费用负担、结算办法。

（略）

第九条　违约责任。

（一）保管人的责任。

1. 由于保管人的责任，造成退仓或不能入库时，应按合同规定赔偿存货人运费和支付违约金。

2. 对危险和易腐货物，不按规程操作或妥善保管，造成毁损的，负责赔偿损失。

3. 货物在储存期间，由于保管不善而发生货物灭失、短少、变质、污染、损坏的，负责赔偿损失。如属包装不符合合同规定或超过有效储存期而造成货物损坏、变质的，不负赔偿责任。

4. 由保管人负责发运的货物，不能按期发货，赔偿存货逾期交货的损失；错发到货地点除按合同规定无偿运到规定的到货地点外，还要赔偿存货人因此而造成的实际损失。

（二）存货人的责任。

1. 易燃、易爆、有毒等危险和易腐货物，必须在合同中注明，并提供必要的资料，否则造成货物毁损或人身伤亡，由存货人承担赔偿责任直至由司法机关追究刑事责任。

2. 存货人不能按期存货，应偿付保管人的损失。

3. 超议定储存量储存或逾期不提时，除交纳保管费外，还应偿付违约金。

三、违约金和赔偿方法。

1. 违反货物入库和货物出库的规定时，当事人必须向对方交付违约金。违约金的数额，为违约所涉及的那一部分货物的　个月保管费（或租金）或　倍的劳务费。

2. 因违约使对方遭受经济损失时，如违约金不足抵偿实际损失，还应以赔偿金的形式补偿其差额部分。

3. 前述违约行为，给对方造成损失的，一律赔偿实际损失。

4. 赔偿货物的损失，一律按照进货价或国家批准调整后的价格计算；有残值的，应扣除其残值部分或残件归赔偿方，不负责赔偿实物。

第十条　由于不能预见并且对其发生和后果不能防止或避免的不可抗力事故，致使直接影响合同的履行或约定的条件履行时，遇有不可抗力事故的一方，应立即将事故情况电报通知对方，并应在 天内，提供事故详情及合同不能履行，或者部分不能履行，或者需要延期履行的理由的有效证明文件，此项证明文件应由事故发生地区的公证机构出具。按照事故对履行合同影响的程序，由双方协商决定是否解除合同，或者部分免除履行合同的责任，或者延期履行合同。

第十一条　其他。

保管人:　　　　（盖章）　　　存货人:　　　　（盖章）
法定代表人:　　　　　　　　　法定代表人:
地址:　　　　　　　　　　　　地址:
银行账户:　　　　　　　　　　银行账户:
签订日期:　　年　月　日　　　签订日期:　　年　月　日

资料来源：中国仓储与物流网。

3. 仓储合同订立的程序

合同的订立是指两个或两个以上的当事人依法就合同的主要条款协商一致达成合意的法律行为。《民法典》第四百七十一条规定：“当事人订立合同，可以采取要约、承诺方式或者其他方式。”要约和承诺是合同成立的两个必经阶段。就仓储合同而言，只要存货人与保管人之间依法就仓储合同的有关内容经过要约与承诺的方式协商一致达成合意，仓储合同即告成立。

（1）要约

要约是希望和他人订立合同的意思表示，是一方当事人以缔结合同为目的向对方做出的意思表示。发出要约的当事人称要约人，接受要约的对方当事人称受要约人。

要约是要约人向受要约人所做的意思表示。有效的要约应该具备如下条件。

① 要约必须是要约人向受要约人发出的意思表示。

② 要约的具体内容确定，包含足以使合同成立的主要条件与条款，如仓储合同标的物的数量、质量、仓储费用、保管期限、保管条件、履行地点和履行方式等。要约的内容越明确具体，越有利于受要约人了解合同内容，快速做出承诺。

③ 要约必须具有订立合同的目的。要约要表明一经受要约人承诺，要约人即受该意思表示的约束。发出要约的目的就是订立仓储合同，整个要约的内容必须能够表明，如果对方接受要约，合同即告成立。

（2）承诺

承诺是受要约人同意要约的意思表示。承诺的法律效力在于，承诺一旦生效，合同即告成立。作为一项有效的承诺应具备如下条件。

① 承诺必须由受要约人在要约的有限期限内向要约人做出，即必须是受要约人向要约人做出，受要约人之外的第三人因不是受要约人，其所做的意思表示也不是法律上的承诺，而仅仅是一项要约。

② 承诺应当以通知的方式做出，但根据交易习惯或要约表明可以通过行为做出承诺的除外。

③ 承诺的内容应当与要约的内容一致。承诺是对要约的同意，其内容必须与要约的内容一致，才构成意思表示的一致，即合意，从而使仓储合同成立。受要约人对合同的内容做出实质性变更的，为新要约。例如，对仓储合同的标的物的数量、质量、仓储费用、保管期限、履行地点和方式、违约责任和解决争议的方法等的变更，是对要约的实质性变更，只能构成一项新要约，而非承诺。对非实质性内容做出的变更，不影响合同的成立。

在仓储合同订立过程中，受要约人一经承诺，且承诺通知到达要约人，仓储合同即告成立并生效。仓储合同生效后，对双方有约束力，任何一方不履行合同，对方有权要求违约方支付违约金或赔偿其因此所受到的损失。

案例讨论

这份仓储合同生效了吗？

某模具厂于2021年10月10日向一仓储公司发出要约，希望和对方签订仓储合同。该仓储公司于2021年10月15日向模具厂发出承诺，承诺中又提出要与模具厂于2021年10月25日签订正式的仓储合同。而该模具厂于2021年10月20日与另一仓储公司签订了仓储合同，原因是其仓储费用更便宜。

请分析模具厂与前后两家仓储公司的合同是否生效？

（四）仓储合同的标的和标的物

仓储合同的标的是仓储保管行为，是指仓储合同关系中存货人与保管人的权利义务共同指向的对象，即保管人提供仓储空间、仓储时间和精心保管，存货人要为此支付仓储费。

仓储合同的标的物即仓储物，是仓储合同标的的载体和表现。作为仓储合同标的物的货物，一般没有太大限制，无论是生产资料还是生活资料，无论是特定物质还是种类物，无论可分物与不可分物，都可以成为仓储合同的标的物。但是，不动产不能成为仓储物，因为订立仓储保管合同的目的在于对物品的安全储存，保管人要在储存期限届满时完好地返还存货人所储存的货物，如果仓储物为不动产则无从谈起储存，所以仓储合同的标的物只能为动产，而不能为不动产。对于一些易燃、易爆、易腐烂、有毒的危险品，以及一些易渗漏、超限的特殊货物，只需存货人与保管人在订立仓储合同时约定一些必要的特别仓储事项即可。

拓展阅读

保管合同和仓储合同的区别

《民法典》第八百八十八条定义：保管合同是保管人保管寄存人交付的保管物，并返还该物的合同。《民法典》第九百零四条定义：仓储合同是保管人储存存货人交付的仓储物，存货人支付仓储费的合同。

仓储合同就其性质而言，仍然是保管合同的一种，是一种特殊的保管合同。仓储合同的目的依然在于对货物的保管。但保管合同与仓储合同之间仍然有法律意义上的不同。

一、合同主体

1. 保管合同对保管人的资格无特别要求，没有要求其必须是有仓储设施并专门从事保管业务的自然人或法人。

2. 仓储合同要求为存货人保管货物的一方必须是仓库营业人，而且有仓储设施，具备经过仓储营业登记专营或兼营仓储保管业务的资格。

二、合同性质

1. 保管合同是实践合同，又称寄托合同、寄存合同，并给付保管凭证。双方当事人约定一方将物交付他方保管，一般为有偿合同，也存在无偿合同的情况。其标的物未要求必须是动产。保管合同自保管物交付时成立。

2. 仓储合同是不要式合同，是诺成合同，也是双务合同，还是有偿合同。存货人支付仓储费，保管人给付仓单。其标的物要求必须是动产。当事人双方依法就合同的主要条款协商一致，合同即成立。

三、合同免责

1. 保管合同有善良管理人的注意义务，但无偿保管有轻过失免责的规定。保管期间，因保管人保管不善造成保管物毁损、灭失的，保管人应当承担损害赔偿责任；但保管是无偿的，保管人证明自己没有重大过失的，不承担损害赔偿责任（保管人要承担证明自己没有重大过失的举证责任）。仓储合同也有善良管理人的注意义务，又是有偿合同，轻过失不免责。

2. 寄存人和存货人都可以随时领取保管物、仓储物。但保管合同为存货人将保管物交付给保管人时合同才成立。因此，保管人不能要求存货人交付保管物，也不能追究存货人拒绝接受保管物的责任，存货人也不得追究保管人未交付保管物的责任。仓储合同的当事双方则都有追究对方上述行为违约责任的权利。

（五）仓储合同的内容

仓储合同一般包括以下条款。

1. 存货人、保管人的名称和住所

存货人、保管人的名称（或姓名）和住所是每一个合同必须具备的条款。存货人、保管人的名称（或姓名）是合同当事人，是合同法律关系的主体，是合同权利的享有者和义务的承担者，而住所涉及债务的履行、诉讼的管辖等，因此，当事人的名称（或姓名）和住所应记载准确、清楚。

2. 货物的品名或品类

在仓储合同中，要明确地标明货物的品名或品类。仓储合同中储存保管的货物是特定物或特定化的种类物，是保管人接受存货人的委托代为保管的，其所有权仍属于存货人，在合同有效期届满时，保管方必须将原货物及孳息完好无损地归还存货人，因此，必须在合同中对货物的品名和品类做出明确、详细的规定。

3. 货物的数量、质量和包装

数量是仓储合同标的物的数量，是以计量单位和数字来衡量的标的物的尺度。数量直接决定民事权利义务的大小，因此，货物的数量要准确，应采用国家规定的计量单位和计量方法，如以包、扎、捆、把等计算的，就必须明确每包、扎、捆、把有多重或多少根、块，防止对计量单位有不同理解，产生歧义，发生纠纷。货物的质量必须在合同中做出明确的规定。对于质量有国家标准的，执行国家标准；没有国家标准，有行业标准的，执行行业标准；没有国家标准和行业标准的，由双方当事人协商确定质量标准。货物的包装，一般应由存货人负责，有国家或专业标准的，按照国家或专业标准的规定执行；没有国家或专业包装标准的，应当在仓储物便于运输和储存安全的前提下，由存货人与保管人商定。

4. 货物验收的内容、标准、方法和时间

货物验收是保管人对交付的货物进行检验和核查，以确定该货物是否具备储藏保管的良好状态的过程。保管人验收的项目有：货物的品种、规格、数量、外包装状况，以及无须开箱、拆捆而直观可见可辨的质量情况。包装内的货物品名、规格、数量，以外包装或货物上的标记为准；外包装或货物上无标记的，以存货人提供的验收资料为准。散装货物按国家有关规定或合同规定验收。验收的期限，国内货物不超过 10 天，国外到货不超过 30 天，法律另有规定或当事人另有约定的除外。

货物验收期限是指自货物和验收资料全部送达保管人之日起，至验收报告送出之日止。货物验收期限的日期均以运输、邮政部门的戳记或送达的签收日期为准。超过验收期限所造成的实际损失，由保管人负责。如果保管人未能按照合同约定或法律法规规定的项目、方法和期限验收货物或验收货物不准确，应当承担因此造成的损失。存货人未能提供验收资料或提供资料不齐全、不及时，所造成的验收差错及贻误索赔期由存货人承担。

5. 保管条件和保管要求

仓储合同中的货物种类繁多、性质各异，不少货物由于本身的性质需要特殊的保管条件或保管方法，因此，合同当事人应根据货物性质、要求的不同，在合同中明确规定保管条件和保管要求。保管人如因仓库条件所限，不能达到存货人提出的要求，则不能接受。对某些比较特殊的货物，如易燃、易爆、易渗漏、有毒等危险品，保管人保管时，应当有专门的仓库、设备，并配备有专业技术知识的人负责管理。必要时，存货人应向保管人提供货物储存、保管、运输等方面的技术资料，防止发生货物毁损、仓库毁损和人身伤亡事故。存货人在交存特殊货物时，应当明确告知保管人货物的有关保管条件、保管要求。否则，保管人可以拒绝接收存货人所交付的危险货物。

6. 货物出入库的手续、时间、地点和运输方式

入库是指货物进入仓库时所进行的清点检验和接收工作。它是仓储合同业务的第一道环节，是履行仓储合同的基础。仓储合同的当事人双方，应当重视货物入库环节。在仓储合同中，要明确入库应办理的手续、理货方法、入库的时间和地点及货物运输、装卸搬运的方式等内容。

货物出库须按照先进先出或易坏先出的原则办理，保管人没有按合同规定的时间、数量交货，应承担违约责任；保管人已通知货物出库或合同期已到，由于存货人（含用户）的原因不能如期出库，存货人应承担违约责任；存货人调拨凭证上的差错所造成的实际损失，由存货人负责。

运输方式，由保管人代办运输的，由保管人负责向运输部门申报运输计划，办理托运和发运手续。

7. 货物的损耗标准及损耗的处理

货物的损耗标准是指货物在储存过程中，由于自然原因（如干燥、风化、散失、挥发、黏结等）和货物本身的性质及度量衡的误差等原因，不可避免地要发生一定数量的减少、破损或计量误差。合同当事人应事先商定货物的自然减量标准和破损率及合理磅差等。在确定仓储物的损害标准时，要注意易腐货物的损耗标准应该高于一般货物的损耗标准。除了对货物按照保管条件和要求保管，损耗标准应当根据储存时间的长短来确定。损耗的处理是指货物实际发生的损耗，超过标准或没有超过标准规定的，应当如何处理的问题。例如，货物出库时与入库时实际验收数量不一致，在损耗标准范围之内的视为货物完全交付；如果损耗数量超过约定的损耗标准，应核实后做出验收记录，由保管人负责处理。

8. 计费项目、计算标准、结算方式、开户银行、账号和支付时间

货物储存和运输过程中的计费项目，应按仓储保管部门制定的标准执行，也可由当事人双方协商确定。计费项目包括：保管费、转仓费、出入库装卸搬运费、车皮、站台、专用线占有、包装整理、商品养护等费用。除明确上述费用由哪一方承担外，还应明确各种费用的计算标准、支付方式、支付时间、地点、开户银行、账号等。

拓展阅读

仓储费定价的方法

一、按实际仓储成本定价

按实际仓储成本定价是仓储企业以重量吨或体积吨为计费重量，与单位重量货物仓储费率相乘得出仓储费的定价方法。重量吨是指货物实际重量，1 重量吨等于 1 000 kg。体积吨是按体积折算的吨位，1 m^3 为 1 体积吨。货物仓储费计算时，对重量吨和体积吨取大者计算——1 000 kg 的货物的体积小于 1 m^3，按重量吨计费；1 000 kg 的货物的体积大于 1 m^3，为轻泡货，按体积吨计算。

二、按仓储平均单位成本定价

仓储收费单价=单位仓储成本×（1+利润率）

单位仓储成本=仓储总成本（元）÷库存总量（t·天）

例如：某独立经营仓库，去年普通货物的仓储单位收费为 16 元/（t·天），根据对第二年储运市场的调研和预测，短途搬运费会上涨 20%，燃料油费有上浮的趋势。经预测计算，计划期的单位仓储成本为 17.1 元/（t·天），仓储业社会平均利润率 17%不变。

计算第二年的收费单价如下：

仓储收费单价=17.1×（1+17%）≈20［元/（t·天）］

三、按市场价格定价

按市场价格定价是仓储企业根据市场的行情、物流企业的压力和自身发展的需要而采用的一种仓储服务产品的定价方法。

四、按市场行情定价

按市场行情定价的方法有竞争价格法、追随价格法和价格歧视定价法。

9. 责任划分和违约处理

在订立仓储合同时，应从货物入库、货物验收、货物保管、货物包装、货物出库等方面明确双方当事人的责任，同时应规定违反仓储合同时应承担的违约责任。违约责任承担方式有支付违约金、损害赔偿及采取其他补救措施。

10. 合同的有效期限

合同的有效期限，即货物的保管期限。合同有效期限的长短，与货物本身的有效储存期有关。所谓有效储存期，是指某些货物由于本身的特性，不能长时间存放，如食品、药品、化妆品、胶卷、化学试剂等，一般都注明了有效使用期限。根据有效使用期限确定的储存保管期限，称为有效储存期。对于仓库保管员来说，保管这种产品不仅要注意仓库温度、湿度的变化，还应注意其储存期限。特别是对于一些接近失效期的产品，应及时通知存货人按时出库，出库前还要注意留给产品调运、供应和使用的时间，以使其在失效之前能够进入市场，投入使用。根据有关规定，储存的货物在临近失效期时，保管人未通知存货人及时处理，因超过有效储存期限所造成的货物损失，保管人负有赔偿责任；保管人通知后，如果存货人不及时处理，以至超过有效储存期限而造成货物损坏、变质的，保管人不负赔偿责任。

11. 变更和解除合同的程序及期限

仓储合同是当事人协商一致的结果，在合同未履行或未完全履行之前也可变更或解除。当事人如果需要变更或解除合同的，必须事先通知另一方，双方协商一致即可变更或解除合同。变更或解除合同的建议和答复，必须在法律规定或合同约定的期限内提出。如果发生了法律或合同中规定的可以单方解除合同的情形，那么，拥有解除权利的一方可以解除合同。

以上是仓储合同所应具备的主要条款，一般只起示范和指导作用，并不是仓储合同成立必须具备的条款，当事人可根据所订立的合同性质的不同进行选择，这也是合同自愿原则的体现。

师傅教我做

订立仓储合同

1. 由存货人向保管人提出订立合同的建议和要求。
2. 由存货人和保管人协商，拟定仓储合同的主要条款。
3. 存货人和保管人根据协商结果，签订正式的保管合同。

（六）仓储合同的无效、可变更或撤销及效力待定

当事人就合同内容协商一致，合同即告成立，而合同的生效是指依法成立的合同具有法律约束力。《民法典》规定，仓储合同自成立时生效。因此，仓储合同成立后就生效，对合同双方

产生法律约束力。有时，仓储合同成立之后，可能因违反法律规定而无效，因意思表示不完全而可变更、可撤销或因存在法定事由而效力待定。

1. 仓储合同的无效

仓储合同的无效是指仓储合同因欠缺一定生效条件，而致使不发生法律效力。常见的无效仓储合同的情形有以下几种。

① 一方以欺诈、胁迫的手段订立合同，损害国家利益。欺诈是指仓储合同的当事人一方故意告知对方虚假情况，或者故意隐瞒真实情况，诱使对方当事人做出错误意思表示的行为。胁迫是指以将来要发生的损害或直接施加损害相要挟，迫使对方做出违背真实意思表示的行为。一方以欺诈、胁迫的手段订立的仓储合同无效，仅限于损害国家利益的情形，该合同才绝对无效，否则是可变更、可撤销的合同。

② 恶意串通，损害国家、集体或第三人利益。仓储合同的恶意串通是指当事人明知其所订立的仓储合同将会造成国家、集体和第三人利益的损害，而相互配合、非法串通在一起合谋实施的行为。

③ 以合法形式掩盖非法目的。以合法形式掩盖非法目的的仓储合同是指当事人采取合法的形式实施内容违法的行为。这是一种规避法律的违法行为。

④ 损害社会公共利益。社会公共利益体现了全体社会成员的最高利益，违反社会公共利益或公序良俗的仓储合同无效，这是各国立法普遍确认的原则。

⑤ 违反法律、行政法规的强制性规定。强制性规定在法律上表现为“必须”“应当”等命令性的规定，或者是禁止性的规定。法律、行政法规的强制性规定是当事人必须遵守的。

2. 可变更、可撤销的仓储合同

可变更、可撤销的合同是仓储合同已经成立，但因仓储合同当事人的意思表示不真实，一方当事人可以向法院或仲裁机构请求变更或撤销该合同，使已经生效的合同内容发生变更或归于无效。可撤销合同是一种相对无效的合同，其效力取决于当事人的意志，仓储合同未被依法撤销之前仍然有效。可撤销的合同主要有以下三种情形。

① 因重大误解而订立的仓储合同。重大误解是指仓储合同当事人对仓储合同的内容有重大误解，使行为的后果与自己的意思相悖，给行为人造成较大损失。这里的重大误解主要是指对双方当事人、仓储物、保管数量、质量、合同性质等做出的误解。

② 因显失公平订立的仓储合同。显失公平的合同是指一方当事人利用优势或利用对方缺乏经验而订立的，仓储合同双方当事人权利义务明显不对等，使一方受到较大损失的合同。显失公平的合同明显违反了公平、等价有偿原则。

③ 一方以欺诈、胁迫的手段或乘人之危订立的合同。一方以欺诈、胁迫的手段或乘人之危订立的合同是指利用他人的危难处境或紧迫需要，强迫对方接受某种明显不公平的条件并违背其真实意愿而订立的合同。

在上述三种情形下订立的仓储合同，因违背了受害方的真实意思，法律赋予受害方享有请求人民法院或仲裁机构变更或撤销仓储合同的权利。法院或仲裁机构应当根据当事人请求的内容做出裁判，当事人请求变更的，法院和仲裁机构不得做出撤销合同的裁判。

但是，有下列情形之一的，撤销权消灭。

① 具有撤销权的当事人自知或应当知道撤销事由之日起一年内没有行使撤销权。

② 具有撤销权的当事人知道撤销事由后明确表示或以自己的行为放弃撤销权。

3. 效力待定的仓储合同

效力待定的仓储合同是指合同虽然已经成立，但是否生效尚未确定，而有待于其他行为使之确定的仓储合同。效力待定的仓储合同只有经权利人的追认，才具有法律效力；如果权利人在一定期限内不予承认，则仓储合同不生效。

效力待定仓储合同主要有以下几种。

① 限制民事行为能力人订立的仓储合同。限制民事行为能力人订立的仓储合同，经法定代理人追认后，该仓储合同有效。相对人可以催告法定代理人在一个月内予以追认，法定代理人未做表示的，视为拒绝追认。仓储合同被追认之前，善意相对人有撤销的权利。撤销应当以通知的方式做出。

② 无权代理人订立的仓储合同。行为人没有代理权、超越代理权或代理权终止后以被代理人名义订立的仓储合同，未经被代理人追认，对被代理人不发生法律效力，由行为人承担责任。相对人可以催告被代理人在一个月内予以追认。被代理人未做表示的，视为拒绝追认。仓储合同被追认之前，善意相对人有撤销的权利。撤销应当以通知的方式做出。因此，在与代理人以被代理人名义签订仓储合同时，一方当事人应注意审查对方是否具有代理人资格。

③ 法定代表人、负责人超越权限订立的仓储合同。法人或其他组织的法定代表人、负责人超越权限订立的仓储合同，除相对人知道或应当知道其超越权限的以外，该代表行为有效。

④ 无处分权的人订立的仓储合同。无处分权的人处分他人财产，经权利人追认或无处分权的人订立仓储合同后取得处分权的，该仓储合同有效。

4. 仓储合同被确认无效或被撤销的处理

仓储合同被确认无效或被撤销以后，没有法律效力。仓储合同部分无效，不影响其他部分的效力，其他部分仍然有效。仓储合同无效、被撤销或终止的，不影响仓储合同中独立存在的有关解决争议方法的条款的效力。仓储合同被确认无效或被撤销的处理方式有以下几种。

① 返还财产。仓储合同被确认为无效或被撤销后，因该仓储合同保管人取得的存货人的财产，应当予以返还存货人；不能返还或没有必要返还的，应当折价补偿。

② 赔偿损失。仓储合同被确认无效或被撤销后，有过错的一方应当赔偿对方因此所受到的损失；双方都有过错的，应当按各自的过错大小承担相应的责任。

③ 追缴财产。当事人恶意串通，损害国家、集体或第三人利益的，因此取得的财产收归国有或返还集体、第三人。

（七）仓储合同的变更和终止

1. 仓储合同的变更

仓储合同成立以后，在尚未履行或尚未完全履行之前，当事人可以对仓储合同的内容进行修改或补充。

仓储合同的变更应符合这些条件：①当事人之间存在有效合法的仓储合同；②要有合同内容的变化，合同内容的变更主要是对仓储物、保管数量、质量、保管费、履行期限、储存地点、履行方式、违约责任等的变更，当事人对仓储合同变更的内容约定不明确的，推定为未变更；③当事人各方协商一致，在原来仓储合同内容的基础上达成新的协议；④遵守法定的形式和按程序进行。当事人变更仓储合同，应该依照约定。法律、行政法规规定变更仓储合同应当办理批准、登记等手续的，依照其规定，否则仓储合同变更不生效。

变更仓储合同的程序按照仓储合同订立的程序进行，即当事人一方发出变更仓储合同的要约，另一方做出承诺，仓储合同变更。仓储合同变更后，对合同当事人具有法律约束力，当事人应该按照变更后内容履行各自承担的合同义务。仓储合同的变更不影响当事人要求赔偿损失的权利。

2. 仓储合同的终止

合同的终止是仓储合同关系在客观上不复存在，仓储合同权利和义务归于消灭。有下列情形之一的，仓储合同的权利义务予以终止。

（1）债务已经按照约定履行

仓储合同一经履行，合同权利便得以实现，当事人设立合同的目的得以实现，合同关系也就自然终止。在实践中，履行是仓储合同终止最为主要的原因。

（2）仓储合同的解除

仓储合同订立后，在合同尚未履行或尚未全部履行时，当事人提前终止合同，从而使原仓储合同设定的双方当事人的权利义务归于消灭。它是仓储合同终止的一种情形。仓储合同解除分为约定解除和法定解除。

① 约定解除。约定解除是仓储合同当事人通过协议或行使约定的解除权而进行的合同解除。约定解除又分为两种：一是协议解除，即当事人双方通过协商将合同解除；二是约定解除，即当事人以合同形式，约定一方解除合同的条件，解除合同的条件成就时，解除权人可以解除仓储合同。

② 法定解除。法定解除是在仓储合同成立以后，没有履行或没有完全履行之前，根据法律规定的解除条件，行使法定的解除权而使仓储合同效力终止的行为。法定解除的特点是：解除仓储合同的条件是由法律直接规定的，而不是当事人的约定。在法定解除条件具备时，享有解除权的当事人就可以行使法定解除权而解除仓储合同，不必征得对方当事人的同意。

《民法典》规定，有下列情形之一的，可以解除合同：

- 因不可抗力致使不能实现合同目的的；
- 在履行期限届满之前，当事人一方明确表示或以自己的行为表明不履行主要债务的；
- 当事人一方延迟履行主要债务，经催告后在合理期限内仍未履行的；
- 当事人一方延迟履行债务或其他违约行为，致使不能实现合同目的的；
- 法律规定的其他情形。

在上述情形中，不可抗力是法定的免责事由，因不可抗力导致的仓储合同目的无法实现不可归责于任何一方当事人，在这种情形下，双方当事人都可行使解除权。而其他几种情形均是可归责于当事人一方的违约行为，只有享有解除权（守约）的一方当事人才可通知对方解除合同，而无须对方同意。

（3）债务抵销

债务抵销是指双方当事人互负债务时，各以其债权充当债务的清偿，而使其债务与对方的债务在对等额内相互消灭。因此，抵销也是合同的权利义务终止的原因之一。抵销分为法定抵销和约定抵销两种。

① 法定抵销是指当事人互负到期债务，该债务的标的物种类、品质相同的，任何一方可以将自己的债务与对方的债务抵销，但依照法律规定或按照合同性质不得抵销的除外。当事人主张抵销的，应当通知对方，通知自到达对方时生效，而且抵销不得附条件或附期限。例如，甲欠乙仓储费 5 000 元，而乙欠甲运费 3 000 元，那么双方可抵销 3 000 元。

② 约定抵销是指当事人双方协商一致的抵销，即当事人互负到期债务，标的物种类、品质不相同的，经双方协商一致，也可以抵销。

（4）提存

提存是由于债权人的原因，债务人将无法清偿的标的物提交给提存机关，以消灭合同债务的行为。债务的履行往往需要债权人的协助，如果债权人无正当理由而拒绝受领或不能受领，债权人虽然应负受领迟延责任，但债务人的债务却并未消灭，债务人仍要随时准备履行，为债务履行提供的担保也不能消灭，显失公平。为此法律设立了提存制度，规定在债权人拒绝受领或不能受领标的物时，债务人可以将标的物提交有关部门保存。一经提存即认为债务人已经履行了其义务，债权债务关系即行终止。例如，甲储存在乙仓库的货物已到期，乙多次催甲提货，甲无正当理由就是不提货，影响了乙仓库的使用，那么乙可将甲的货物提存。

标的物提存后，毁损、灭失的风险由债权人承担。提存期间，标的物的孳息归债权人所有，提存费用由债权人负担。但标的物不适于提存或提存费用过高的，债务人依法可以拍卖或变卖标的物，提存所得的价款。

标的物提存后，合同虽然终止，但债务人还负有后合同义务，除债权人下落不明的以外，债务人应及时通知债权人或债权人的继承人、监护人。

债权人领取提存物的权利，自提存之日起五年内不行使而消灭，提存物扣除提存费用后归国家所有。

（5）免除

免除是指债权人免除债务人的债务而使合同权利义务部分或全部终止的意思表示。免除是债权人的单方法律行为。

免除的效力是使合同消灭。债务全部免除的，合同即全部消灭；债务部分免除的，合同于免除的范围内部分消灭。主债务因免除而消灭的，从债务也随之免除。但是，免除不得损害第三人的利益。

（6）混同

混同是指债权债务同归于一人，致使合同关系消灭的事实。《民法典》规定，债权和债务同归于一人的，合同的权利义务终止，但涉及第三人利益的除外。

（7）法律法规规定的或当事人约定终止的其他情形

除了上述合同权利与义务终止的情形，出现了法律规定终止的其他情形时，合同的权利义务也可以终止。

二、履行仓储合同

当事人订立合同的目的就是实现合同当事人的利益，这种利益必须通过当事人履行合同的行为才能实现。因此，合同的履行是《民法典》的核心。仓储合同当事人应按照合同约定或法律规定，全面、适当地完成各自承担的合同义务，以使债权人的债权得以实现。

（一）仓储合同履行的基本规则

1. 仓储合同条款约定不明确时的履行规则

仓储合同条款应当明确、具体，以便履行，由于客观情况的复杂性和当事人主观认识的局限性，合同条款欠缺或约定不明的现象是不可避免的。仓储合同生效后，当事人就仓储物的质量、保管费、履行地点等合同内容没有约定或约定不明确的，可以协议补充；不能达成补充协议的，按照合同有关条款或交易习惯确定。如果按前面两种方式仍不能确定的，适用下列规定。

① 质量要求不明确的，按照国家标准、行业标准履行；没有国家标准、行业标准的，按照通常标准或符合合同目的的特定标准履行。

② 价款或报酬不明确的，按照订立合同时履行地的市场价格履行。

③ 履行地点不明确，给付货币的，在接受货币一方所在地履行；其他标的，在履行义务一方所在地履行。

④ 履行期限不明确的，债务人可以随时履行，债权人也可以随时要求履行，但应当给对方必要的准备时间。

⑤ 履行方式不明确的，按照有利于实现合同目的的方式履行。

⑥ 履行费用的负担不明确的，由履行义务一方负担。

2. 执行政府定价或政府指导价的合同的履行规则

执行政府定价或政府指导价的，在合同约定的交付期限内政府价格调整时，按照交付时的价格计价。逾期交付标的物的，遇价格上涨时，按照原价格执行；价格下降时，按照新价格执行。逾期提取标的物或逾期付款的，遇价格上涨时，按照新价格执行；价格下降时，按照原价格执行。

3. 涉及第三人的仓储合同的履行规则

涉及第三人的仓储合同又称涉他合同，是当事人双方为当事人之外的第三方设定了权利或义务的仓储合同，包括如下两种。

① 向第三人履行的仓储合同。仓储合同的当事人可以约定由债务人向第三人履行债务，由于第三人不是订立仓储合同的当事人，其仅能依照债权人与债务人的约定享有请求履行的权利。债务人未向第三人履行债务或履行债务不符合约定的，应当向债权人而不是第三人承担违约责任；债务人对债权人可行使的抗辩权，对该第三人也可行使；因向第三人履行债务增加的费用，除当事人双方另有约定外，由债权人承担。

② 第三人代为履行的合同。仓储合同的当事人可以约定由第三人代替债务人向债权人履行债务，但第三人并没有因履行债务而成为仓储合同当事人，所以第三人不履行债务或履行债务不符合约定的，应当由债务人，而不是第三人向债权人承担违约责任；债权人请求第三人履行债务时，债务人对于债权人的一切抗辩权，第三人均可行使；第三人向债权人履行债务所发生的费用，一般应由债务人承担，除非当事人双方另有约定。

4. 仓储合同主体发生变化时的履行规则

债权人分立、合并或变更住所没有通知债务人，致使履行债务发生困难的，债务人可以中止履行或将标的物提存。合同生效后，当事人不得因姓名、名称的变更或法定代表人、负责人的变动而不履行合同义务，否则承担违约责任。

5. 债务人提前履行债务或部分履行债务的处理规则

① 债务人的提前履行债务。债权人可以拒绝债务人提前履行债务，但提前履行不损害债权人利益的除外。债务人提前履行债务给债权人增加的费用，由债务人负担。

② 债务人的部分履行债务。债权人可以拒绝债务人部分履行债务，但部分履行不损害债权人利益的除外。债务人部分履行债务给债权人增加的费用，由债务人负担。

（二）保管人的权利和义务

1. 保管人的权利

① 收取仓储费的权利。仓储费是保管人订立合同的目的，是对仓储物进行保管所获得的报酬，是保管人的合同权利。保管人有权按照合同约定收取仓储费或在存货人提货时收取仓储费。

② 保管人的提存权。储存期限届满，存货人或仓单持有人不提取货物的，保管人可以催告其在合理期限内提取，逾期不提取的，保管人可以提存仓储物，以消灭与存货人或仓单持有人之间的债权债务关系。提存程序一般来说，首先应由保管人向提存机关呈交提存申请书，在提存书上应当载明提存的理由，标的物的名称、种类、数量，以及存货人或提单所有人的姓名、住所等内容；其次保管人应提交仓单副联、仓储合同副本等文件，以证明保管人与存货人或提单持有人的债权债务关系；再次，保管人还应当提供证据证明自己催告存货人或仓单持有人提

货而对方没有提货，致使该批货物无法交付其所有人的证据。只要保管人依法将储存期满的货物提存，保管人和存货人的合同关系即告终止。

③ 验收货物的权利。验收货物不仅是保管人的义务，也是保管人的一项权利。保管人有权对货物进行验收，在验收中发现货物溢短，对溢出部分可以拒收，对于短少的部分有权向存货人主张违约责任。对于货物存在的不良状况，有权要求存货人更换、修理或拒绝接受，否则需如实编制记录，以明确责任。

2. 保管人的义务

① 提供仓储条件的义务。仓储人经营仓储保管的前提条件就是具有功能完备的仓储保管条件，具有从事保管货物的保管设施和设备，包括适合货物储存要求的场地、容器、仓库、货架、作业搬运设备、计量设备、保管设备、安全保卫设施等条件。同时还应配备一定数量的保管人员、商品养护人员、装卸搬运人员，制定行之有效的管理制度和操作规程等。

② 接收、验收货物的义务。保管人应按合同的约定，接受存货人交付储存的货物。保管人在接受存货人交存货物入库时，应当按照合同的约定对入库货物进行验收，并签发验货单证。保管人验收后，发现入库货物的品种、数量、质量不符合约定的，应当及时通知存货人。验收包括实物验查和样本验查。保管物有包装的，验收时应以外包装或货物标记为准；无标记的，以存货人提供的验收资料为准。保管人未按规定的项目、方法、期限验收或验收不准确的，应负责承担由此造成的实际损失。在双方交接货物中发现问题的，保管人应妥善暂存，并在有效验收期间内通知存货人处理，暂存期间所发生的一切损失和费用由存货人负担。货物验收时保管人未提出异议的，视为存货人交付的货物符合仓储合同约定的条件。保管人验收后，发生货物的品种、数量、质量不符合约定的，保管人应当承担损害赔偿责任。

③ 给付仓单的义务。保管人在接收货物后，保管人应当向存货人给付仓单，这是保管人的一项合同义务。仓单是存货人交付、提取货物的凭证。保管人给付仓单的前提是仓储合同成立，存货人已交付货物，保管人则根据实际收取的货物情况签发仓单。在储存期限届满时，保管人应根据仓单的记载向仓单持有人交付货物，并承担仓单所明确的责任。保管人应根据合同条款确定仓单的责任事项，避免将来向仓单持有人承担超出仓储合同所约定的责任。

④ 妥善保管义务。保管人应当按照仓储合同约定的储存条件和保管要求，妥善保管货物。保管人储存易燃、易爆、有毒、有腐蚀性、有放射性等危险品的，应当具备相应的保管条件，并按照国家或合同规定的要求操作和储存；在储存保管过程中不得损坏货物的包装物，如因保管或操作不当使包装发生毁损的，保管人应当负责修复或按价赔偿。保管人对保管物负有较一般保管合同的保管人更重的保管责任。凡因保管人保管不善而非因不可抗力、自然因素或货物（包括包装）本身的性质而发生储存的货物灭失、短少、变质、损坏、污染的，保管人均应承担损害赔偿责任。因货物的性质、包装不符合约定或超过有效储存期造成货物变质、损坏的，保管人不承担损害赔偿责任。

⑤ 返还货物及其孳息的义务。保管人应在约定的时间和地点向存货人或仓单持有人交还约定的货物。仓储合同没有明确存期和交还地点的，存货人或仓单持有人可以随时要求提取，保管人应在合理的时间内交还货物。作为一般仓储合同，保管人在交返货物时，应将原物及其孳息、残余物一同交还。

⑥ 危险通知义务。保管人负有对货物妥善管理的义务。当入库货物发生变质或其他损坏的，应当及时通知存货人或仓单持有人。当入库货物发生变质或其他损坏，危及其他货物的安全和正常保管的，应当时通知存货人或仓单持有人做出必要的处置。因情况紧急，保管人可以做出必要的处置，防止危害扩大，但事后应当将该情况及时通知存货人或仓单持有人。所谓货物发

生变质或有其他损坏，是指发现货物出现异状，货物发生减少或价值的变化等。对于外包装或货物标记上标明或合同中申明了有效期的货物，保管人应当提前通知失效期，包括在货物验收时发现不良情况、发生不可抗力损害、货物的变质、仓储事故的损坏及其他涉及货物所有权的情况，都应该告知存货人或仓单持有人。

⑦ 同意检查货物的义务。保管人根据存货人或仓单持有人的要求，应当同意其检查货物或提取样品。因存货人或仓单持有人是货物的所有权人，或者是货物的质权人，有权检验货物，保管人不得拒绝。

（三）存货人的权利和义务

1. 存货人的权利

（1）查验、取样权

在保管期间存货人有对货物进行查验、取样查验的权利，有权提取合理数量的样品进行查验。查验可能会影响保管人的工作，取样还会造成货物的减量，但存货人合理进行的查验和取样，保管人不得拒绝，应予以配合。

（2）货物的领取权

当事人对保管期间没有约定或约定不明确的，保管人也可以随时要求存货人或仓单持有人提取货物，但应当给予必要的准备时间；约定保管期间的，保管人无特别事由，不得要求存货人提前领取货物。

（3）获取货物孳息的权利

《民法典》第八百九十九条规定："保管期限届满或者寄存人提前领取保管物的，保管人应当将原物及其孳息归还寄存人。"可见，如果货物在保管期间产生了孳息，存货人有权获取该孳息。

2. 存货人的义务

（1）告知义务

存货人的告知义务包括两个方面：对货物的完整明确的告知和瑕疵告知。完整明确的告知即在订立仓储合同时，存货人要完整、详细地告知保管人货物的准确名称、数量、质量、包装方式、性质、保管要求等涉及验收、作业、仓储保管、交付的资料，特别是储存易燃、易爆、有毒、有放射性等危险品或易腐品，存货人应当向保管人说明货物的性质和预防危险、腐烂的方法，提供有关的保管、运输等技术资料，并采取相应的防范措施。存货人违反该义务的，保管人有权拒收该货物，也可以采取相应措施以避免损失的发生，因此产生的费用由存货人承担。如果由于存货人的隐瞒造成保管人损失的，存货人还应承担相应的赔偿责任。

瑕疵告知包括货物及其包装的不良状态、潜在缺陷、不稳定状态等已存在的缺陷或将会发生损害的缺陷。保管人只有了解货物所具有的瑕疵才可以采取针对性的操作和管理，以避免损害和危害发生。因存货人未告知货物的性质、状态造成的保管人验收错误、作业损害、保管损坏，由存货人承担赔偿责任。

（2）妥善处理和交存货物

存货人应对货物进行妥善处理，根据货物的性质进行分类、分储，根据合同约定妥善包装，使货物适合仓储作业和保管。存货人应在合同约定的时间向保管人交存货物，并提供验收单证。交存货物不是仓储合同生效的条件，而是存货人履行合同的义务。存货人未按照约定交存货物，构成违约，应承担违约责任。

（3）支付仓储费和偿付必要费用

仓储合同为有偿合同，除非当事人之间另有约定，存货人应当按照约定向保管人支付保管费。存货人未支付仓储费，保管人有权对货物行使留置权，即有权拒绝将货物交还存货人，并可通过拍卖留置的货物等方式获得有关款项。货物在仓储期间发生的应由存货人承担责任的费用支出或垫支费，如保险费、货物自然特性的损害处理费用、有关货损处理、运输搬运费、转仓费等，存货人应及时支付。

（4）及时提取货物的义务

该义务包括以下两方面的内容。

① 仓储合同约定保管期限的，保管期限届满，存货人或仓单持有人应凭仓单提取货物。仓单是货物的物权证明，保管人认单不认人，存货人或仓单持有人提取货物时须提示仓单并缴回仓单。存货人或仓单持有人逾期提取的，应当加收仓储费；提前提取的，不减收仓储费。原因在于保管人根据仓储合同的约定安排仓库的使用计划，如果存货人未将货物提取或提前提取，会使得保管人已签订的下一个仓储合同无法履行，从而打乱保管人的计划。因此，由于存货人或仓单持有人不能使货物如期出库造成压库时，存货人或仓单持有人应负违约责任。

② 保管期限约定不明确，当事人对保管期限没有约定或约定不明确的，存货人或仓单持有人可以随时提取货物，保管人也可以随时要求存货人或仓单持有人提取货物，但应当给予对方必要的准备时间。

（四）违约责任

《民法典》规定，当事人一方不履行合同义务或履行合同义务不符合约定的，应当承担继续履行、采取补救措施或赔偿损失等违约责任。由此，我国《民法典》在对待违约责任的问题上采取严格责任原则，不考虑合同当事人是否在主观上存在过错，只要一方不履行仓储合同义务或履行合同义务不符合约定的，就应承担违约责任，除非存在法定和约定的免责事由。

1. 违约行为

（1）不履行合同义务

① 履行不能。仓储合同的履行不能是指债务人由于某种情形导致事实上已经不可能再履行债务。履行不能可能由于客观原因不能履行，如货物因毁损、灭失而不能履行，因地震库房倒塌而不能履行；也可能是由于主观过错而不能履行，如由于保管人的过错使库房不适于储存存货人的货物，但主要还是由于客观原因导致的。履行不能的情况自仓储合同成立时就已经存在的，则为原始不能；如果是在合同关系成立以后才发生的，则为嗣后不能，如货物于交付前灭失。如果货物部分灭失，则为部分不能；如果全部灭失，则为全部不能。

② 拒绝履行。拒绝履行是仓储合同当事人一方明确表示或以自己的行为表明不履行合同义务。构成拒绝履行必须具备的条件：第一，须债务人负有债务而且能够履行债务；第二，须债务人表示不履行；第三，须债务人拒绝履行为无正当理由。仓储合同不履行的表现，不以明示为限，单方毁约、没有履行仓储义务的行为、将应当交付的货物做其他处分等，均可以推断为不履行义务的表现。例如，保管期限届满，保管人履行了仓储义务，存货人不支付仓储费；保管人在约定的期限内不返还货物或将货物挪作他用等。拒绝履行与不能履行存在明显的不同，前者强调当事人有履行可能而不履行，后者则主要强调客观上不能履行。如果仓储合同的义务人拒绝履行义务，对方当事人可以在履行期限届满之前要求其承担违约责任。

（2）履行合同义务不符合约定

① 履行迟延。履行迟延是指仓储合同当事人的履行违反了履行期限的规定，包括给付迟延（债务人的迟延）和受领迟延（债权人的迟延）两种。在仓储合同中，保管人未在合同规定的期限内返还货物、存货人未在合同约定的期限内将货物入库、存货人未在约定的期限内支付仓储

费用等行为均属于履行迟延。在给付迟延情形下，债务人履行迟延，经催告后在合理期限内仍未履行或不能实现合同目的的，债权人可以解除合同并请求赔偿损失。在迟延受领的情况下，债权人应依法支付违约金，如因此给债务人造成损害，则应负损害赔偿责任。债务人得依法自行消灭其债务，如以货物提存的方式消灭债务。

② 履行不适当。履行不适当即未按法律规定、合同约定履行债务的行为。在仓储合同中，在货物的入库、验收、保管、包装、出库等任何一个环节未按法律规定或合同的约定履行，即属不适当履行。例如，保管人交付货物的数量不足或品质不合要求，或者履行的时间、地点或方式不符合要求等。债务人履行不适当的，应当采取补救措施，以使其履行符合法律规定或约定的条件。在一般情况下，债务人不适当履行的，债权人有权请求赔偿因此而受到的损害。

2. 承担违约责任的方式

根据《民法典》的规定，违约责任的承担方式有支付违约金、赔偿损失、继续履行、采取补救措施、定金制裁等。

（1）支付违约金

违约金是当事人在合同中约定的，在一方违约时，向对方支付一定数额的货币。违约金是双方协商确定的，当事人双方可以约定一方违约时根据违约情况向对方支付一定数额的违约金，也可以约定因违约产生的损失赔偿额的计算方法。违约金的性质主要是补偿性，违约方承担违约金后，不再承担继续履行或赔偿损失的违约责任。但当事人就迟延履行约定违约金的，违约方支付违约金后，还应当履行债务。为了体现公平、诚实信用的原则，《民法典》对违约金责任做了必要的限制。《民法典》规定，约定的违约金低于造成损失的，当事人可以请求人民法院或仲裁机构予以增加；如果约定的违约金过分高于造成的损失的，当事人可以请求人民法院或仲裁机构予以适当减少。

当事人可以约定违约金的计算方法。例如，由于保管人的责任造成退仓或不能入仓而应支付违约金____元；存货人不按期存货，支付违约金____元；超议定储存或逾期不提货的，除交纳保管费外，还应偿付违约金____元/天；违反货物入库和出库规定，付违约金____元。

（2）赔偿损失

赔偿损失是合同的一方当事人在不履行合同义务或履行合同义务不符合约定的情形下，在违约方履行义务或采取其他补救措施后，在对方还有其他损失时，违约方承担赔偿损失的责任。损失赔偿额应当相当于因违约所造成的损失，包括直接损失和间接损失。直接损失，又称实际损失，是指仓储合同的一方当事人因对方的违法行为直接造成的财物的减少、支出的增加等。例如，仓储合同中货物本身灭失或毁损，为处理损害后果的检验费、清理费、保管费、劳务费或采取其他措施防止损害事态继续扩大的直接费用支出等。间接损失，是指因仓储合同一方当事人的违约行为而使对方失去实际上可以获得的利益。它包括利润的损失（主要是指被损害的财产可以带来的利润）利息的损失、自然孳息的损失等。

具体适用时，在合同约定违约金的情况下，损失赔偿额是用来补偿违约金的不足部分，如果违约金已能补偿经济损失，就不再支付赔偿金；如果合同没有约定违约金，只要造成了损失，就应向对方支付赔偿金。由此可见，赔偿金是对受害方实际损失的补偿，是以弥补损失为原则的。尽管违约方承担的是完全赔偿责任，但是损失赔偿额不得超过违反合同一方当事人于订合同时预见到或应当预见到的因违反合同可能造成的损失。因此，在确定损害赔偿责任时，应注意避免损害赔偿的扩大。在违约行为发生时，受害一方当事人有及时采取防止损失扩大的义务，没有及时采取措施致使损失扩大的，无权就扩大的部分要求赔偿。当事人可以在合同中约定因违约产生的损失赔偿额的计算方法。

（3）继续履行

继续履行是指一方当事人违反合同后，非违约方有权要求其依照合同约定继续履行合同，而不得以支付违约金和赔偿损失的方式代替履行，也称强制实际履行。

通常来说，继续履行应符合的条件：①仓储合同的一方当事人有违约行为；②违约一方的仓储合同当事人要求继续履行；③继续履行不违背合同本身的性质和法律；④违约方能够继续履行。在仓储合同中，要求继续履行作为非违约方的一项权利，是否需要继续履行，取决于仓储合同非违约一方的当事人，可以请求支付违约金、赔偿金，也可以要求继续履行。

继续履行必须建立在能够并应该实际履行的基础上。《民法典》规定，对于非金钱债务的违约，有以下情形之一的，权利人不能再向债务人提出继续履行的请求：①法律上或事实上不能履行；②债务的标的不适于强制履行或费用过高；③债权人在合理期限内未要求继续履行。

（4）采取补救措施

所谓补救措施，是指在违约方给对方造成损失后，为了防止损失的进一步扩大，由违约方依照法律规定承担的违约责任形式，如货物的更换、补足数量等。从广义而言，各种违反合同的承担方式，如损害赔偿、违约金、继续履行等，都是违反合同的补救措施，它们都是使一方当事人的合同利益在遭受损失的情况下能够得到有效的补偿与恢复。因此，这里所说的采取补救措施仅是从狭义上而言，是上述补救措施之外的其他措施。在仓储合同中，这种补救措施表现为当事人可以选择偿付额外支出的保管费、保养费、运杂费等方式，一般不采取实物赔偿方式。

（5）定金制裁

定金是指合同当事人为了确保合同的履行，由一方预先给付另一方一定数额的货币。定金作为合同的担保，具有实践性，要以定金的实际交付为成立要件，定金交付后，定金合同即成立。定金合同从定金实际交付之日起生效。定金的数额由当事人约定，但不得超过主合同标的额的 20%，超过的部分，人民法院不予支持。债务人履行债务后，定金应当抵作价款或收回。给付定金的一方不履行债务的，无权要求返回定金；接受定金的一方不履行债务的，应当双倍返还定金。《民法典》规定，当事人既约定违约金，又约定定金的，一方违约时，对方可以选择适用违约金或定金条款。可见，定金与违约金作为两种独立的违约责任形式，不能同时并用，只能选择其一适用，适用了定金责任就不能再适用违约金责任，适用了违约金责任就不能再适用定金责任，守约方享有选择权。

（五）违约责任的免除

违约责任的免除是不履行合同或法律规定的义务，致使他人财产受到损害时，由于有不可归责于违约方的事由，法律规定违约方可以不承担民事责任的情况。仓储合同订立后，如果客观上发生了某些情况阻碍了当事人履行仓储合同义务，这些情况如果符合法律规定的条件，违约方的违约责任就可以依法免除。《民法典》上的免责事由可分为两大类，即法定免责事由和约定免责事由。法定免责事由是指由法律直接规定、不需要当事人约定即可援用的免责事由，主要指不可抗力；约定免责事由是指即当事人约定的免责条款。

1. 不可抗力

不可抗力是指当事人不能预见、不能避免并且不能克服的客观情况。它包括自然灾害和某些社会现象。前者如火山爆发、地震、火灾、台风、冰雹和洪水侵袭等，后者如战争、罢工等。因不可抗力造成仓储合同不能履行或不能完全履行，违约方不承担民事责任。

合同签订后因出现不可抗力的时间不同，会有几种不同的法律后果：当出现不可抗力以后，再要求义务人继续履行义务已无任何可能性时，可以全部免除当事人的履行义务；不可抗力的出现只对合同的部分履行带来影响，在此情况下只能免除不能履行部分的责任；如果不可抗力的出现只是对合同的履行暂时产生影响，等不可抗力的情势消失后，当事人应继续履行合同。但是，当事人延迟履行后发生不可抗力的，不能免除责任。

不可抗力的免责是有条件的，在不可抗力发生以后，作为义务方必须要采取以下积极的措施才可以免除其违约责任。

① 发生不可抗力事件后，应当积极采取有效措施，尽最大努力避免和减少损失，如果当事人有能力避免损失的加剧，但未采取有效措施致使损失扩大，扩大的损失不属于不可抗力造成的损失。

② 发生不可抗力事件后，应当及时向对方通报不能履行或延期履行合同的理由。及时通报的目的是使对方当事人根据合同不能履行的具体情况，采取适当措施，尽量避免或减少由此而造成的损失。如果遭受不可抗力的一方没有及时通报，由此而加重了对方的损失，则加重部分不在免责之列。

③ 发生不可抗力事件后，应当取得有关证明，即遭遇不可抗力的当事人要取得有关机关的书面材料，证明不可抗力发生及影响当事人履行合同的情况，这样如果日后发生纠纷，也可以做到有据可查。

2. 货物的自然特性

根据《民法典》及有关规定，由于储存货物本身的自然性质和合理损耗，造成货物损失的，当事人不承担责任。

3. 存货人的过失

由于存货人造成货物的损害，如包装不符合约定、未提供准确的验收资料、隐瞒和夹带、存货人的错误指示和说明等，保管人不承担赔偿责任。

4. 合同约定的免责

基于当事人的利益，双方在合同中约定免责事项，对负责事项造成的损失，不承担互相赔偿责任。例如，约定货物入库时不验收重量，则保管人不承担重量短少的赔偿责任；约定不检验货物内容质量的，保管人不承担非作业保管不当的内容变质损坏责任。

经验之谈

仓储合同风险与防范

订立仓储合同应事前准备充分，做好资信调查。

1. 存货人认真审查保管人的资质——优先选择保管条件优、保管水平高和重合同守信用的保管人。
2. 保管人要谨防存货人欺诈——考核对方的主体资格、履行合同能力和信用情况等。
3. 仓储合同用词准确，防范异议。
4. 仓储合同内容要详尽完善。
5. 明确约定合同双方的权利与义务。
6. 违约责任条款约定清楚。
7. 事先约定合同纠纷的解决方式和诉讼管辖地。
8. 监督合同的实际履行，实现合同双方的目的。

小结：竭诚合作求双赢！

要点回顾

- 仓储合同业务
  - 认识仓储合同
    - 仓储合同的定义与特点
    - 仓储合同的种类
      - 一般仓储保管合同
      - 混藏式仓储合同
      - 消费式仓储合同
      - 仓库租赁合同
    - 仓储合同的订立
      - 仓储合同订立的原则
      - 仓储合同的形式
      - 仓储合同订立的程序
    - 仓储合同的标的和标的物
    - 仓储合同的内容
      - 存货人、保管人的名称和住所
      - 货物的品名或品类
      - 货物的数量、质量和包装
      - 货物验收的内容、标准、方法和时间
      - 保管条件和保管要求
      - 货物出入库的手续、时间、地点和运输方式
      - 货物的损耗标准及损耗的处理
      - 计费项目、计算标准、结算方式、开户银行、账号和支付时间
      - 责任划分和违约处理
      - 合同的有效期限
      - 变更和解除合同的程序及期限
    - 仓储合同的无效、可变更或撤销及效力待定
      - 仓储合同的无效
      - 可变更、可撤销的仓储合同
      - 效力待定的仓储合同
      - 仓储合同被确认无效或被撤销的处理
    - 仓储合同的变更和终止
      - 仓储合同的变更
      - 仓储合同的终止
  - 履行仓储合同
    - 仓储合同履行的基本规则
      - 仓储合同条款约定不明确时的履行规则
      - 执行政府定价或政府指导价的合同的履行规则
      - 涉及第三人的仓储合同的履行规则
      - 仓储合同主体发生变化时的履行规则
      - 债务人提前履行债务或部分履行债务的处理规则
    - 保管人的权利和义务
      - 保管人的权利
      - 保管人的义务
    - 存货人的权利和义务
      - 存货人的权利
      - 存货人的义务
    - 违约责任
      - 违约行为
      - 承担违约责任的方式
    - 违约责任的免除
      - 不可抗力
      - 货物的自然特性
      - 存货人的过失
      - 合同约定的免责

练一练

1．2021 年 6 月 3 日，某市盛达粮油进出口有限责任公司（下称盛达公司）与该市东方储运公司签订了一份仓储合同。合同主要约定：由东方储运公司为盛达公司储存保管小麦 600 t，保管期限自 2021 年 7 月 10 日至 11 月 10 日，储存费用为 80 000 元，任何一方违约，均按储存费用的 20%支付违约金。请根据仓储合同相关知识点，分别扮演保管人和存货人草拟仓储合同。

2．第 1 题仓储合同签订后，东方储运公司开始清理其仓库，并拒绝其他有关客户在此仓库的存货要求。同年 7 月 8 日，盛达公司书面通知东方储运公司：因收购业务出现纠纷，收购的小麦不足 300 t，故不需存放到东方储运公司仓库，双方于 6 月 3 日签订的仓储合同终止履行，请谅解。请问东方储运公司应做出什么相应的回复？按照相关法律规定，盛达公司与东方储运公司应分别承担什么责任？

3．有两家客户需要存放海飞丝（H&S）丝质柔滑洗发露 500 ml 装 200 箱，生产日期分别为 2021 年 6 月 9 日和 9 月 16 日，各 50 箱，每箱 20 瓶，每瓶 50 元，每 10 箱一个托盘，托盘为标准规格 1 200 mm×1 000 mm，存放时间为 5 个月，请根据以上条件，分成三组，分别拟定一般保管仓储合同、混藏式仓储合同、消费式仓储合同。

学习资源库

1．“仓储管理实务”丽水职业技术学院精品课程（闫春荣主讲）。

2．中国物流与采购教育认证网。

测一测

客观题　　实务操作题

扩一扩

案例赏析一：某仓储合同纠纷

案例赏析二：原物返还违约吗

案例赏析三：合同双方的做法对吗

案例赏析四：旺旺果品有限公司能解除合同吗

任务五　仓单业务

知识点

1. 仓单的概念、性质。
2. 仓单的功能。
3. 仓单的形式与内容。
4. 仓单的签发。
5. 仓单的分割、转让、提货。

学习目标

1. 知识目标

- 掌握仓单的功能。
- 掌握仓单的内容及使用操作方法。

2. 素质目标

- 培养运用所学的仓储法律知识分析问题、解决问题的能力。
- 培养良好的团队合作与社会沟通能力。

3．技能目标

● 能够进行仓单填写、转让、提货。

● 能够进行仓单审核。

● 能够防范和处理仓单业务纠纷。

实训项目

1．某服装公司与红日仓储有限公司签订了一份仓储保管合同。要求学生每两人为一组，代表合同中的一方当事人，模拟一次仓储交易，根据交易的过程模拟制作仓单，根据交易进程完成仓单流转的过程。要求仓单具体内容以仓储合同中包括的合同主体、仓储货物描述、验收标准和方法、保管条件要求、出入库流程和手续、损耗处理、费用结算、违约责任等为依据。

2．某百货公司取得某服装公司的背书转让仓单。要求学生每三人为一组，代表背书转让及合同中的一方当事人，模拟仓单背书、仓单转让、仓储交易，根据交易进程对制作的仓单进行审核，并完成仓单流转的过程。根据已签订的仓储合同，学生们进行交换，认真审查仓单是否合法，内容是否有遗漏、错误及违法之处，并判断是否是有效的仓单，提出修改意见。

引例

某年9月，某服装公司与红日仓储有限公司签订仓储合同，约定储存20万套羽绒服，储存费2万元，储存至同年12月20日。合同签订后，服装公司依约存货并交纳了仓储费，红日仓储有限公司验收后签发了仓单。

同年12月，某百货公司向该服装公司订购了这20万套羽绒服，并取得该服装公司背书转让仓单，服装公司事后通知了红日仓储有限公司。

然而百货公司持仓单提货时，被红日仓储有限公司以不是合法仓单持有人为由拒绝交付，双方一直争执至天气转暖，耽误了羽绒服销售的高峰期，百货公司遭受了损失，遂向法院起诉，要求红日仓储有限公司赔偿。

请回答以下问题。

① 仓单有哪些性质？《民法典》对仓单转让有何规定？

② 服装公司转让的仓单有效吗？

③ 百货公司能取得损失赔偿吗？

引例分析

要回答引例中的问题，必须熟知以下知识。

① 仓单的性质。

② 仓单的生效。

③ 仓单转让的方法。

④ 仓储各方的权利义务。

一、认识仓单

（一）仓单的概念和性质

1．仓单的概念

《民法典》第九百零八条规定：“存货人交付仓储物的，保管人应当出具仓单、入库单等凭证。”此处提到的仓单是指保管人在收到货物时向存货人签发的表示仓储关系存在，以及保管人愿向仓单持有人履行交付货物义务的法律文书。仓单表明保管人已接受仓单中所记载的货物；仓单是保管人凭以返还保管物的凭证；仓单还是确定保管人和仓单持有人（或存货人）责任和义务的依据；仓单也是仓储合同关系存在的证明。另外，仓单也可以作为一种特殊的有价证券，它不但可以经背书转让，而且根据《民法典》的有关规定，仓单还可以作为权利质押。

2. 仓单的性质

（1）仓单是有价证券

《民法典》第九百一十条规定：“仓单是提取仓储物的凭证。存货人或者仓单持有人在仓单上背书并经保管人签字或者盖章的，可以转让提取仓储物的权利。”从这条可以看出，仓单是存货人已经交付货物的凭证，更是存货人提取货物的权利依据。它代表仓单持有人对货物的所有权关系，仓单所载权利的行使与转移，以仓单的占有或转移为必要条件。仓单经过存货人的背书及保管人的签署后可转让给任何人，任何持有仓单的人都可以向保管人要求给付货物。从本质上看，仓单是一种有价证券，它代表与货物等值的财产权利，其价格受市场供求关系的影响。

（2）仓单是要式证券

《民法典》第九百零九条规定，仓单要经保管人签名或盖章，并必须具备一定的法定记载事项，以此来确定保管人和存货人各自的权利和义务，是一种要式证券。

（3）仓单是物权证券

仓单持有人依仓单享有对仓单上所记载的货物的所有权，可行使仓单上载明的权利或对这种权利进行处分，故仓单为物权证券。

（4）仓单是文义证券，不是要因证券

所谓文义证券，是指证券上权利义务的范围以证券的文字记载为准。具体到仓单上，即仓单记载的权利义务范围，以仓单的文字记载为准，当事人只能依仓单上的记载来主张权利义务，故仓单为文义证券，不是要因证券。

（5）仓单是自付证券

仓单是由保管人自己填发的，又由自己负担给付义务，故仓单为自付证券。

（6）仓单是仓储合同的证明

仓单本身并不是仓储合同，但可以作为仓储合同的书面证明，证明仓储合同关系的存在。

3. 仓单的作用

仓单作为仓储保管的凭证，其作用是显而易见的，主要表现在以下几个方面。

① 仓单是保管人向存货人出具的货物收据。当存货人交付的货物经保管人验收后，保管人就向存货人填发仓单。仓单是保管人已经按照仓单所载状况收到货物的证据。

② 仓单是仓储合同存在的证明。仓单是存货人与保管人双方订立的仓储合同存在的一种证明，只要签发仓单，就证明了合同的存在。

③ 仓单是货物所有权的凭证。它代表仓单上所列货物，谁占有仓单就等于占有该货物，仓单持有人有权要求保管人返还货物，有权处理仓单所列的货物。仓单的转移，也就是货物所有权的转移。因此，保管人应该向持有仓单的人返还货物。也正由于仓单代表其所列货物的所有权，所以仓单作为一种有价证券，也可以按照《民法典》的规定设定权利质押担保。

④ 仓单是提取货物的凭证。仓单持有人向保管人提取货物时，应当出示仓单。保管人填发仓单后，持单人对于货物的受领，不仅应出示仓单，而且应缴回仓单。如果仓单持有人为第三人，

而该第三人不出示仓单的，除非能证明其提货身份，否则保管人应当拒绝返还货物。

此外，仓单还是处理保管人与存货人或仓单持有人之间关于仓储合同纠纷的依据。

（二）仓单的功能

1. 保管人承担责任的证明

仓单的签发意味着保管人接管货物，对货物承担保管责任，保证在仓储期满向仓单持有人交还仓单上所记载的货物，并对货物在仓储期间发生的损害或灭失承担赔偿责任。

2. 物权证明

仓单作为提货的凭证就意味着合法获得仓单的仓单持有人具有该仓单上所记载货物的所有权。持有仓单就意味着具有货物当然的所有权，但这种所有权是一种确定的物权，只表示占有该仓单上所描述的具体“物”，并不意味着固定的价值。这种物权会因为不可抗力、自然损耗等保管人免责的原因造成灭失，还会因为保管到期产生超期费，以及存在风险，如保管人进行提存的风险，由于货物的原因造成保管人、其他财产损失的赔偿风险。

仓单持有人因持有仓单所获得的货物所有权，仅仅是仓单所明示的物权，并不当然获得存货人与保管人所订立仓储合同中的权利，只有这些权利在仓单中列明时才由仓单持有人获得。相应的保管人也不能采用未在仓单上明示的仓储合同的约定条款对抗仓单持有人，除非仓单持有人与存货人为同一人。

3. 物权交易

货物交给保管人保管后，保管人占有货物，但是货物的所有权仍然属于存货人，存货人有权依法对货物进行处理，可以转让货物，这是存货人行使所有权的权利。但在保管人签发仓单的情形下，存货人和保管人达成了凭仓单提货的契约，保管人可以拒绝仓单持有人之外的其他人行使提货权。因而存货人要进行货物转让就必须将仓单转让。另外，存货人在获得仓单后，需要转让货物时，如果要通过取出货物进行实物交割显然是极为烦琐的，又不经济。为了便利和节省交易费用，存货人通过直接转让仓单的方式转让货物，由受让人凭仓单提货。通过仓单转让即可实现货物所有权的转让交易，又不涉及货物的保管和交接，是一种简便和经济的方法。仓单转让机制的基础在于保管人对货物的理货验收、对货物的完整性承担责任，以及对所签发仓单的提货保证。

① 仓单的背书转让。由于仓单大都为记名证券，仓单的转让必须采用背书转让的方式进行。由出让人进行背书，并注明受让人的名称，保持仓单的记名性质。

② 仓单转让须经保管人签署。仓单通过背书转让，货物的所有权发生了转移，被背书人成为仓单持有人。这也就意味着原先同保管人订立仓储合同的存货人将凭仓单提取货物的合同权利转让给了第三人，保管人将向第三人履行仓储合同义务。《民法典》第五百四十条规定：“债权人转让债权，未通知债务人的，该转让对债务人不发生效力。”同时还规定债务人转让义务的，应当经债权人同意。仓单的转让可能仅涉及存货人债权的转让，也可能存在受让人支付仓储费等债务的转让，因而仓单转让需要得到保管人的认可，经保管人签字或盖章，仓单受让人才能获得提取货物的权利。

4. 金融工具

由于仓单具有物权功能，所以仓单也代表货物的价值，成为有价证券。因其所代表的价值可以作为一定价值的担保，因而仓单可以作为抵押、质押、财产保证的金融工具和其他的信用保证。在期货交易市场上，仓单交易是交易最核心的部分。

（三）仓单的形式与内容

仓单由保管人提供。保管人应准备好仓单簿，仓单簿为一式两联，第一联为仓单，在签发后交给存货人；第二联为存根，由保管人保存，以便核对仓单。仓单副本则根据业务需要复制相应份数，但需注明"副本"。

《民法典》规定仓单的内容包括这些事项：①存货人的名称（或姓名）、住所；②货物的品名、数量、质量、包装、件数和标记；③货物的损耗标准；④储存场所；⑤储存期间；⑥仓储费；⑦货物的保险金额、期间及保险人的名称；⑧填发人、填发地和填发日期。仓单如图 5.1 所示。

1. 存货人的名称（或姓名）、住所

存货人是初始货物的所有人或占有人，有权对货物进行仓储处分。存货人是仓单法律关系的一方，承担仓单所确定的存货义务和责任。存货人名称完整的记录，也是判定仓单背书转让连续性的依据。

存货人的名称为存货人法人的完整名称，与法人证书的登记名称完全一致。当存货人为个人时，采用该人的完整姓名。住所为存货企业的所在地、主营业部所在地或发生仓储业务关系的分营业部所在地，个人的居住地或常驻地。住所地址要求采用完整的街牌号或乡村名称。住所地址是仓单发生司法争议时司法管辖权的确定因素之一，同时也是仓储业务中保管人与存货人联系的途径，因而一般还会注明联系电话等便利的联系方法。

<table>
<tr><td colspan="7">仓　单
公司名称：
公司地址：</td></tr>
<tr><td colspan="4">电话：
账号：
存货人：
保险人名称：
保险期间：
保险金额：</td><td colspan="3">传真：
批号：
发单日期：
起租日期：</td></tr>
<tr><td colspan="7">兹收到下列货物依本公司条款（见后页）储仓</td></tr>
<tr><td>唛头及号码</td><td>数　量</td><td>所报货物</td><td>每件收费</td><td>每月仓租</td><td>进仓费</td><td>出仓费</td></tr>
<tr><td></td><td></td><td></td><td></td><td></td><td></td><td></td></tr>
<tr><td></td><td></td><td></td><td></td><td></td><td></td><td></td></tr>
<tr><td colspan="3">总件数：</td><td colspan="4">经手人：</td></tr>
<tr><td colspan="7">总件数（大写）：</td></tr>
<tr><td colspan="7">备注：
核对人：</td></tr>
</table>

（a）仓单的内容（正面）

图 5.1　仓单

仓 单

存货记录

日 期	提单号码	提货单位	数 量	结 余	备 注

储货条款

一、本仓库所载之货物种类、唛头、箱号等，均系按照存货人所称填列，本公司对货物内容、规格等概不负责。

二、货物在入仓交接过程中，若发现与存货人填列内容不符，我公司有权拒收。

三、本仓库不储存危险品，客户应保证入库货物绝非危险品，如果因存货人的货物品质危及我公司其他货物造成损失时，存货人必须承担因此产生的一切经济赔偿责任。

四、本仓单有效期一年，过期自动失效。已提货之分仓单和提单档案保留期也为一年。期满尚未提清者，存货人须向本公司换领新仓单。本仓单须经我公司加盖硬印方为有效。

五、客户（存货人）凭背书之仓单或提货单出货。本公司收回仓单和分提单，证明本公司已将该项货物交付无误，本公司不再承担责任。

（b）仓单的内容（反面）

图 5.1 仓单（续）

2. 货物的品名、数量、质量、包装、件数和标记

货物是仓单的标的物，货物的品名、数量、质量、包装、件数和标记是保管人所接受的货物的准确描述，构成了货物的特定化；也是储存期满，保管人向仓单持有人交还货物的标准。保管人不能交还仓单所描述的货物，就需要给予赔偿。货物的品名、数量、质量、包装、件数和标记是保管人在接收货物时通过查验和理货所获得的准确结果，必要时可以通过商品检验获得。货物的品名应是标准名称，质量可以采用公认的等级质量标准或标明具体的质量水平或检验结论，包装必须是在储存期间存续的包装方式，一般为保管人所认可的包装方式。

3. 货物的损耗标准

货物因为长期保存和仓储作业会发生损耗和减量。货物自身特性（如干燥、分化、挥发等）的自然减量和公认的合理损耗（如计量误差、黏结、破损、氧化生锈、陈旧、黏尘等）由保管人承担显然不合理，或者不经济。如果在交还货物时货物数量短少在仓单所约定的货物损耗标准之内，则保管人不予赔偿。

货物的损耗标准有国家或行业标准规定的按规定标准执行，无标准的由双方约定损耗标准。制定损耗标准后，保管人在归还货物时，对货物在损耗标准内的短量、质量变化等不予赔偿。

4. 储存场所

储存场所关系到货物的保管条件、保管标准、操作方法，仓储期间风险的大小，存入和提出货物的经济成本和便利条件。它是仓单持有人了解货物存放位置的重要因素，同时也是发生仓储争议时决定合同履行地、财产所在地司法管辖权的重要因素。

储存场所一般由仓储合同约定，也可以由保管人安排，在仓单中记载的储存场所为货物的实际存放地点。储存场所包括储存仓库的名称和地点，往往还明确注明存放货物的仓库号、堆场、货位号等存货的具体位置。

5. 储存期间

仓储合同是一种有时限的合同，保管人在约定期间对货物负保管责任。为了使仓单持有人明确掌握储存期限，需要将储存期间特别是储存到期时间明确地记录在仓单之上。储存期间的表示可以采用开始期加期限的方式，如储存期 3 个月，从仓单签发日起算，到期日为节假日的，顺延到节假日后的第一个工作日；也可以采用明确到期日的方式表达，如*月*日。

储存期间是保管人承担仓储保管责任的期间，也是计算仓储费，确定和计算超期费、空置费的依据，以及保管人采取提存保管物的时间条件。

6. 仓储费

仓储费是保管人开展仓储服务的回报，是其合同行为的目的。仓储费由保管人和存货人约定，包括仓储费的计费标准、支付方式、支付时间、地点等。当仓储费由提货人支付时，或者在提货时结算的，必须在仓单上准确记录，以便约束仓单持有人。仓储费同时也是仓单转让时，受让人所要承担的支付义务和支付额。

仓储费率是超期保管费计算的基础，如超期保管费加倍计算。

7. 货物的保险金额、期间及保险人的名称

为了降低承担的风险，对货物进行投保是一种有效的方法。对货物投保的成本，原则上应该由货物所有人承担。如果保管未保险的货物，保管人为了降低风险，也可以采用由保管人购买保险的方法，但其保险的成本必然通过仓储费等方式转移给货物的所有人。另外，货物是否购买保险，对仓单受让人具有直接的利益关系，仓单的转让只是转让了入库时货物的物权，入库后货物状态的变化是受让人要承担的风险。仓单受让人通过投保的方式获得货物的状态和价值保证。

在仓单上记载保险资料，有利于发生事故时的保险处理，如通知保险人和保险索赔等。

8. 填发人、填发地和填发日期

填发人为保管人的企业名称（公章）或法定代表人的姓名。填发人的签署表明仓单发生效力。填发地和填发日期不仅表示仓单发生效力的时间和地点，而且是属地管辖的依据和时效起算时间的依据。

一份有效的仓单可以包含以上所有内容或其他保管人认为必要的内容，但是也可以缺省一些内容。只要仓单的内容能够充分表达货物的物权、保管人的责任承担程度、持有人提取货物的权利等仓单功能的事项，保管人签发的仓单就应该有效。缺乏保管人、存货人、货物、存货地点、保管人签署等条件事项的仓单显然是无效的。

经验之谈

仓单应记载哪些事项方为有效

法律规定的仓单应记载事项是否均为绝对必要记载事项，即缺少其中的任何一项是否使仓单无效？对此问题，学者大有争论。日本旧时判例及部分学者认为，如果仓单缺少法定事项的任何一项，就足以使仓单无效。后来的判例和学者则认为，只要仓单记载了货物的性质及数量即足矣，其他事项的欠缺不影响仓单的效力。判例认为，如果认为缺少法定事项中的任何一项记载事项，均使仓单无效的话，则不利于交易的安全。我国台湾省有学者认为，除有关保管期间和有关货物保险的事项外，其他事项均为绝对必要记载事项，欠缺其一，仓单无效。这些事项包括存货人的姓名及地址，保管场所，货物的种类、品质、数量及其包装的种类、个数及标记，保管费。但也有学者认为，法律中没有关于欠缺应记载事项使仓单为无效的明文规定，应

认为除保管人的署名及足以表示货物的性质和交付场所的事项为绝对必要记载事项之外，其他均为可记载事项。关于法定记载以外的事项的记载，只要不违背仓单的本质，应认为有效。我国学者对《民法典》规定的仓单记载事项的理解也不完全相同。有人认为，《民法典》所规定的仓单记载事项应为指导性事项而非法定必要事项。因此，只要仓单缺乏的事项不足以影响权利义务的确定和货物的一致性，就应认定为有效，反之认定为无效。在仓单的记载事项中，除第一项和第二项为绝对必要记载事项外，其他记载事项的欠缺均不影响仓单的效力。也有人认为，仓单的绝对必要记载事项包括以下5项：存货人的名称和住所，货物的品种、数量、质量、包装、件数和标记，储存场所，仓储费，填发人、填发地和填发日期。还有人认为，《民法典》所规定的仓单记载事项中，以下4项为绝对必要记载事项：存货人的名称和住所，货物的品种、数量、质量、包装、件数和标记，储存场所，填发人、填发地和填发日期。对于绝对必要记载事项，如果欠缺记载，则仓单不发生效力；对于相对必要记载事项，如果欠缺记载，则可依《民法典》的有关规定予以处理。

二、仓单实务

（一）仓单的签发及生效

1. 仓单的签发

仓单由保管人向存货人签发。存货人要求保管人签发仓单时，保管人必须签发仓单。当存货人将货物交给保管人时，保管人对货物进行查验和理数，确认货物的状态，在全部货物收妥后，填制并签发仓单。保管人在填制仓单时必须将所接受的货物的实际情况如实记录在仓单上，特别是对货物的不良状况更是要准确描述，以便到期时能按仓单的记载交付货物。经保管人签署的仓单才能生效。

保管人对货物不良状态的批注必须实事求是，且准确、明确。当存货人不同意做批注时，如果货物的瑕疵不影响货物的价值或质量等级，保管人可以接受存货人的担保而不做批注，否则就必须做批注，或者拒绝签发仓单。

2. 仓单的生效

仓单生效必须具备如下两个要件。

（1）保管人须在仓单上签字或盖章

保管人在仓单上签字或盖章表明保管人对收到存货人交付货物的事实进行确认。保管人未签字或盖章的仓单说明保管人还没有收到存货人交付的货物，故该仓单不发生法律效力。当保管人为法人时，由其法定代表人或授权代理人及雇员签字；当保管人为其他经济组织时，由其主要负责人签字；当保管人为个体工商户时，由其经营者签字。盖章指加盖保管人单位公章。签字或盖章由保管人选择其一即可。

（2）仓单须包括一定的法定必要记载事项

根据《民法典》第九百零九条的规定，仓单的法定必要记载事项共有8项。其中，存货人的名称（或姓名）和住所，货物的品种、数量、质量、包装、件数和标记，储存场所，填发人、填发地和填发日期4项为绝对必要记载事项，不记载则不发生相应的证券效力；其余4项属于相对必要记载事项，如当事人不记载则按法律的规定来处理。

3. 仓单的物权效力

（1）仓单交付的物权效力

根据《民法典》第九百一十条的规定，存货人或仓单持有人在仓单上背书并经保管人签字或盖章之后，仓单上所具有的提取货物的权利随之转让给新的仓单持有人。民事主体占有仓单与其对货物本身的占有具有同样的法律意义，这是仓单交付的首要效力。仓单持有人依仓单享有对有关货物的所有权，行使仓单上载明的权利或对权利进行处分。实际占有仓单者可依仓单所有权请求保管人交付仓单上所载的货物。

（2）仓单交付的后果

① 货物风险承担随仓单而转移。根据《民法典》的基本理论，风险自交付时转移，尽管仓单的交付不是货物的直接交付，但具有了法律上交付的意义，所有权的转移得到了实现，风险的转移也随之完成。

② 仓单仅具有单纯的物权效力。仓单只是低层次的有价证券。仓单的交付只对于那些由仓单而发生的权利及对于货物上的权利而具有物权转移的效力，而不涉及其他方面的权利关系，如票据上的对前手背书人的追索权。

③ 仓单具有物权的排他性。在同一货物上，不能存在两份或多份内容相同的仓单。这是一物一权主义所决定的，即使在混藏仓储合同的情况下，也只能理解为各仓单持有人为共同所有人。

④ 货物的非所有人取得的仓单仍然具有物权效力。除盗窃、抢夺、拾得遗失物等违背所有权人本意占有他人之物外，只要是基于合法的占有而将货物储存、保管给保管人，则据此取得的仓单同样具有物权效力。也就是说，在仓单交付时，被背书人基于货物已经交付储存与保管的事实，相信背书人即为货物的所有人，则在此情形下，被背书人取得货物的所有权。仓单上的权利义务的范围以仓单的文字记载为准，即使仓单上记载的内容与实际不符，保管人也应按仓单上所载文义履行责任。

（二）仓单分割

存货人将一批货物交给保管人时，因为转让的需要，要求保管人签发分为几份的仓单，或者仓单持有人要求保管人将原先的一份仓单分拆成多份仓单以便向不同的人转让，这就需要做仓单分割。仓单的分割不仅是单证的处理，还意味着保管人需要对货物进行分劈，应该说是保管人提供额外的服务。仓单分割的条件是货物必须能够被分劈，且达成对残损、地脚货的分配协议并对分割后的仓单持有人有约束力，分割后仓单的货物总和数与货物总数相同。保管人对已签发出的仓单进行分割，必须将原仓单收回。

（三）仓单转让

仓单持有人需要转让货物时，可以通过背书转让的方式进行。仓单转让生效的条件为：背书过程完整，经保管人签署。

1. 背书转让方法

作为记名单证，仓单的转让采取背书转让的方式进行。背书转让的出让人为背书人，受让人为被背书人。背书格式如下所示。

兹将本仓单转让给×××（被背书人的完整名称）

×××（背书人的完整名称）

背书经办人签名、日期

仓单可以进行多次背书转让，第一次背书的存货人为第一背书人。在第二次转让时，第一次被背书人就成为第二背书人。因而背书过程是衔接的完整过程，任何参与该仓单转让的人都在仓单的背书过程中记载。

2. 保管人签署

存货人将仓单转让，意味着保管人需要对其他人履行仓储义务，保管人与存货人订立仓储合同的意境和氛围都因仓单的转让发生了改变，保管人对仓单受让人履行仓单义务需要了解义务对象的变化，对仓单受让人行使仓单权利也需要对债务人有足够的信任，因而需要对仓单的转让给予认可。因此，仓单的转让需要保管人签署，受让人方可凭单提取货物。

（四）凭单提货

在保管期满或经保管人同意的提货时间，仓单持有人向保管人提交仓单并出示身份证明，经保管人核对无误后，保管人给予办理提货手续。

1. 核对仓单

保管人核对提货人所提交的仓单和存底仓单，确定仓单的真实性；查对仓单的背书完整，且过程衔接明白；核对仓单上的存货人或被背书人与其所出示的身份证明一致。

2. 提货人缴纳费用

如果仓单记载由提货人缴纳仓储费，则提货人按约定支付仓储费。保管人根据仓储合同约定并记载在仓单上的货物在储存期间发生的垫费、为货物所有人利益的支出、对存货人或其他人所造成的损害赔偿等费用核算准确并要求提货人支付。

3. 保管人签发提货单证并安排提货

保管人收取费用、收回仓单后，签发提货单证，安排货物出库。

4. 提货人验收货物

提货人根据仓单的记载与保管人共同查验货物，签收提货单证，收取货物。如果查验时发现货物状态不良，现场编制记录，并要求保管人签署，必要时申请商品检验，以备事后索赔。

师傅教我做

仓单持有人如何提取货物

根据《民法典》的相关规定，仓单持有人在提取货物时应遵循以下原则。

1. 仓单持有人应当在储存期限届满时提取货物。
2. 仓单持有人逾期提取货物的，应当支付超期保管的仓储费。
3. 对超过储存期间的货物，虽经保管人采取必要的措施，仍无法避免货物出现损坏、变质等现象的，其损失由仓单持有人承担。
4. 仓单持有人提前提取仓储物的，不减收仓储费。
5. 仓单是提取货物的凭证，仓单持有人应当凭仓单提取货物，并缴回仓单。

（五）仓单灭失的提货

仓单因故损毁或灭失，将会出现无单提货的现象。原则上提货人不提交仓单，保管人不能交付货物，无论对方是合同订立人还是其他人。因为保管人签发出仓单就意味着承认只能对仓单承担交货的责任，不能向仓单持有人交付货物就需要给予赔偿。仓单灭失的提货方法有以下两种。

① 通过人民法院的公示催告使仓单失效。根据《中华人民共和国民事诉讼法》，原仓单持有人或存货人可以申请人民法院对仓单进行公示催告。当六十日公示期满无人争议，人民法院可以判决仓单无效，申请人可以向保管人要求提取货物。在公示期内有人争议，则由法院审理判决，确定有权提货人，并凭法院判决书提货。

② 提供担保提货。提货人向保管人提供货物的担保后提货，由保管人掌握担保财产，将来另有人出示仓单而不能交货需要赔偿时，保管人使用担保财产进行赔偿。该担保在可能存在的仓单失效后，方解除担保。

（六）不记名仓单

如果保管人和存货人达成协议，由保管人签发不记名仓单，则所签发的仓单的存货人项就可以为空白。不记名仓单在转让时无须背书，储存期限届满由持有人签署，并提示同样的身份证明就能提货。不记名仓单不能提前提货。使用不记名仓单的存货人和保管人双方都存在一定的风险，保管人不能控制仓单的转让，也不知道将来要向谁交货，仓单持有人遗失仓单就等于遗失货物。

在仓单的存货人项不填写真正的存货人或所有人，而只填写通知人或经手人等非实际货物的所有人的仓单也属于不记名仓单。

扩展阅读

仓单质押流程

一、申请条件

1. 申请人是具有一定数量自有资金、独立核算的企业法人、其他经济组织或个体工商户。
2. 仓储公司经典当行认可，具有良好的信誉和承担责任的经济实力。
3. 质押仓单必须具备下列条件：

（1）必须是出质人拥有完全所有权的货物的仓单，且记载内容完整；

（2）出具仓单的仓储公司原则上必须是典当行认可的具有一定资质的专业仓储公司。

4. 质押仓单项下的货物必须具备下列条件：

（1）所有权明确；

（2）无形损耗小，不易变质，易于长期保管；

（3）市场价格稳定，波动小，不易过时和贬值；

（4）用途广，易变现；

（5）规格明确，便于计量；

（6）产品合格并符合国家有关标准。

5. 典当行要求的其他条件。

二、申请资料

1. 拟质押仓单复印件。
2. 仓储合同副本。
3. 仓单项下货物的购销合同、相关发票及完税证明。

4. 仓单项下货物为进口商品的，应提供相关进出口批文、批准使用外汇的有效批件及相关已获海关通关的资料。

5. 典当行要求的其他资料。

三、申办程序

1. 仓储公司和货主（借款人）签订仓储保管协议，明确货物的入库验收和保护要求。货主将货物送往指定仓库，仓库经审核确认接收后，开具仓单。

2. 货主以仓库开具的仓单为凭证，向典当行申请贷款，典当行以减少风险为前提对仓单进行审核。

3. 货主、典当行和仓储公司三方在协商的基础上，达成合作意向并签署仓单质押贷款三方合作协议。货主将仓单出质背书登记交典当行。

4. 仓储公司同典当行签订不可撤销的协助典当行行使质押权保证书，确定双方在合作中各自履行的责任。

5. 仓单审核通过，在协议、手续齐备的基础上，典当行向货主按货物价值的约定比例发放贷款。

6. 货物质押期间，由仓储公司按仓储保管协议的相关规定对货物进行监管，货物的使用权归典当行所有，仓库只接收典当行的出库指令并按指令将货物出库。

7. 货主履行同典当行约定的义务，典当行解除仓单质押，并将仓单归还货主。

8. 如若货主违约，典当行有权处置质押在仓库的货物，并将处置指令下达给仓储公司。

9. 仓储公司接收处置指令后，依据货物性质，对其进行拍卖或回购，来回笼资金。

小结：同样的仓单，不一样的运作。

要点回顾

仓单业务

- 认识仓单
  - 仓单的概念和性质
    - 仓单的概念
    - 仓单的性质
    - 仓单的作用
  - 仓单的功能
    - 保管人承担责任的证明
    - 物权证明
    - 物权交易
    - 金融工具
  - 仓单的形式与内容
    - 存货人的名称（或姓名）、住所
    - 货物的品名、数量、质量、包装、件数和标记
    - 货物的损耗标准
    - 储存场所
    - 储存期间
    - 仓储费
    - 货物的保险金额、期间及保险人的名称
    - 填发人、填发地和填发日期
- 仓单实务
  - 仓单的签发及生效
    - 仓单的签发
    - 仓单的生效
    - 仓单的物权效力
  - 仓单分割
  - 仓单转让
    - 背书转让方法
    - 保管人签署
  - 凭单提货
    - 核对仓单
    - 提货人缴纳费用
    - 保管人签发提货单证并安排提货
    - 提货人验收货物
  - 仓单灭失的提货
  - 不记名仓单

练一练

1. 甲超市拟将一批生活物资储存于A仓储有限公司，该批物资将于2021年3月5日入库，储存期限3个月。该批生活物资的详细情况如下表所示。

品　名	规　格	单　价	单　位	数　量	包　装
金龙鱼色拉油	5 L	50.00元/桶	桶	40	4桶/箱
红富士苹果	80 mm	60.00元/桶	箱	10	10 kg/箱
力士纯净去屑洗发水	400 g	25.00元/桶	瓶	24	12瓶/箱
雕牌洗衣粉	1 000 g	12.00元/桶	袋	48	12袋/箱

根据资料完成以下工作。

（1）假设入库商品全部合格，请帮助A仓储有限公司开具仓单。

（2）甲超市将该仓单于2021年4月8日转让给乙超市，请模拟完成转让过程。

（3）2021年6月5日，乙超市持仓单到A仓储有限公司提货，请模拟完成提货过程。

2. 工学结合项目：教师带领学生参观合作企业的仓库，学生根据企业具体业务活动和合作企业仓单（样本），模拟完成业务的仓单签发工作。

学习资源库

1. “仓储管理实务”丽水职业技术学院精品课程（闫春荣主讲）。
2. 华律网。
3. 中国物流与采购网。
4. 找法网。

测一测

客观题　　实务操作题

扩一扩

案例赏析：另辟蹊径　开拓创新

——瑞金市速递物流公司仓单质押业务营销案例

心灵悟语：良心就是警告诉我们“有人在看着啦”的声音。

项目四
仓储业务操作

财富故事

发展仓单质押业务，盘活库存，放大资产总量

南京钢材市场在激烈的市场竞争中，敢于喊出“人有我有、人无我有、人有我全”的口号，不断提升服务标准，树立优质的服务品牌，充实服务内容。其近年来开展的仓单质押业务为驻场近四百家商户所称道。

钢材仓单质押的优势在于所抵押的货物是总量控制，在锁定底限吨位的情况下，溢出数量可自由调动，并不锁定哪一单物资，而是锁定一定的数量。这给需要融资，但又担心影响经营的客户带来了很大的方便。钢材经营要有一定数量的库存以保证供应，库存占用了大量的流动资金，仓单质押将死的库存资金转变成活的流动资金，无疑是给客户雪中送炭，同时，银行方面因为有货物抵押，贷款的安全系数大大提高，仓库方也因为仓单质押，增加了库存量，并且因为给客户提供融资服务，在行业竞争中，多了一项优势，自然也是受益者，这是一项多方得利的业务项目。

南京钢材市场自为客户办理了第一笔仓单质押业务后，至今已办理质押物资 35 万余吨，资金总流量 16 亿多元。质押方式在单一的本库内仓单质押的基础上，又增加了货权质押和域外监管两种方式。先后帮助 68 家客户办理了仓单质押业务，和 6 家银行建立了良好的合作关系，并发展了 76 处域外质押点。在 68 家客户中，有不少客户质押业务开展前的平均库存量为几百吨，如今已增加到几千吨，为众多民营企业创造了更多的资产放大机会，较为典型的有隆兴金属、苏盐贸发、建基工贸、马鞍山中环、保和物资、建湖物资等。

银行中也有许多信贷业务员看好这一业务的前景，经常在市场中活动，以发展新客户。还有许多银行来咨询此项业务，有意开发。

资料来源：胡淑芳. 仓储管理[M]. 郑州：河南科技出版社，2011.

在这个故事中，有什么经验值得总结？

任务六　入库操作

知识点

1. 影响入库作业的因素。
2. 入库准备。
3. 入库作业要点。
4. 入库常见问题处理。

学习目标

1. 知识目标

- 了解影响入库作业的因素。
- 掌握入库作业计划的内容。
- 掌握货位安排的原则。
- 掌握入库作业准备内容。
- 掌握入库接运操作要点。
- 掌握入库验收内容。
- 掌握入库交接手续要点。
- 掌握入库手续的办理。

2. 素质目标

- 爱岗敬业。
- 认真严谨，一丝不苟。
- 熟悉货物验收要点和技术。
- 提升学生信息化作业水平。
- 培养学生独立思考、勇于表达见解的习惯。
- 培养正确的学习态度，形成良好的团队合作意识。

3. 技能目标

- 能够利用所学的专业知识，做好货位安排，能制作货物拟放储位表。
- 能够根据货架要求、货物特性对货物进行合理码托。
- 能够根据仓库要求，对待入库货物进行验收、交接。
- 能够利用仓库管理信息系统完成入库操作。
- 能够填写入库的相关单据，解决入库中的常见问题。

实训项目

某仓库需入库一批货物，其信息如表6.1所示。入库区域为托盘式货架区，货架区货物存放情况如图6.1所示。请根据货位安排原则，为待入库货物合理安排货位，并制作货位拟放储位表。

表6.1　待入库货物信息

序号	商品名称	包装规格/mm（长×宽×高）	单价/（元/箱）	重量/kg	生产日期	保质期	入库	货物状态	货物物动量分析结果
1	大王牌大豆酶解蛋白粉	203×153×160	100	12	2021年12月8日	12个月	36箱/1托	已组托	C类
2	顺心奶嘴	220×180×160	100	8	2021年12月9日	12个月	29箱/1托	已组托	A类
3	兴华苦杏仁	265×210×240	100	8	2021年12月10日	6个月	57箱/3托	已组托	A类
4	脆香饼干	235×160×160	100	10	2021年12月11日	12个月	56箱/1托	已组托	B类
5	婴儿湿巾	297×223×240	100	8	2021年12月12日	12个月	34箱/1托	已组托	B类
6	休闲黑瓜子	273×215×180	100	11	2021年12月13日	12个月	29箱/1托	已组托	C类

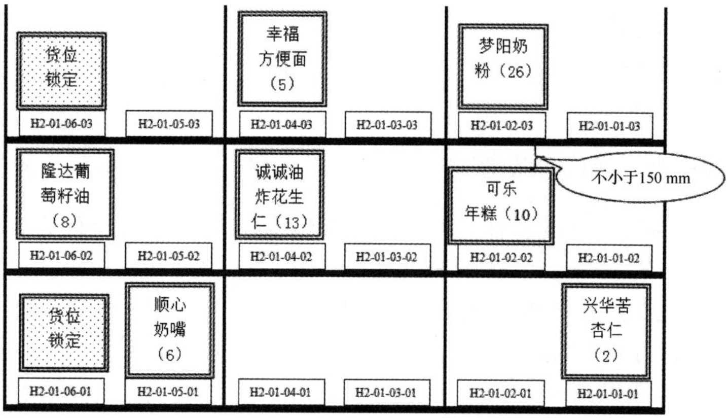

图 6.1　货架区货物存放情况

引例

某物资仓库为了做好入库管理工作，制定了有关货物入库的管理制度。

1. 认真清点所要入库货物的数量，并检查好货物的规格、质量，做到数量、规格、品种准确无误，质量完好，配套齐全，并在接收单上签字。
2. 货物入库根据入库凭证，现场交货接收。必须按所购货物条款内容、货物质量标准，对货物进行检查验收，并做好入库登记。
3. 验收合格后，应及时入库。
4. 货物入库，要按照不同的材质、规格、功能和要求，分类、分别储存。
5. 货物数量准确、价格不串。做到账、卡、物相符合。
6. 易燃、易爆、易感染、易腐蚀的货物要隔离或单独存放，并定期检查。
7. 易碎及贵重货物要轻拿轻放，严禁挤压、碰撞、倒置，要做到妥善保存。
8. 做好防火、防盗、防潮、防冻、防鼠工作。
9. 仓库经常开窗通风，保持仓库室内整洁。

引例分析

仓库有了一个好的入库管理制度还远远不够，还需要更好地执行。

入库作业是指仓储部门按照存货人的要求合理组织人力、物力等资源，按照入库作业程序，认真履行入库作业各环节的职责，及时完成入库任务的工作过程。

一、影响入库作业的因素

在进行入库作业组织时，必须搞清楚影响入库作业的主要因素，并对这些因素进行分析。这些因素主要包括以下几个方面。

（一）货物供应商及货物运输方式

仓储企业所涉及的供应商数量、送货方式、送货时间等因素直接影响入库作业的组织和计划。因此，在设计入库作业时，应主要掌握以下五个方面的数据。

① 每天的供应商数量（平均数量及高峰数量）。

② 送货的车型及车辆台数。

③ 每台车的平均卸货时间。

④ 货物到达的高峰时间。

⑤ 中转运输接运方式。

（二）货物的种类、特性与数量

不同种类的货物具有不同的特性，因此，需要不同的作业方式与之配合。另外，到货数量也会对组织入库作业产生直接影响。在进行具体分析时，应重点掌握以下数据。

① 平均每天的到货品种数和最多的到货品种数。

② 货物单元的尺寸及重量。

③ 货物的包装形态。

④ 货物的保存期限。

⑤ 货物的特性，即是一般性货物还是危险性货物。

⑥ 装卸搬运方式。

（三）入库作业的组织管理情况

根据入库作业要求，合理设计作业岗位，确定各岗位所需的设备器材种类及数量，根据作业量大小合理确定各岗位的人员数量，另外各岗位必须安排合适的人选。整个组织管理活动应以作业内容为中心，充分考虑各环节的衔接与配套问题，合理设计基本作业流程，与此同时要考虑与后续作业的配合方式。

二、入库准备

（一）编制货物入库作业计划，按计划组织入库作业

货物入库作业计划是根据仓储合同和供货合同来编制货物入库数量和入库时间进度的计划。它的主要内容包括入库货物的品名、种类、规格、数量、入库日期、所需仓容、仓储保管条件等。仓库工作人员再对各入库作业计划进行分析，编制出具体的入库工作进度计划，并定期同业务部门联系，做好入库计划的落实工作，随时做好货物入库的准备。

（二）入库前的具体准备工作

做好入库前的准备工作是保证货物准确、迅速入库的重要环节，也是防止出现差错、缩短入库时间的有效措施。入库前的准备工作，主要包括以下内容。

1. 安排货位

（1）选择货位的原则

仓库货位的选择，一方面是为了提高仓库平面和空间的利用率，另一方面是为了提高货物保管质量，方便进出库作业，从而降低货物的仓储作业成本。

① 根据货物的种类、特点选择货位。选择货位首先应该考虑货物的种类及特点，并按照区、列、层、格的划分，对货物进行管理，实时掌握每一货格的状况。货位尺寸与货物包装尺寸匹配，货位的容量与数量接近。

② 根据先进先出的原则选择货位。先进先出是仓储保管的重要原则，能避免货物超期变质。在货位安排时要避免后进货物围堵先进的货物，入库安排时就要考虑出库。

③ 根据出入库频率选择货位。选择货位时，出入库频率高的货物应使用方便作业的货位，

如靠近主通道的货物，对于持续入库或持续出库的货物，应安排在靠近出口的货位，方便出入。流动性差的货物，可以离入口较远。同样道理，储存期短的货物安排在出入口附近。

④ 根据相同客户货物邻近的原则选择货位。为了便于统一、集中管理，以及便于按客户订单分拣、备货，可以将同一品种货物放置于同一区域。

⑤ 根据相同货物邻近的原则选择货位。将同一品种货物放置于同一区域相邻货位。这样，方便仓库作业人员查找、出库。

⑥ 根据避免污染的原则选择货位。选择货位时要考虑相近货物的情况，防止与相近货物相忌而互相影响，影响货物品质。例如，茶叶、香皂、烟叶这样易影响其他产品品质的货物，储存时应注意。

⑦ 根据方便操作的原则选择货位。选择货位也要考虑到便于装卸搬运，有利于安全和卫生。例如，体积大且笨重的货物，应离装卸搬运作业区最近，以减少搬运作业量或可以直接用装卸设备进行堆垛作业。使用货架时，重货或易碎品放在货架下层，需要人力搬运的重货，存放在腰部高度的货位。

⑧ 根据作业分布均匀的原则选择货位。选择货位时，应尽可能避免仓库内或同条作业线路上多项作业同时进行，避免相互妨碍。

（2）货位的使用方式

仓库货位的使用方式一般有三种。

① 固定货位。每项货物都有固定的货位，使用时要严格区分，绝不能混用、串用。由于每项货物都有固定的货位，拣货人员容易熟悉货物储存货位，方便拣选管理。但是固定货位储量是根据每项货物的最大在库量设计的，因此，平时的使用效率较低。固定货位主要适用于厂库空间大，多品种、少批量的货物的储存。

② 随机货位。货物任意存放在有空的货位，不加分类。随机货位有利于提高仓容利用率，但是仓库内显得混乱，货物的出入库管理及盘点工作的难度较高，不便于查找。同时，具有相互影响特性的货物可能相邻储存，造成损失。对于周转极快的专业流通仓库，货物保管时间极短，大都采用这种方式。随机货位储存，在计算机配合管理下，能实现充分利用仓容，方便查找。

③ 分类随机货位。每类货物都有固定存放的储区，但在同一区内的货位采用随机使用的方式。这种方式有利于货物保管，也较方便查找货物，可以提高仓容利用率。大多数储存仓库都使用这种方式。

（3）拟放货位的确定

根据入库货物的品种、数量、储存时间，结合仓库储存区域布局分布、货物的堆垛要求等确定储存区域，计算储存货位数量，确定具体存放货架区域，如果货物数量多，种类多，出入库频繁，则可以考虑存至自动化立体货架；如果货单 SKU（基本库存单位）储存量特别大，则可以考虑存至穿梭式货架或驶入式货架（见图 6.2、图 6.3）；如果货单 SKU 储存量较少，则可考虑存至托盘式货架。对于自动化立体货架，可由信息系统自动确定储存货位，也可人工确定储存货位；对于其他货架需人工安排储存货位，应依据货位选择原则制作货位拟放储位表（见表 6.2）。

2. 组织人力

按照货物的入库时间和到货数量，做好相关作业人员（如搬运、检验、堆垛人员等）的工作安排，做好人员分工及作业进度计划，保证货物到达后，人员及时到位，按照分工顺利完成入库作业。

图 6.2　穿梭式货架

图 6.3　驶入式货架

表 6.2　货位拟放储位表

序　号	货物名称	货物类别	拟放储位
1			
2			
3			
4			
5			

3. 准备机械设备及计量检验器具

根据入库货物的种类、包装、数量及拟入库货架区域等情况，确定检验、计量、装卸搬运的方法，合理配备好货物检验和计量器具及装卸搬运、堆垛设备及必要的防护用品。

4. 准备苫垫用品

对于就地码放的货物，需确定货物的堆垛和苫垫形式，通过精确计算预先备足所需的苫垫物料，做到货物堆垛与货物苫垫同时完成，以便确保货物安全，并避免重复劳动。

（三）入库接运

货物入库接运是入库业务流程的第一道作业环节，也是仓库与外部发生的经济联系。它的主要任务是及时、准确地向运输部门提取入库货物，要求手续清楚，责任分明，为仓库验收工作创造有利条件。

做好货物入库接运工作的主要意义在于防止把在运输过程中或运输之前已经发生的货物损害和各种差错带入仓库，减少或避免经济损失，为货物验收或保管保养创造良好的条件。

下面介绍不同货物入库接运时应注意的操作事项。

1. 车站、码头接货

① 知货。提货人员对所提取的货物应了解其品名、型号、特性和一般保管知识及装卸搬运注意事项等。在提货前应做好接运货物准备工作，如准备装卸运输工具、腾出存放货物的场地等。提货人员在到货前，应主动了解到货时间和交货情况，根据到货多少，组织装卸人员、机

具和车辆，按时前往提货。

② 验货。提货时应根据运单及有关资料详细核对品名、规格及数量，并要注意货物外观，查看包装、封存是否完好，有无玷污、受潮、水渍等异状。如果有疑点或不符，应当场要求运输部门检查。对短缺损坏情况，凡属运输部门责任的，应做出相应记录；属于其他方面责任的，需承运人证明并做出相应记录，并由承运人员签字。注意记录事项和实际情况要相符。

③ 运输。在短途运输中，要做到不混不乱，避免碰坏损失。危险品应按照危险品搬运规定办理。

2. 专用线接货

接到专用线的到货通知后，应立即确定卸货货位，力求缩短场内搬运距离；组织好卸货所需要的机械、人员及有关资料，做好卸货准备。

车皮到达后，引导对位，进行检查。看车皮封闭情况是否良好，即卡车、车窗、铅封、苫布等有无异状；根据运单和有关资料核对到货品名、规格、标志和清点件数，检查包装是否损坏或有无散包；检查是否有进水、受潮或其他损坏现象。在检查中如发现异常情况，应请铁路部门派人员复查，做出普通或相应记录。记录内容与实际内容相符，以便减少交涉。

卸货时要注意为货物验收和入库保管提供便利条件，分清车号、品名和规格，不混不乱。保证包装完好，不碰坏、不碰伤，更不得自行打开包装，应根据货物的性质合理堆放，避免混淆。卸货后在货物上标明车号和卸车日期。

编制卸货记录。记录车号，货物品名、规格、数量，连同有关证件和资料，尽快向仓库保管员交代清楚，办好内部交接手续。

3. 仓库自行接货

仓库接受货主委托直接到供货人处提货时，应将这种接货与货主出货验收工作结合起来同时进行。仓库应根据提货通知，了解所提供货物的性能、规格、数量，准备好提货所需的机械、工具、人员，配备仓库保管员在供方当场检验质量、清点数量，并做好验收记录，接货与验收合并为一次完成。

4. 库内接货

存货人或供货人将货物直接运送到仓库储存时，应由仓库保管员或验收人员直接与送货人员办理交接手续，当面验收并做好记录。如果有差错，应填写记录，由送货人员签字证明，据此向有关部门提出索赔。

三、入库作业

入库货物检验

（一）入库验收

入库验收是验收人员按照验收业务流程，核对凭证等规定的程序和手续，对入库货物进行数量和质量检验的经济技术活动的总称。

1. 核对验收单证

核对验收单证按下列三个方面的内容进行。

① 审核验收依据，包括业务主管部门或货主提供的入库通知单（见图 6.4）。

② 核对供货人提供的验收凭证，包括质量保证书、装箱单、磅码单、说明书和保修卡及合格证等。

③ 核对承运人提供的运输单证，包括提货通知单和货物残损情况的货运记录、普通记录和公路运输交接单等。在整理、核实、查对以上凭证时，如果发现证件不齐或不符等情况，要与

货主、供货人、承运人和有关业务部门及时联系解决。

入库通知单

入库通知单编号： 计划入库时间：

序号	货物名称	包装规格 /mm（长×宽×高）	单价 /（元/箱）	重量 /kg	生产日期	保质期	入库	货物状态
1								
2								
3								
4								
5								
6								

供应商：

图 6.4 某仓库入库通知单

经验之谈

入库货物必须具备的凭证

入库货物必须具备下列凭证：入库通知单和订货合同副本；供货人提供的质量保证书、装箱单、磅码单、发货明细表等；货物承运人提供的运单。如果货物在入库前发现残损情况，还要有承运人提供的货运记录或普通记录，作为向责任方交涉的依据。

核对凭证就是将上述凭证加以整理，全面核对。入库通知单、订货合同副本要与供货人提供的所有凭证逐一核对，相符后才可以进行下一步验收工作。

2. 确定抽验比例

抽验比例应首先以合同规定为准，合同没有规定时，确定抽验的比例一般应考虑以下因素。

① 货物价值。货物价值高的，抽验比例大；反之则小。有些价值特别大的货物应全验。

② 货物的性质。货物性质不稳定的或质量易变化的，验收比例大；反之则小。

③ 气候条件。在雨季或梅雨季节怕潮货物抽验比例大，在冬季怕冻货物抽验比例大；反之则小。

④ 运输方式和运输工具。对采用容易影响货物质量的运输方式和运输工具运送的货物，抽验比例大；反之则小。

⑤ 厂商信誉。信誉好的抽验比例小；反之则大。

⑥ 生产技术。生产技术水平高或流水线生产的货物，货物质量较稳定，抽验比例小；反之则大。

⑦ 储存时间。储存时间长的货物，抽验比例大；反之则小。

3. 实物验收

实物验收是入库验收的核心工作，核对资料、证件都符合后，应尽快验收实物。仓库一般负责货物外观质量和数量的验收。对于有些入库货物需要进行内在质量和性能检验的，仓库应积极配合检验部门做好此项工作。

实物验收包括内在质量、外观质量、数量、重量和精度的验收。当货物入库交接后，应将货物置于待检区域，仓库管理人员及时进行内在质量、外观质量、数量、重量及精度等验收，并进行质量送检。

① 外观质量验收。外观质量验收主要采用看、听、摸和嗅等各种感官检验方法。外观质量验收的内容包括外观包装完好情况，外观质量缺陷，外观质量受损情况和受潮、霉变及锈蚀情况等。

② 数量验收。数量验收有如下方法。

- 点件法。对货物逐件清点，一般适用于散装的或非定量包装的货物。
- 抽验法。按一定比例开箱点件，适合批量大、定量包装的货物。
- 检斤换算法。通过重量过磅换算该货物的数量，适合货物标准和包装标准的情况。

③ 重量验收。重量验收有如下方法。

- 检斤验收法。适用于非定量包装、无码单的货物。
- 抄码复衡抽验法。适用于定量包装并附有码单的货物。
- 除皮核实法。核对结果未超过允许差率，即可依其数值计算净重。
- 理论换算法。适用于定尺长度的金属材料、塑料管材等。
- 整车复衡法。适用于散装的块状、粒状或粉状的货物。

另外，常用的还有平均扣除皮重法、约定重量法等。

④ 精度验收。精度验收包括仪器仪表精度验收和金属材料尺寸精度验收两个方面。

验收时发现异常，验收人员应及时在收货检验单（见图 6.5）上注明情况。验收完毕，主管核实签字。

收货检验单										
收货检验单编号：						收货时间：				
序号	货物名称	包装规格/mm（长×宽×高）	单价/（元/箱）	重量/kg	生产日期	保质期	入库	货物状态	实收数量	差异原因
供应商：										

检验员签字　　　　　　　　　　　　　　　　主管签字

图 6.5　某仓库收货检验单

经验之谈

货物的重量

货物的重量一般有毛重、皮重、净重之分。毛重是指货物（包括包装在内）的实重。皮重主要指包装重量。净重是指货物的毛重减去皮重的余数。通常所说的货物重量，是指货物的净重。验收是否合格，是根据验收的磅差率与允许磅差率的比较得出的：验收的磅差率未超出允许磅差率范围，说明该批货物合格；如果验收磅差率超出允许磅差率范围，则说明该批货物不合格。磅差是由于地区的地心引力差异、磅秤精度差异及运输装卸损耗等各种因素造成的。抄码重量是指货物的条码、标记等上面所标明的货物重量，一般在货物上已经标出，适用于定量货物。

经验之谈

索赔要点

对进口货物经验收发现规格、数量等不符合合同规定的，如属供货人责任的，应在规定索赔期间向外商提出索赔。国际上规定材料、燃料等对外索赔期为 10 天，五金钢材、机器、仪器等为 90 天，化工产品为 60 天，成套设备和大型机械设备为 1 年。对外提出索赔需要由出入境检验检疫机构证明并提供验收报告、对外贸易合同、国内外发货票、装箱单、质量证明书及运单等。在索赔期内应妥善保管货物，以备出入境检验检疫机构或供货人复验。对国内供应的货物在验收中发现数量、质量不符时，如属运输部门的责任，应填制索赔单，随同运输部门的货运记录，交由运输部门处理；如属供货人的责任，应先查询后处理。

（二）交接手续

入库货物经过验收之后，就可以与送货人员办理交接手续了。如果在验收过程中无异常情况出现，收货人员在送货回执单（见图 6.6）上盖章，表示货物收讫；如果发现有异常情况，必须在送货单上详细注明并由送货人员签字，或者由送货人员出具差错、异常情况记录等书面材料，作为事后处理的依据。

送货回执单

尊敬的客户：

贵公司订购货物于___年___月___日发出，共计___件，清单如下，届时请验收。确认无误后请在用户签收处盖章签字，然后将送货回执单通过传真发往我公司管理部或交由我公司送货人员带回。谢谢合作！如有其他问题，请通过以下方式与我们联系：

电话：　　　　　　　　　　传真：

地址：

客户名称					
通信地址			邮编		
联系人		电话		传真	
物流公司		发货单号		合同编号	
产品名称		单位	数量	备注	
		出货核验： 日期：		用户签收（盖章） 日期：	

图 6.6　送货回执单

（三）入库手续

1. 传统仓库入库手续的办理

货物检验合格后应办理入库手续，进行登账、立卡、建档，这是货物验收入库的最后环节。经过验收合格的货物，由仓库验收员整理有关资料，交给保管机构，并做出交代，可以正式入库保管。货物一经入库，就必须办理登账、立卡、建档等一系列入库手续。

（1）登账

入库登账，要建立详细说明库存货物进、出和结存的保管明细账（以下简称明细账），用以记录库存货物的动态，并为对账提供主要依据。登账应遵循以下规则。

① 登账必须以正式合法的凭证为依据，如入库单、出库单等。

② 一律使用蓝、黑墨水笔登账，用红墨水笔冲账。当发现登账错误时，不得刮擦、挖、补、涂抹或用其他药水更改字迹，应在错处画一红线，表示注销，然后在其上方填上正确的文字或数字，并在更改处加盖更改者的印章，红线画过后的原来字迹必须仍可辨认。

③ 登账应连续、完整，依日期顺序，不能隔行、跳页，账页应依次编号，年末结存后转入新账，旧账页入档妥为保管。

④ 登账时数字书写应占空格空间的2/3，便于改错。

经验之谈

登账工作的注意事项

登账前首先要认真审查凭证，记好日期、凭证编号，摘要栏要尽量简明扼要。在转次页时，应在账页最后一行的摘要栏内注明“转次页”，并依次结出本月收、支、存数。在次页第一行摘要栏内注明“承前页”，并记录上页结出的收、支、存数。明细账可采取专职管理人员负责建立管理总账和仓库保管员一人一账的方法。不论采取哪种管理方法，均应做到每天登账，经常查对，保证账账相符、账卡相符、账物相符。

（2）立卡

每次货物入库堆垛时，应按入库单所列内容填写卡片，发货时应按出库凭证随发随销货卡上的数字，以防事后漏记。卡片式样根据货物存放地点的不同而不同，存放在库房内的货物一般挂纸卡或塑料卡；存放在露天的货物，为防止卡片丢失或损坏，通常装在塑料袋中或放在特制的盒子里，然后再挂在垛位上，也可用油漆写在铁牌上。

（3）建档

① 货物档案应一物一档。存档资料包括如下内容。

- 货物出厂时的各种凭证和技术资料，如商品技术证明、合格证、装箱单、发货明细表等。
- 货物运输单据、普通记录或货运记录、公路运输交接单等。
- 货物验收的入库通知单、验收记录、磅码单、技术检验报告。
- 货物入库保管期间的检查、保养、损溢、变动等情况的记录。
- 库内外温、湿度记载及对货物的影响情况。
- 货物出库凭证。

② 货物档案应统一编号，妥善保管。货物档案部分资料的保管期限根据实际情况酌定。其中有些资料，如库区气候资料、货物储存保管的试验资料应长期保留。

③ 货物入库交接和登记。入库货物经过点数、查验之后，可以安排入库堆垛或上架，表示仓库接收此货物。货物保管责任转到仓库，因此，仓库应与送货人或承运人办理交接和登记手续。

交接手续是指仓库对收到的货物向送货人员进行的确认，表示已接收货物。办理完交接手续，意味着划清了运输、送货部门和仓库的责任。完整的交接手续包括以下几个方面。

- 接收货物。核对送货单与货物，剔出不良货物或编制残损单，应在备注栏或验收情况栏简明写上验收情况。

- 接收文件。关于货物的说明资料、货运记录、普通记录、随货在运输单证上注明的相应文件（如图纸、准运证等）。
- 签署单证。仓库与送货人员共同在送货单、交接清单上签署和批注，并留存相应单证联。同时相应的入库单、查验理货单、残损单和事故报告由送货人员签署。

2. 信息化仓库入库操作

（1）入库计划录入

信息系统操作员根据检验人员提交的收货检验单，将货物信息录入入库计划（见图 6.7），生成入库单。

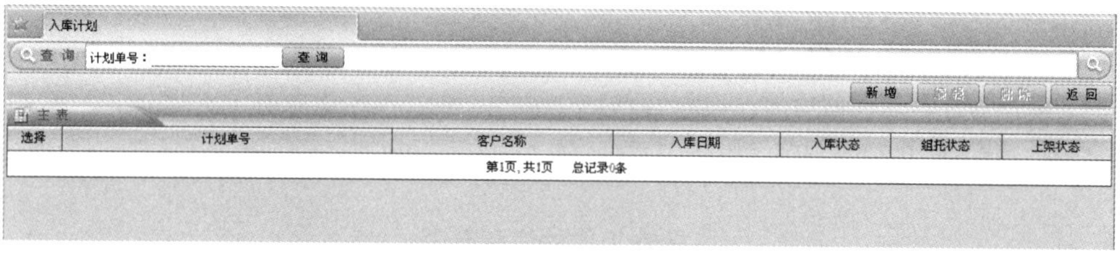

图 6.7　某仓库管理信息系统入库计划录入界面

（2）入库单确认

仓库主管进入仓库管理信息系统，进入入库作业页面，选中待确认入库单（见图 6.8），对入库单进行审核确认。

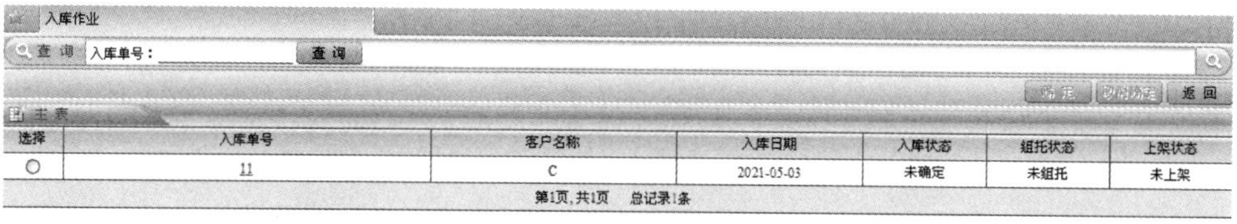

图 6.8　某仓库管理信息系统待确认入库单界面

（3）RF 组托

入库单确认（见图 6.9）后，入库指令通过无线网传至 RF 手持终端，组托人员登录 RF 仓库管理信息系统，进入入库作业页面，选择入库单，待托盘组托完成后，利用 RF 手持终端分别对货物、托盘进行扫码，填写数量，单击“确定”按钮，完成组托信息录入。待所选择入库单所有货物组托信息录入完毕后，单击“组托提交”按钮，组托信息通过无线网传入仓库管理信息系统。

货物码托设计

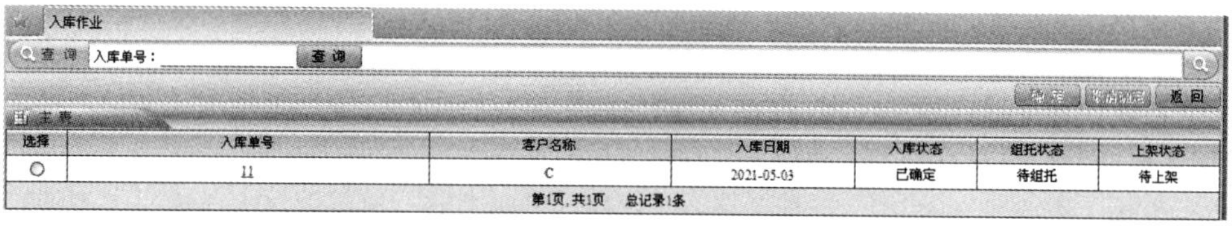

图 6.9　某仓库管理信息系统入库单确认后界面

如果组托信息录入错误，可在 RF 手持终端界面选择组托错误的入库单，单击“清除组托”按钮即可撤销组托信息。

（4）RF 上架

组托完成后，在 RF 手持终端入库作业界面中选中已组托待上架入库单，单击“上架”按钮，进入上架作业界面。RF手持终端操作人员指挥叉车司机将托盘按照拟放储位表完成上架作业，并分别扫描托盘条码和货位条码，录入信息，单击“确定”按钮。当所有托盘上架完成后，单击“提交上架”按钮，完成上架作业。

（5）入库单打印

信息系统操作员进入仓储库管理信息系统，进入入库作业页面，单击“入库完成”按钮进入入库完成界面（见图6.10），查找已完成上架的入库单，单击“入库完成”按钮，完成入库确认。进入入库单打印界面（见图6.11），选择待打印的入库单，打印入库单（见图6.12）。

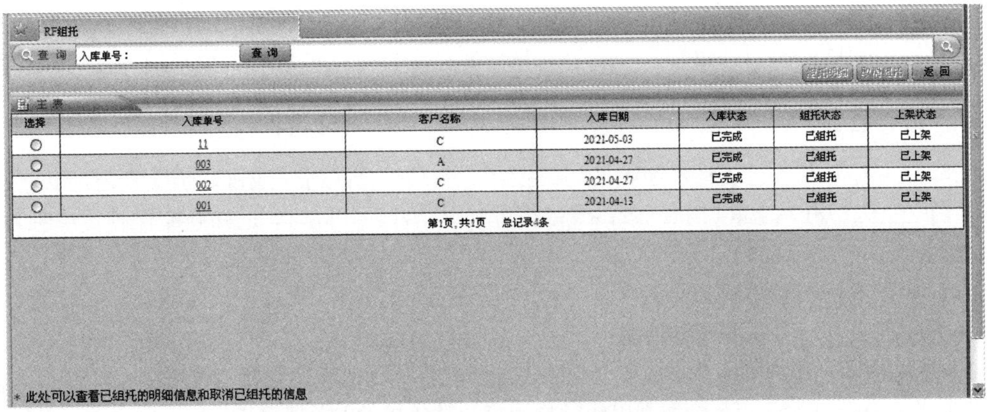

图6.10　某仓库管理信息系统入库完成界面

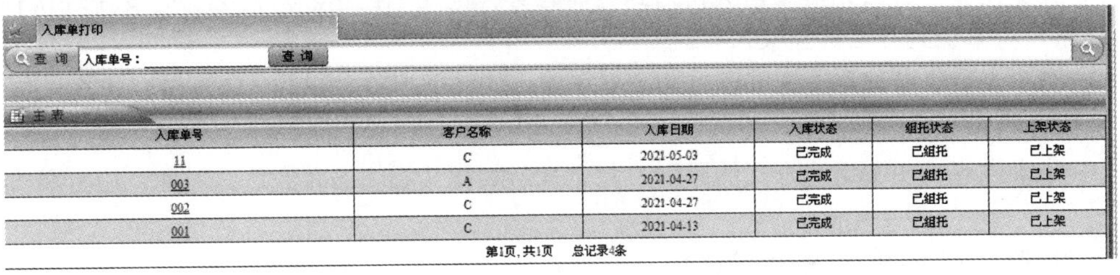

图6.11　某仓库管理信息系统入库单打印界面

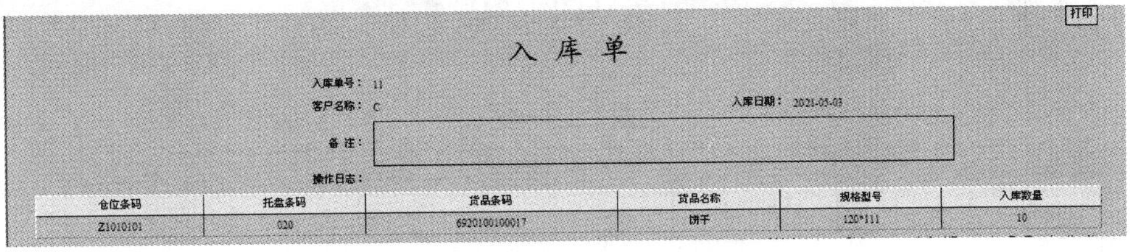

图6.12　某仓库管理信息系统入库单打印预览界面

四、入库过程中发现问题的处理

在货物入库的过程中，常见的问题及处理方法如下。

（1）数量不符

如果经验收后发现货物的实际数量与凭证上所列的数量不一致，应由收货人员在凭证上详细做好记录，按实际数量签收，并及时通知送货人和发货人。

（2）质量问题

在与运输部门初步验收时发现质量问题，应会同承运人清查点验，并由承运人编制商务记录或出具证明书，作为索赔的依据。如果确认责任不在承运人，也应做出记录，由承运人签字，以便作为向供货人联系处理的依据。在拆包进一步验收时发现的质量问题，应将有问题的货物单独堆放，并在入库单上分别签收，同时通知供货人，以划清责任。如果入库的货物已经变质，一般有这样几种原因：一是在生产或流通领域中长期存放或保管不善造成的，这种情况的变质，责任在供货人，应及时与供货人联系，做出退货或调换的决定，但收货人员在接收时应该详细说明数量和变质的程度；二是在承运过程中因受污染、水渍等原因使商品变质，出现这种情况，责任在承运人，收货人员签收时应索取承运人的记录，交货主交涉处理；三是在提运过程中，因商品混放、受雨淋等原因造成的商品变质，甚至报废，这是提运人员的责任，收货人员在签收时应该注明变质的原因、数量及程度等，报仓库处理，但这种情况较少，因为提运和接运都是在很短的时间内进行的，不容易造成货物的变质。

（3）包装问题

在清点大件时发现包装有水渍、玷污、损坏、变形等情况时，应进一步检查内部数量和质量，并由送货人员开具包装异状记录，或者在进货单上注明，同时，通知仓库保管员单独堆放，以便处理。

（4）单货不符或单证不全

这类问题又可分为以下几种情况。

① 货物串库。货物串库是指应该送往甲库的货物误送到乙库。当初步检查时发现串库现象，应立即拒收；如果在验收点数中发现串库货物，应及时通知货主办理退货手续，同时更正单据。

② 有货无单。有货无单是指货物先到达而有关凭证还未到达。对此应暂时安排场所存放，及时联系，待单证到齐后再验收入库。

③ 有单无货。存货人先将单证提前送到仓库，但经过一段时间后，仍没见到货物，应及时查明原因，将单证退回注销。

④ 货未到齐。由于运输方式的原因，同一批货物往往不能同时到达。对此，应分单签收。

小结：严把进货这一关！

要点回顾

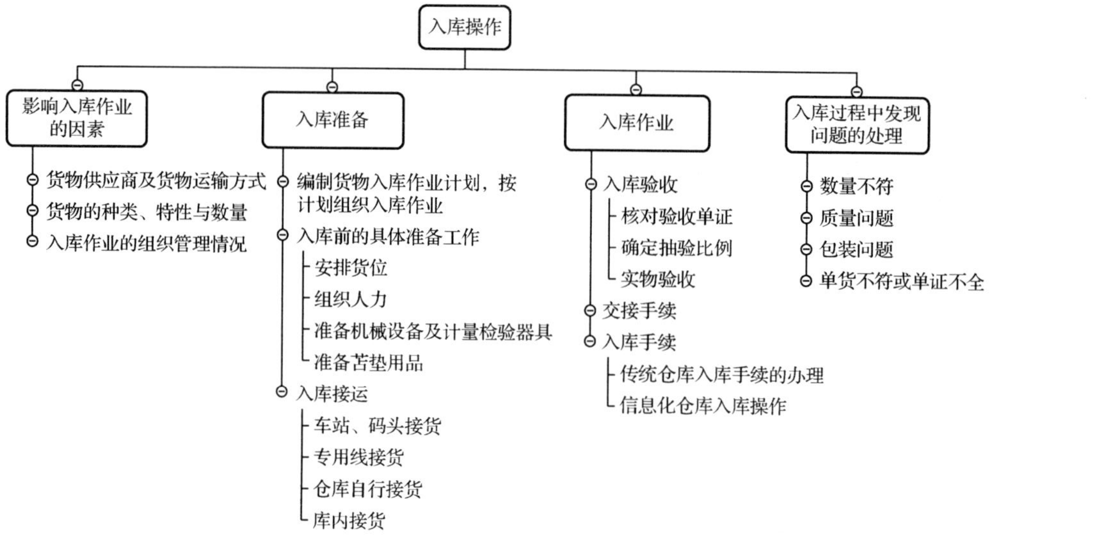

练一练

1．参观各种类型的仓库，并观察它的仓储设施、设备、货物。结合企业实际情况，分析比较各类仓库货物的入库、储存情况。

2．解决实际问题，并撰写论文：如何做好入库管理工作。

3．工学结合项目：参观几个仓库，观察其入库和货物储存情况，比较其优势与劣势，提出改进措施。

学习资源库

1．“物流管理基础”黑龙江省精品课程（闫春荣主讲）。

2．“仓储管理实务”丽水职业技术学院精品课程（闫春荣主讲）。

3．中国物流与采购网。

测一测

客观题　　实务操作题

扩一扩

案例赏析：紧急订购配件的入库

任务七　在库保养

知识点

1. 库存变异概念。
2. 库存变异类型。
3. 库存变异影响因素。
4. 控制库存变异的技术、方法及措施。
5. 安全管理的内容及措施。

学习目标

1．知识目标

- 理解库存变异的概念。
- 熟悉库存变异的类型。
- 掌握影响库存变异的因素。
- 掌握控制库存变异的技术和方法。

- 掌握控制库存变异的基本措施。
- 熟悉安全管理的主要内容。
- 掌握防火的基本措施。
- 掌握防盗的基本措施。
- 掌握防洪的主要措施。
- 掌握作业事故的主要措施。

2. 素质目标

- 爱岗敬业。
- 认真严谨，一丝不苟。
- 熟悉货物保管要点和技术。
- 增强仓库6S管理意识。
- 培养学生发现问题、探索问题的习惯。
- 培养学生独立思考、勇于表达见解的习惯。
- 培养正确的学习态度，形成良好的团队合作意识。

3. 技能目标

- 能够利用所学的专业知识，采取合理措施，控制库存变异。
- 能够利用所学的专业知识，对变异物品进行适当处理。
- 能够根据货物特点，制订合理的储存方案。
- 能够掌握仓库温、湿度调节的方法。
- 能够制定安全管理预案，防止安全事故的发生。

实训项目

参观一家保管型仓库，了解仓库的分区，记录每一分区储存货物的类型及日常储存条件，查阅资料并分析该仓库储存物品的特性及对仓库储存条件的要求，写一份对该仓库物品保管的评价。

引例

某冷藏仓库为了做好物品保管工作，制定了库房作业的管理制度。

1. 库房内依据储存物品性质、供应商规划储存区位置。
2. 每日物品出入库时应整理物品，检查物品是否有解冻变质现象。
3. 物品库存高度不可高于风扇，避免挡住风扇，影响温度。
4. 进入库房须检查安全开关是否正常，出库关门关灯，非必要不开库门，库门不可长时间打开。
5. 进入库房内须穿防寒衣、防寒鞋。
6. 发现风扇结冰必须立即清除，冷库地面随时保持干爽清洁。
7. 冷冻库每月至少清理一次，冷藏车每周至少清洁一次。
8. 仓库人员必须每天3次记录库房温度及电量，如有温度异常须通知技工检修并通知仓库负责人。
9. 非工作需要，仓库人员不可随意在库房内逗留，以免造成人员伤害，出货完毕须立即将库房门关闭。
10. 客户与非仓库部门人员，未经许可，不得随意进入，如需进入冷库，必须由仓库人员陪同。

引例分析

一个完善的仓库保管制度对于保养工作至关重要，实践过程中应严格按照制度进行，并根据实际情况不断对制度进行完善。

一、认识库存变异

（一）库存变异概述

1. 库存变异的概念

物品库存或储运期间，由于外部环境的温度、湿度、日光、微生物、虫蛀、鼠咬等因素的作用，物品会发生霉变、锈蚀、老化、干裂、沉淀、挥发、褪色、自溶、虫蛀、鼠咬等变异现象，有生命的物品会发生呼吸、后熟、僵直和成熟等变异现象，其中霉变、锈蚀、老化、虫蛀、鼠咬、成熟等是物品库存期间最易发生的变异现象。这种由于物品库存或储运期间所发生的变异现象所引起的物品消耗或物品质量降低，称为库存变异。

2. 库存变异的类型

根据物品变异形态的不同，库存变异可以划分为物理变异、化学变异和生物（学）变异三种类型。

（1）物理变异

物品从形态上分为固态、液态、气态三种状态，不同物品在一定的外部环境下会呈现不同的状态。当外部的湿度、温度、压力发生变化时，物品会发生不同形态的变化。这种物品库存或储运期间三态变化所引起的串味、渗漏、玷污、干裂、沉淀等物品消耗或物品质量降低的变异，或者机械变化使物品发生的破碎、变形、结块、脱落、划伤等变异，称为物品的物理变异。例如，固态物品受热熔化、升华，遇水溶解；液态物品受热挥发、遇冷凝固等。物理变异只改变物品本身的外表形态，或者反复引起物品的质量变化，不改变其本质，没有产生新的物质。

物品的机械变化是指物品在外力的作用下发生的形态变化。物理机械变化的结果不是数量损失，就是质量降低，甚至使物品失去使用价值。破碎与变形是常见的机械变化，对于容易发生破碎和变形的物品，应注意妥善包装，轻拿轻放，在库堆垛高度不能超过一定的压力限度。

串味是具有吸附性的物品吸收其他的气味，如茶叶和化妆品同处存放彼此吸收异味。串味会使物品失去使用价值。具有吸附性、易串味的物品，它的成分中含有胶体物质，以及具有疏松、多孔性的组织结构。

渗漏是指液态物品由于包装问题引起的渗漏现象，如包装破损、包装材料胀破等引起的液体渗漏，使物品数量损耗等。

玷污是指物品由于包装不严、卫生条件差等原因，表面粘有脏物或其他污秽的现象。

干裂是外部温、湿度变化引起的物品失水、干缩、开裂等现象，如木质家具的开裂等。

沉淀是指含有胶质和易挥发成分的物品，在低温或高温等因素的影响下，部分物质凝固，进而发生沉淀或膏体分离的现象。

（2）化学变异

物品库存或储运期间，由于外部环境和自身性质的原因，会发生氧化、分解、水解、锈蚀、风化、燃烧、爆炸及老化等现象。这种改变了自身化学性质，产生物品消耗或物品质量降低的变异，称为物品的化学变异。化学变异不仅改变了物品的外表形态，也改变了物品的本质，并且有新物质生成，且不能恢复物品的原状。物品的化学变异过程即物品质变过程，严重时会使物品失去使用价值。

氧化是指物品与空气中的氧气或其他能放出氧气的物质化合的反应；分解是指某些性质不稳定的物品，在光、电、热、酸、碱及潮湿空气的作用下，由一种物质生成两种或两种以上物质的变化；水解是指某些物品在一定条件下遇水发生分解的现象；风化是指含结晶水的物品，在一定温度和干燥空气中，失去结晶水而使晶体崩解，变成非结晶状态的无水物质的现象；老化是指含有高分子有机物成分的物品（如橡胶、塑料、合成纤维等），在日光、氧气、热等因素的作用下，性能逐渐变坏的过程；燃烧是指物品发生发热的、剧烈的化学变化过程，其形式按照其特征可分为内燃、自燃、外热自燃及内热自燃等；爆炸是指物品瞬间释放出大量能量，并由一种状态迅速地转变成另一种状态的现象，分为物理爆炸、核爆炸、化学爆炸等；老化是指物品在光和热、氧气作用下，失去原有的优良性能，以至最终丧失其使用价值的过程，如橡胶制品、塑料制品及纤维制品等以高分子为主要成分的物品，在光和热、空气中氧气的作用下，引起降解反应，逐步降低强度、弹性，硬化、脆化等。

金属物品与周围物质（主要是空气）在适合的环境下发生的化学反应，引起的物品破坏现象，称为金属锈蚀（见图 7.1）。金属锈蚀是常见的物品化学变异之一。在干燥的环境中，有些金属物品遇到空气中的氧气会在其表面形成一层氧化膜，从而使金属表面逐渐变暗；有些氧化膜会阻止氧化反应继续发展，成为金属表面的保护膜，如铝制品表面的氧化膜。在潮湿的环境中，金属制品表面通过毛细管的吸附，会产生结露作用，从而在金属表面形成水膜，水膜溶解金属表面物质后产生电解液，进而产生电化学反应。电化学反应会加深对金属物品的进一步腐蚀，对金属物品产生更强的破坏力。

（3）生物（学）变异

有生命的物品，在库存或储运期间，为维持自身生命活动，所发生的呼吸、发芽、胚胎发育、后熟等物品滋生生理生化变化，或者由于外部温、湿度的变化造成微生物繁殖引起的霉腐，以及由于有机物品受到虫蛀和鼠咬，产生物品消耗或物品质量降低的变异，称为物品的生物（学）变异。

呼吸是指有机物品在生命活动过程中，不断地进行呼吸，分解体内有机物质，产生热量，维持其本身生命活动的现象。呼吸可分为有氧呼吸和无氧呼吸两种类型。发芽是指有机物品在适宜的条件下，冲破“休眠”状态，发生的发芽、萌发现象（见图 7.2）。胚胎发育主要是指鲜蛋的胚胎发育。为抑制鲜蛋的胚胎发育，应加强温、湿度管理，最好是低温储藏或截止供氧条件。后熟是指瓜果、蔬菜等类食品在脱离母株后继续成熟的现象。

霉腐是物品在霉腐微生物作用下发生的霉变和腐败现象，是较常见的库存变异之一。这是由于霉菌在物品上生长繁殖而产生的物品生物（学）变异现象（见图 7.3）。霉变是由于霉菌，主要靠孢子进行繁殖而产生物品腐蚀的现象。空气中大约有 3 万多种霉菌，多数霉菌是人们肉眼所看不到的霉菌孢子，对物品危害较大的有毛霉、根霉、曲霉和毒霉。在合适的生长环境中，霉菌会大量繁殖，从而使物品出现长毛或有霉味的变质现象。糖类、有机酸、纤维素、醇类和酯类物品，就是霉菌能量的主要来源。霉变实质上是霉菌在物品上吸取营养物质并排泄的结果。它不但会导致物品质量下降，还会产生霉斑、霉味和毒素。

图 7.1　金属锈蚀

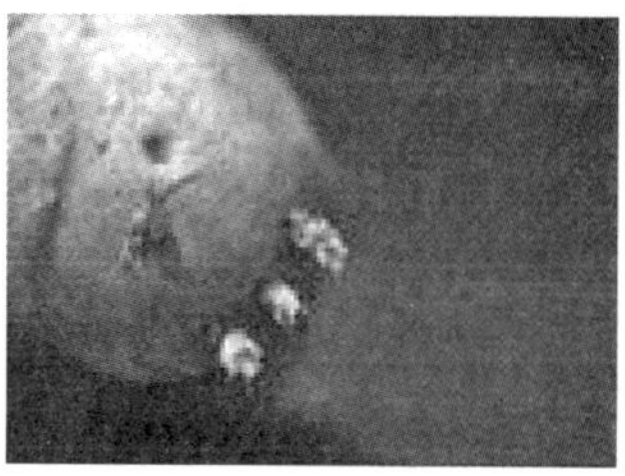

图 7.2　发芽

图 7.3　霉腐

仓库中的害虫和鼠类对物品有很大的危害性，它们直接损耗物品，甚至污染物品、传播病菌。仓库中虫蛀主要是由昆虫，包括螨类微生物造成的。仓虫具有较强的适应性，繁殖性强，对外界的温度、湿度、光线、化学药剂等刺激有一定的趋向性，是库存变异的重要途径之一。鼠咬主要由鼠类等啮齿类动物所致，常见的有小家鼠、黄鼬鼠和褐家鼠。鼠类繁殖性强，一年可生五六次，每次产八九只，一般寿命为1～3年，食性较杂，记忆力强，视觉、嗅觉和听觉都很灵敏，一般在夜间活动。鼠咬也是库存变异的重要途径之一。

3. 影响库存变异的主要因素

库存期间，物品仍在发生各种运动和变化，从而产生库存变异。影响库存变异的主要因素，一是物品本身的自然属性，它是引起物品变异的内部因素；二是库存环境，它是引起物品变异的外部因素。

（1）影响物品库存变异的内部因素

内部因素主要有物品的物理性质、机械性质、化学性质、化学成分和结构等。

① 物品的物理性质，主要包括吸湿性、导热性、透气性和耐热性等。

② 物品的机械性质，是指物品的形态、结构在外力作用下的反应。它包括物品的弹性、可塑性、强力、韧性和脆性等。

③ 物品的化学性质，是指物品的形态、结构在光、热、氧、酸、碱、温度、湿度等作用下，发生本质改变的性质。与物品储存紧密相关的物品的化学性质包括化学稳定性、毒性、腐蚀性、燃烧性和爆炸性等。

④ 物品的化学成分，包括无机成分和有机成分。物品的无机成分是指其构成中不含碳的化合物，但包括碳的氧化物、碳酸及碳酸盐，如化肥、部分农药、搪瓷、玻璃、五金及部分化工物品等。物品的有机成分是指其构成中含碳的有机化合物，但不包括碳的氧化物、碳酸与碳酸盐。

⑤ 物品的结构，是指其所呈现的状态，如气态物品、液态物品和固态物品。

（2）影响物品库存变异的外部因素

外部因素主要有库存的自然环境、人为因素和储存期等。

① 自然环境，如温度、湿度、大气中有害气体、日光、尘土、虫鼠雀等对库存物品的影响等。另外自然灾害，如雷击、暴雨、洪水、地震和台风等也会影响库存物品。

② 人为因素，主要是指由于库存或储运过程中人的生产、作业因素对物品造成的影响，如保管场所、包装、装卸搬运、堆垛苫垫不合理和违章作业等。

③ 储存期。物品在仓库中停留的时间越长，受外界因素影响发生变化的可能性就越大，而且变化的程度也越深。

经验之谈

冷链食品最佳保管温度如表7.1所示。

表7.1 冷链食品最佳保管温度

类　别	温　度	适合食品
冷藏食品	0℃～7℃	生鲜蔬菜、果汁、牛乳、乳制品和加工肉类等
冰温食品	-2℃～2℃	畜肉品、禽肉品和水产品等
冷冻食品	-18℃以下	冷冻肉类、冷冻果蔬、冷冻调理食品和冰激凌等
超冷链食品	-35℃以下	屠体、远洋渔船冷冻鱼等

（二）控制库存变异

1. 控制库存变异的概念

由于在库存中可能发生各种各样的库存变异，造成库存物品消耗或物品质量降低，因此降低库存物品消耗、保持库存物品质量，就成为仓储管理的重要内容之一。控制库存变异，就是运用科学的技术和方法，研究物品库存变异的内、外部因素及其变化规律，控制物品消耗在合理的损耗率之内，维持物品的使用价值不变，以保障最大的库存经济效益。

控制库存变异的基本方针是“以防为主，以治为轴，防治结合”，要做到预防得早、预防得细微、治得得当、治得及时，避免物品的使用价值受到影响而发生损失。

控制库存变异的基本任务就是面向库存物品，根据物品的具体情况，运用科学的库存技术，按照轻重缓急研究、制定库存措施，加强在库保养，使物品质量不变，最大限度地避免和减少物品损耗，降低库存成本。

2. 控制库存变异的基本措施

（1）研究和掌握物品的性质，适当安排库存场所

库存是物品进入流通领域的第一环节。在入库之前，应研究和掌握物品的性质；为了确保减轻库存变异，就应该根据物品的基本性质，选择和安排适当的库存场所，常见的库存场所有货场、货棚和库房；要做到分区分类，科学存放，即品种分开、干湿分开、新陈分开、好次分开，尤其是对性质相抵和消防方法不同的物品，不可同库混放，以免互相影响，发生事故。各种危险品应专库存放，库房应符合防毒、防爆、防燃、防腐蚀的要求，如避免与同库储存的其他物品在物品性质上相互抵触，以避免串味、玷污等库存变异的发生。同时，应注意尽可能将性质相近的物品储存在同一库中，以采用同样的库存变异控制技术与方法，提高库存变异的控制效率。

（2）严格入库验收手续和出库交接手续

物品入库时，应严格入库验收手续，记清楚物品的数量、规格、质量、状态和包装情况，检查外观情况，进行质量检验。其程序是：先查大数，后看包装，见异拆验。物品出库时，应办理好交接手续，对物品的入、出库状态进行记录对比，以确定库存变异的真实情况。对发生库存变异的物品，通过质量检验分析其发生变异的原因，以采取控制变异的应对措施。

（3）科学进行堆垛苫垫

入库的物品应根据其性质、包装条件、安全要求进行科学堆垛。物品的堆垛苫垫，应该安全牢固、便于检查；防潮、通风、防火应符合相关标准要求；应适当留出垛距、墙距、顶距、灯距和适当宽度的主走道和支走道。为了防潮和防汛的需要，垛底应适当垫高，对防潮物品还应该根据需要加垫隔潮层。露天堆垛的物品必须苫盖严密，达到风吹不开、雨淋不湿的基本要求，堆垛物品的周围应有排水沟以防积水。

（4）加强仓库温、湿度的控制和调节

物品库存期间，均要受到空气温度和湿度的影响，应加强对气候变化规律的观测和研究，掌握其变化规律。采用科学的手段和方式，对物品库存的温、湿度加以控制和调节，创造良好的库存环境，使物品存放在适宜的温、湿度范围，是控制库存变异的重要措施。

（5）坚持定期进行物品在库检查制度

物品库存期间将受到各种因素的影响，因此应根据物品的性质、储存条件和季节气候变化的情况，制定对物品进行定期在库检查的制度，在制度中确定检查周期、比例、内容，并按规定进行巡回检查。及时发现问题并进行处理，把库存变异损失控制在最小范围之内。

（6）开展控制库存变异技术的研究

开展控制库存变异技术的研究是控制库存变异的重要措施。随着科学技术的不断进步，库

存技术和库存环境控制技术也有了突飞猛进的发展。将这些技术运用到控制库存变异领域，掌握各种物品库存变异的规律，使物品处于最佳的库存环境之中，加上科学的制度作为保障，就能够把库存变异控制在最小范围之内。

3. 控制库存变异的主要技术方法

（1）有生命物品控制库存变异的主要技术方法

有生命物品即通常所说的鲜活物品，对于这些物品控制库存变异的主要方式是控制微生物繁殖和物品自身的生长及酶的活性生化变化速度。主要的技术方法如下。

① 低温储藏法。利用低温状态下，生命繁殖和酶的活性生化下降的特性，使物品保持原有质量。这种方法根据物品的状态和特性，可分为冷冻储藏和冷却储藏两大类方法。

冷冻储藏的温度控制在-18～0℃，抑制了微生物的活动和酶的活性，主要用于畜、禽、鱼、肉和药品等物品的储藏保鲜，一般冷冻物品可以较长时间储藏。

冷却储藏即通常所说的冷藏，储藏温度一般在 0～10℃，冷藏环境不结冰。由于设备和制冷方式的不同，分为天然冰制冷和机械制冷两类。由于温度在 0℃以上，某些微生物仍可繁殖，酶的活性并未完全控制，储藏期不宜过长。冷却储藏一般适用于水果、蔬菜、禽蛋和药品等的短期运输、储存。

② 腌渍储藏法，即盐腌与糖渍法，是利用食盐和糖溶液高渗透性和降低水分活性的作用，使微生物原生质脱水死亡，从而达到保持物品质量的目的。这种方法的储藏保质期一般在 6～18 个月。

盐腌法一般在物品中加 10%～15%的食盐量，但有的微生物在 20%的食盐浓度下仍能够存活，因此，盐腌法最好在较低的温度下储藏效果会更好。盐腌物品储藏期不宜过长。我国广泛食用的腊肉、板鸭、咸蛋、咸鱼、腌菜等就是使用这种方法。

糖渍法主要常用于果脯、果酱等食品储藏，一般加糖 65%。食糖既可以防腐，又可以调味，还有增加营养的作用，因而民间广泛应用这种储藏方法。但糖渍物品要注意防潮，以免降低糖的浓度，使含水量增加，降低储藏效果。

③ 气调储藏法，即调节环境气体成分的储藏方法。这种方法主要是利用氧气对生物的作用，改变仓库或物品包装中的气体成分，即降低氧气含量，控制微生物和物品的呼吸强度，抑制微生物的繁殖发育和物品的化学变异。气调储藏法如果加上低温配合，一般能够收到较好效果。

气调储藏法一般充入的气体有二氧化碳、氮气及惰性气体，要根据储藏物品的特性和活性而定；充入气体的浓度要能够足以调节气体的成分，控制氧气的含量，另外还要注意植物活性物品的光合作用。

④ 辐射储藏法，是利用射线的穿透能力和杀伤能力，使微生物被杀死，酶的活性被破坏，从而达到物品较长时间储藏的目的。目前用来照射物品的射线源主要是同位素钴 60 和铯 137 产生的伽马射线。辐射储藏法的关键是照射剂量的控制，照射剂量既要能够起到消毒杀菌的作用，又要对储藏物品不构成伤害，同时还要注意对操作者进行必要的防护。

经验之谈

苹果为什么会烂心

苹果烂心（里面烂掉而外面完好，不是霉菌感染）是由于在温度较高时苹果新陈代谢旺盛，无氧呼吸作用增强，产生大量的酒精（乙醇），过量的酒精会对细胞产生毒害。避免苹果烂心的方法就是把苹果放在温度低且相对通风的地方，温度低可降低新陈代谢速度，通风能避免缺氧。

（2）物品库存防止霉腐的主要技术方法

库存期间，在温度、湿度、氧、酸碱度等合适的环境下，物品会成为某些霉腐微生物的营养源，而引起物品生霉、腐烂或腐败的现象，造成库存变异。防止霉腐的主要技术方法是根据微生物的生理特性，采取适宜的措施进行防治。常用的技术方法如下。

① 化学药剂防霉腐法，就是利用化学药剂使霉腐微生物的细胞和新陈代谢受到破坏或抑制，进而达到杀菌、抑菌的目的，防止物品的霉变。有些物品可采用药剂防霉，在生产过程中把防霉剂加入物品中，或者把防霉剂喷洒在物品和包装物上，或者喷散在仓库内，可达到防霉的目的。防霉剂能使菌体蛋白质变性，破坏其细胞机能；能抑制酶的活性，破坏菌体正常的新陈代谢；降低菌体细胞表面张力，改变细胞膜的通透性，导致细胞的破裂或分解，从而抑制酶体的生长。例如，常用的化学药剂苯甲酸及其钠盐对人体无害，是国家标准规定的食品防腐剂；托布津对水果、蔬菜有明显的防腐保鲜作用。

② 气相防霉腐法，是通过药剂挥发出来的气体渗透到物品中，杀死霉菌或抑制其生长繁殖的方法。这种方法效果好、应用面广。常用的气相防腐剂有环氧乙烯、甲醛和多聚甲醛等，主要用于皮革制品等工业品的防腐。应注意的是，气相防霉腐法应与密封仓库、大型塑料膜罩配合使用，并防止毒气对人身造成伤害。

③ 气调防霉腐法，是在密封条件下，采用缺氧的方法，抑制霉腐微生物的生命活动，从而达到防腐的目的。气调防霉腐法主要有真空充氮防霉腐和二氧化碳防霉腐两种方法。气调防霉腐法对好气性微生物的杀灭具有较理想的效果。真空充氮防霉腐法是把物品的货垛或包装用厚度不小于 0.25～0.3 mm 的塑料薄膜进行密封，用气泵先将货垛或包装中的空气抽到一定的真空度，然后充入氮气。二氧化碳防霉腐法，是将密封货垛抽成真空或抽出少量空气，然后充入二氧化碳，当二氧化碳气体的浓度达到 50%时，即可对霉腐微生物产生强烈的抑制和杀灭作用。

④ 低温冷藏防霉腐法，是利用各种制冷剂降低温度，以保持仓库中所需的一定低温，来抑制微生物的生理活动，达到防霉腐的目的。

⑤ 干燥防霉腐法，是通过降低仓库环境中的水分和物品本身的水分，达到防霉的目的。使用这种方法时，一方面对仓库进行通风除湿；另一方面可以采用晾晒、烘干等方法降低物品中所含的水分。

物品防霉腐除以上较常用的方法外，还有蒸汽法、自然冷却法。目前在食品防霉腐中采用的射线防霉腐法，也越来越受到重视。

（3）金属制品防治锈蚀的主要技术方法

金属制品锈蚀，是在环境介质（潮湿的空气及酸、碱、盐等）作用下，发生化学或电化学反应所引起的对金属制品的破坏现象。在库存中发生锈蚀的因素有两个方面：金属制品原材料结构不稳定、化学成分不纯、物理结构不均匀等，是引起金属制品锈蚀的内因；由于空气温、湿度的变化，空气中的腐蚀性气体和金属表面的尘埃，是引起金属制品锈蚀的外因。因此，在库房管理中，针对金属制品锈蚀的原因，应采取必要的防锈蚀措施，以确保金属制品的安全。

① 创造良好的条件，选择适宜的场所，改善储存环境，是进行金属制品养护的最基本措施。储存金属制品的仓库，要求通风干燥，门窗严密，便于调节库内温、湿度，防止出现较大温差，相对湿度一般不超过 70%。库内严禁与化工物品或含水量比较高的物品同库储存，以免相互影响，引起锈蚀。

② 涂油防锈法。涂油防锈就是在金属制品表面涂一层油脂薄膜，以起到可将金属与外界环境隔离的作用，从而防止或减弱金属制品生锈。涂油防锈法简便易行，一般效果也较好，但随着时间的推移，防锈油逐渐消耗，或者由于防锈油的变质，而使金属制品生锈，所以用涂油防

锈法防护金属制品生锈要经常检查，发现问题要及时采取新的涂油措施，以免造成损失。目前采用的油脂主要有蓖麻油、变压器油、凡士林、黄油、机械油、仪器油等。为提高防锈油的耐热性能、油脂强度及对制品表面的附着力，常加一些蜡、松香和缓蚀剂。

③ 气相防锈法。它是利用气相缓蚀剂来防止金属制品生锈的一种较新的方法。它利用气体无孔不入、可慢慢地充满整个包装空间直至空隙和小缝中的特性，用一种挥发性物质，靠挥发出来的气体达到防锈的目的。因此，气相防锈法（见图 7.4）具有方便、封存期长、包装干净和适用于结构复杂的金属制品防锈等优点。气相缓蚀剂的使用方法有气相防锈纸法、粉末法、溶液法等。使用这种方法要注意金属制品的库存空间或包装物的密封性。

图 7.4 气相防锈法

④ 除锈法。其主要有手工除锈、机械除锈、化学药剂除锈等。除锈后的金属制品应立即采取有效的防锈措施，以防再次生锈。

（4）防治库存虫蛀鼠咬的主要措施

很多物品是用动物性或植物性材料制成的，因而易遭仓虫危害。仓虫不但破坏物品的组织结构，使物品出现孔洞直至破碎，还会排泄各种代谢废物玷污物品，损害物品的外观和内在质量。仓库害虫适应仓库环境，以仓储物为主要危害对象。其传播途径：一是自然传播；二是人为传播。其生存条件主要是温度。仓库害虫是变温动物，能使其生长、发育、繁殖的温度是 15～35℃，停止生育的温度是 0～15℃及 35～40℃，低于 0℃和高于 40℃就达到了仓库害虫的致死温度。仓虫体内的水分主要来源于物品所含水分。一般仓库害虫可在物品水分 13%以上和相对湿度在 70%以上的条件下生活。干燥的环境会使害虫休眠，以至死亡。

仓虫的防治要贯彻“以防为主，防重于治，综合治理”的方针，防治的具体方法如下。

① 卫生防治法。它是杜绝仓虫来源和预防仓虫感染的基本方法，是一种造成不利于仓虫生长发育的条件、使仓虫不适宜生存的限制性措施。仓储中要经常保持库房的清洁卫生，使害虫不易滋生，彻底清理仓具和密封库房内外缝隙、孔洞等，严格进行消毒；严格检查入库物品，防止害虫进入库内，并做好库存物品的经常性检查，发现害虫要及时处理，以防蔓延。

② 物理机械防治法。一是自然或人为地调节库房温度，使库内最低温度和最高温度超过仓虫生存的界限，达到致死仓虫的目的；二是利用人工机械清除的方法将仓虫排除。

③ 化学药剂防治法。它是利用杀虫剂杀灭仓虫的方法，具有彻底、快速和效率高的优点，兼有防与治的作用。但它也有对人有害、污染环境和易损物品的缺点，因此，在粮食及其他食品中应限制使用。在使用化学药剂防治中必须贯彻下列原则：对仓虫有足够的杀灭能力，对人体安全可靠，药品性质不致影响物品质量；对库房、仓具、包装材料较安全，使用方便，经济合理。化学药剂防治方法如下。

- 驱避法。把具易挥发和刺激性的固体药物放入物品包装内或密封货垛中，以达到驱虫、杀虫的目的。常用的有萘、樟脑精等。一般可用于毛、丝、棉、麻、皮革、竹木、纸张等物品的防虫，不可用于食品和塑料等物品的防虫。
- 喷液法。用杀虫剂进行空仓和实仓喷洒，直接毒杀仓虫。常用的杀虫剂有敌杀死、敌敌畏、敌百虫等。除食品外大多数物品都可以进行实仓杀虫或空仓杀虫。
- 熏蒸法。利用液体和固体挥发成剧毒气体以杀死仓虫的防治方法。常用的药剂有氯化苦、溴代甲烷、磷化铝等，一般多用于毛皮库和竹木制品库的害虫防治。

常用的防治仓虫的方法，还有高低温杀虫、电离辐射杀虫、灯光杀虫、微波杀虫、远红外线杀虫等方法。

④ 综合防治方法。它是根据仓虫的生活习性，人为地加以控制和创造对仓虫不利的生长、发育和繁殖的外部环境，达到防治仓虫的目的。在综合防治中，需各部门、各环节的协调配合，把防治仓虫的基本措施与各种防治方法有机结合起来，因地制宜地全面开展综合防治，才能收到良好的效果。

另外，对于白蚁的防治，常用诱杀法，即在白蚁活动附近挖掘直径 50～100 cm、深度约为 30～40 cm 的土坑，坑内放白蚁喜欢食用的松树叶、甘蔗渣和松花粉等做诱饵，并用石棉或油毡将坑口盖好，等引诱来的白蚁较多时，即可喷洒灭蚁药，或用沸水、火烧等方法杀灭白蚁。当然也可将诱杀箱放置在白蚁活动的场所进行灭杀。对库房内库存的木质材料物品，可涂刷一层灭蚁药物，如灭蚁灵等药剂，来防止白蚁蛀蚀。

针对鼠咬，采取防治与突击围剿相结合的方法。主要方法是：保持库房内外清洁卫生，清除垃圾，及时处理包装物及杂乱物品，不给鼠类藏身场所。灭鼠的方法主要有机械捕杀、毒饵诱杀、生物法和驱除法等。

（5）物品老化的防治

防治物品老化，就是根据高分子材料的性能变化规律，采取各种有效措施，以达到减缓其老化速度、延长其使用寿命的目的。高分子材料（塑料、橡胶、化纤等）在光、氧和温度等因素的作用下，会发生老化现象——发黏、变软、脆裂、僵硬、龟裂、变色、褪色和透明度下降等，引起各种性能的改变，严重的会导致制品使用价值的丧失。

高分子制品的老化原因：一是受外界因素的影响，如光、热、氧气等对高分子制品的作用，使制品氧化，分子结构发生变化，长链分子产生交联或断裂；二是高分子制品内的增塑剂挥发。防治制品老化的措施：一是在生产过程中，注重提高制品本身的抗老化性能，二是控制库存过程中引起老化的因素。其基本防治方法是：严格控制高分子制品的储存条件，库房要清洁干燥，避开热源，避免日光直射，控制和调节好库房温、湿度；合理堆垛，防止重压。在生产中常采用添加抗老剂、涂漆、涂蜡、涂油和涂布等方法，以防止外因的影响。

（三）仓库温、湿度控制和调节技术

物品库存期间，影响其质量变化的环境因素，最主要的是空气的温、湿度，从前面的知识中可以看出，库存物品的质量变化都与温、湿度相关。因此，必须根据库存物品的特性，加强库存温、湿度管理，采取各种措施，创造适宜的温、湿度条件，确保控制库存物品的变异。

1. 空气温、湿度的基本知识

（1）空气温度

空气温度指大气的冷热程度，就是通常所说的气温。它通常指距离地面 1.5 m 高处的空气温度，用温标表示。常用温标有摄氏温标、华氏温标和热力学温标。

① 摄氏温标（单位为℃，读作摄氏度）。在标准大气压下，冰的熔点为 0℃，水的沸点为 100℃，中间划分为 100 等份，每份为 1℃，用 t 表示。

② 华氏温标（单位为℉，读作华氏度）。在标准大气压下，冰的熔点为 32℉，水的沸点为 212℉，中间划分为 180 等份，每份为 1℉，用 F 表示。

③ 热力学温标（单位为 K，读作开尔文，简称开）。它又称开尔文温标，规定分子运动停止时的温度为绝对零度，用 T 表示。

摄氏温标、华氏温标和热力学温标之间换算公式如下。

$$F=\frac{9}{5}t+32 \tag{7-1}$$

$$T=t+273.15 \tag{7-2}$$

一般来说，我国习惯使用摄氏度表示空气温度。

（2）空气湿度

空气湿度是指空气中水汽量的多少或空气的潮湿程度。空气中的水汽量越多，湿度就越大。一般用绝对湿度、饱和湿度、相对湿度和露点表示。

① 绝对湿度，指单位容积空气中所含的水汽量，用 g/m^3 表示，也可用 mb（毫巴）或 mmHg（毫米汞柱）来表示。温度与绝对湿度的关系：一般情况下，温度越高，绝对湿度就越大；反之，绝对湿度就越小。

② 饱和湿度，指在一定温度下，单位容积空气中所能容纳的水汽量的最大限度，用 g/m^3 表示。当超过这个限度后，多余的水蒸气就会凝结成水滴，这时的空气湿度称为饱和湿度。空气的饱和湿度不是固定的，一般情况下，温度升高，饱和湿度就增大；反之，饱和湿度就减小。

③ 相对湿度，指在某一特定气温和气压下，单位容积空气中实际所含的水汽量距空气所能容纳的水汽量的最大限度的程度，即空气绝对湿度与饱和湿度的百分比。其计算公式如下。

$$相对湿度=绝对湿度\div饱和湿度\times100\% \qquad (7\text{-}3)$$

它表示了空气中实际水汽量达到饱和状态的程度。相对湿度越大，空气越潮湿，水分就越不易蒸发。仓库中的湿度管理，也主要是指相对湿度的控制与调节，是根据相对湿度来调节库内空气的干、湿程度。

④ 露点，是露点温度的简称，指空气中所含水汽因气温下降达到饱和状态而开始液化成水（结露）时的温度。含有水汽的空气，其相对湿度会因温度的降低而增大，当气温降到某一温度值时，空气中的水汽达到饱和状态（相对湿度达到 100%），随之就会液化，附在物品或库房建筑物等与空气接触的表面上，这种现象叫结露，俗称出汗。这时的温度叫露点温度，简称露点。因此，露点是以温度表示湿度的概念。在库存的环境中，如果温度低于露点，空气中超饱和的水分会在温度低的物体或其他物体表面凝结成水珠，称为水淞，这对于怕潮物品有较大的危害性。物品处于某一状态的温度与露点之差称为结露温差，结露温差越大，越不易结露。

在温度不变的情况下，就是说饱和湿度不变的情况下，绝对湿度越大，相对湿度就越大；绝对湿度越小，相对湿度就越小。在绝对湿度不变的情况下，即空气中水蒸气含量不变的情况下，温度越高，相对湿度就越小；温度越低，相对湿度就越大。在相对湿度不变的情况下，温度越高，饱和湿度就越大，绝对湿度也越大；温度越低，饱和湿度就越小，绝对湿度也越小。因此，空气的温度对空气的湿度有很大影响。原来潮湿的空气，随着温度的升高，湿度会变得越来越干燥。在仓储过程中，调节库温和控制仓库的空气相对湿度是控制库存变异的重要手段。

另外，风与空气中的温、湿度有密切关系，也是影响空气温、湿度变化的重要因素。

（3）空气温、湿度变化的一般规律

① 气温变化的一般规律。气温的变化有周期性变化和非周期性变化两类。气温的周期性变化又可分为气温的日变化和气温的年变化。

气温的日变化指一昼夜气温的变化。一昼夜之中，日出前温度最低，午后两三点钟温度最高，形成一日之中从早到晚的凉、暖、热、凉、冷交替出现的规律。一日中，最高气温与最低气温的差值，称为气温日变幅。

温度的年变化规律指气温一年内有规律的变化情况。一般情况下，在我国，气温最低的月份，内陆地区为 1 月份，沿海地区为 2 月份；气温最高的月份，内陆为 7 月份，沿海地区为 8 月份；平均气温均在 4 月底和 10 月底。一年之中，最高温度与最低温度之差，称为气温的年较差。

气温的变化要受到地域、地形、季节、土壤和海拔高度等的影响。

气温的非周期变化是指时间上没有周期变化规律的气温变化现象，指气温偶尔受到暖流、寒流、风、雨、雪或霜冻等影响造成的气温突然变化。气温的非周期性变化给库存变异控制带来了困难，是库存变异控制的重点之一。

② 空气湿度变化的一般规律。空气湿度的日、年变化是随着气温的变化而变化的。相对湿度随着空气温度的升高而变小，随着气温的降低而增大。因此，相对湿度的日、年变化趋势与气温的日、年变化趋势相反。一年当中，在我国，相对湿度最高值一般在冬季，最低值一般在夏季。相对湿度日变化，一般日出前最高，午后最低。另外，湿度变化还要受到季风等因素的影响，如夏季我国沿海地区的夏季季风会从海洋上吹来大量水汽，因此该地区相对湿度会升高；内陆地区冬季季风会带来干燥空气，相对湿度会降低。沿海地区由于得到洋面上的潮湿空气，在午后温度最高时，其相对湿度也高。

2. 仓库内温、湿度的变化规律

仓库内温、湿度的一般变化规律，与空气的温、湿度的一般变化规律是一致的。但仓库外的空气温、湿度变化对仓库内的温、湿度变化的影响会有一个滞后的过程。因此，经常出现夜间仓库内温度高于仓库外温度，白天仓库内温度低于仓库外温度的现象。仓库内温、湿度的变化还受到仓库结构、地理位置、库房建筑材料、颜色、垛形等因素的影响，相当复杂。

（1）仓库内温度变化的一般规律

由于仓库内的热源主要来自仓库外，太阳光照射库房墙壁，屋顶向库内传导热量或通过仓库门窗向内辐射热量，以及大气通过墙壁毛细孔或通风洞口、门窗等对流交换热量，仓库内温度一般变化规律都与仓库外空气的一般变化规律大致相同。但由于热量的交换需要时间，仓库内温度变化从幅度上讲稍小，从时间上讲稍后。仓库内温度变化的一般规律是：随着气温的升高或降低，库温也升高或降低；库温的变化落后于气温变化一两小时；库温的变化幅度小于气温变化幅度；夜间库温高于库外气温，白天库温低于库外气温；库内的最高温度低于库外的最高温度，库内的最低温度高于库外的最低气温。

仓库内温度的年变化，一般在春、夏季节5～9月，气温直线上升时，库内温度通常低于库外气温；秋、冬季节1～4月和10～12月，气温急剧下降时，库内温度通常高于库外气温。但这种年变化要受到仓库密封程度的影响。

从库房结构上看，楼仓、夏季高层库温比低层库温低，顶层温度最高，冬季则相反；平房、人字顶库房的库温高于平顶库房的库温；库房向阳面、上部的温度高于背阳面、下部的温度；靠门、窗、通风口等处的库温变化高于其他部位；从垛形看，间距合理、库内无死角时，库内温度易于趋于平均，反之，库温存在差异会变大。

（2）仓库内湿度变化的一般规律

库内湿度变化主要受到库外温、湿度变化的影响，与库外的变化规律相一致。库内的湿度变化小于库外，但也因具体条件的影响有若干差别。同一仓库内，向阳面、通风处相对湿度较低，背阳面及通风不良处，相对湿度较高；库房上部，因库温相对较高，相对湿度较低，而库房下部，因库温相对较低，相对湿度较高。据测定，仓库内上部相对湿度平均为65%～80%，接近地面和垫架下，相对湿度可达到85%～100%。另外，库内湿度还受到库存物品含水量、仓库密封程度的影响，库存物品含水量低、仓库密封性能好，仓库内的湿度就会趋于稳定。

3. 仓库温、湿度的控制和调节

（1）温、湿度的测定

测定空气温、湿度的常用方法有干湿球温度表测量法，简称干湿表法。

在库外设置干湿球温度表（简称干湿表，见图 7.5），为避免阳光、雨水、灰尘的侵袭，一般将干湿表放置在百叶箱内，百叶箱中温度表一般距地面 2 m。在库内，干湿表放置在空气流通、不受阳光照射的地方，不要挂在墙上，放置的高度与人的眼睛平行，一般距地面 1.5 m 左右。每日必须定时对库内的库内温、湿度进行观测记录，一般在上午 8～10 点、下午 2～4 点各观测一次，记录要妥善保管，定期分析，找出规律。

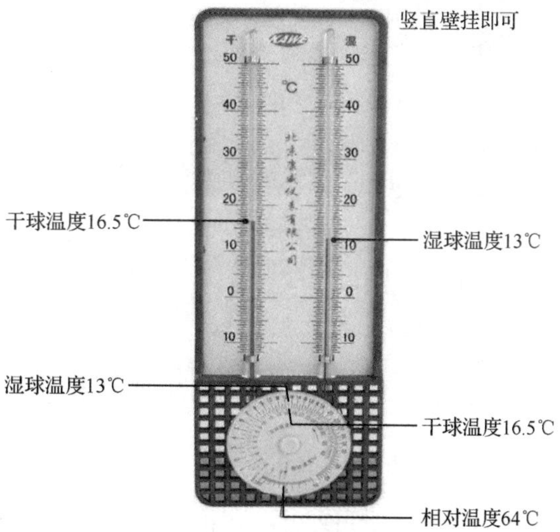

图 7.5　干湿球温度表

常用的测量工具还有普通温度表、最高最低温度表、自记温度表、自记湿度表、电子测温测湿仪和普通湿度表等。

（2）仓库温、湿度的控制和调节技术

导致储存物品质量发生变化的环境因素很多，其中最主要的是空气的温度和湿度。从前面介绍的基本库存知识中，可以了解到库存变异的各种情形都与温、湿度有关，因此，必须加强库内温、湿度管理，采取各种措施，创造适宜的温、湿度条件，从而确保库存物品的安全。

为确保库存物品质量完好，控制库存变异，库内温、湿度应经常保持在一定范围内。温、湿度管理是控制库存变异和库存物品养护的重要日常工作，是维护物品质量的重要措施。要做好仓库的温、湿度管理工作，需要采取一定的措施来控制库内温、湿度的变化，对不适合物品储存的温、湿度，要及时进行控制和调节，创造适宜物品储存的环境。控制和调节仓库温、湿度的常用方法有密封、通风和吸潮等。

① 密封。利用防潮、绝热、不透气的材料把物品严密封闭起来，以隔绝空气，降低或减小空气温、湿度对物品的影响，从而达到物品安全储存的目的。密封形式有整库、整垛、整柜、整件密封等，在仓库中主要采用前两种形式。整库密封时，地面可采用水泥沥青、油毛毡等制成防潮层隔潮，墙壁外涂防水砂浆，墙壁内涂沥青和油毛毡，库内做吊平顶。门窗边缘使用橡胶条密封，在门口可用气帘隔潮。

采用密封方法，要和通风、吸潮方法结合运用，如运用得好，将事半功倍，起到意想不到的效果。密封库存应注意以下事项。

一是在密封前要注意检查物品的质量、温度、湿度是否正常，如发现生霉、生虫、发热、水淞等现象就不能进行密封，发现物品含水量超标或包装材料过潮时，也不能密封。

二是要根据物品的性能和气候情况来决定密封的时间。怕潮、怕熔化、怕霉的物品，应选择在相对湿度较低时密封。

三是常用的密封材料，如塑料薄膜、防潮纸、油毡、芦席等，必须保持干燥、清洁。

四是注意常用密封方法，如整库密封、小室密封、按垛密封、按货架密封及按件密封等方法的具体使用要符合物品的性能要求。

② 通风。根据空气流通的规律，有计划、有目的地使仓库内外空气交换，达到调节库内空气温、湿度的目的，使之适应储存物品的需要。通风的方法有自然通风和机械通风。前者是开启库房门窗和风洞，让库内外的空气进行自然对流的通风方法；后者是在库房上部装设排气扇，下部装设送风扇（见图 7.6），以加速空气交换的通风方法。采用通风的方法调节库内温、温度

图 7.6　仓库通风管

的关键是选择和掌握通风时机。通风时机的选择，主要依据物品性质和库内外温、湿度的差异，以及库外风向、风力等因素。选择好通风时机才能达到预期的目的。通风时机的选择应掌握以下原则：通风时最好能达到既散热又散湿的目的，如不能达到这两个目的，也应在库内温度不升高的前提下，通风散湿；或者在库内湿度不增加的前提下，通风降温。在实际工作中，库外温、湿度都低于库内温、湿度，或者库内外温度相同而库外湿度低，或者库内外湿度相同而库外温度低时，都可以通风。

通风还要根据库存物品的不同要求进行。怕热不怕湿的物品，如塑料、橡胶等，与湿度关系不大，在库外温度低于库内温度时就可以通风。怕湿不怕热的物品，如金属制品等，与温度关系不大，在库外绝对湿度低于库内绝对湿度时就可以通风；如气温低于库内温度，库外相对湿度低于库内相对湿度时，也可以通风；但气温低于库内空气露点 2℃以下时，不能够进行通风。怕湿又不耐高温的物品，如纺织品、化妆品、药品等，通风时应尽可能达到同时降低库内温、湿度的目的。怕冻的物品与温度关系很大，在寒冷季节只要库内温度低于库外温度就可以通风。怕干的物品，通风时以增加库内湿度为主要目的。

通风时，应注意风力适度，防止带入灰尘、沙粒，影响卫生，同时要注意选择风向。一般情况下，西风、东北风、西北风有利于散湿，南风、东南风、西南风较潮湿。通风的方法还应该与吸潮、密封等方法相结合。

③ 吸潮。这是指在阴雨天气或雨季，库内外湿度都比较大，不易通风时，在库房密封条件下利用机械或吸潮剂来降低库内的湿度。机械降湿是使用去湿机的蒸发器使之凝成水滴排出，同时把冷却干燥的空气送入库内，如此不断循环，排除水分，促使库内降湿。吸潮剂具有较强的吸潮性，能迅速吸收库内空气的水分，进而降低相对湿度。吸潮剂有吸收剂和吸附剂。吸收剂主要是吸收水分，常用生石灰和无水氯化钙等；吸附剂具有大量毛细孔筛，对水气有强烈的吸附作用，常用的有活性炭、分子筛、硅胶等。硅胶的吸附性能优良，吸潮后仍为固态，对物品无不良影响，而且经烘干可重复使用，应用于仪器、电讯器材、照相器材、钟表等贵重商品的防潮。

控制和调节仓库温、湿度的方法还有很多，如在库顶、门、窗等搭盖凉棚，在库顶喷水、库内喷雾、放置冰块、使用大型冷冻设备如谷物冷却机等，用户可根据具体条件大胆创新，选择更合适的方法。

4. 大型冷却机低温仓储技术

大型冷却机低温仓储技术是近几年来出现的仓储技术，在我国大型战备粮库中已经普及。这种技术主要利用低温储藏可以减缓粮食的新陈代谢活动、减少干物质的损失量、减少虫害引起的损失、减少储藏粮食霉变引起的损失等特性，控制粮食仓库的温度及湿度，达到仓储保持粮食品质、减少库存变异的目的。这种技术可以避免因粮食翻库而投入的巨大劳动，避免谷仓中出现凝露现象而造成损失。

当环境温度较低时，筒仓壁面及顶面变冷，中间的暖气流上升至仓顶并沿壁面下降，在内壁及顶面凝露。凝露水渗入外层谷物中，导致谷物易发芽或胶结霉烂。低温储藏方式可以避免出现凝露现象。低温储藏比常温储藏更能保持粮食的营养品质和新鲜度。我们知道，当空气含湿量不变时，温度升高，其相对湿度降低；而温度降低，其相对湿度升高。在工程上，空气温度每升高 1℃，其相对湿度约降低 5%。谷物冷却机就是根据这一原理来控制粮仓的温度和湿度的。谷物冷却机及其使用现场如图 7.7 所示。

（a）谷物冷却机　　（b）浅圆仓使用现场　　（c）大型平房仓使用现场

图 7.7　谷物冷却机及其使用现场

谷物冷却机主要由三部分组成。

（1）制冷系统

制冷压缩机将低温低压制冷剂气体吸入，压缩成高温高压的过热气体排入风冷冷凝器，在冷凝器中被外界空气冷却至常温高压饱和过冷液体，经过干燥过滤器、视液镜、供液电磁阀，通过热力膨胀阀节流成为低温低压液体，在蒸发器中吸收外界空气的热量成为低温低压气体，被压缩机吸入，进入下一次循环。制冷压缩机的制冷量是可以进行调节的。对于半封闭压缩机，可以进行卸载调节，也可以控制压缩机的转速进行调节；对于采用多个全封闭压缩机的制冷系统，可以根据要求控制压缩机的开启台数进行调节。根据谷物冷却机的出风温、湿度要求，在一定的蒸发温度下，可以改变热气加热调节阀开启度，将一部分高温高压制冷剂气体送至后加热盘管，提高出风温度，来实现不同的出风温、湿度。

（2）通风系统

外界空气进入过滤箱进行过滤、净化，经高压离心风机加压并通过风量调节机构进行风量调节，然后由风道送至蒸发器被冷却降温，成为接近饱和的冷空气，再经过后加热盘管升温降湿，达到工艺所需温、湿度的冷空气，最后经风道送入粮仓。

（3）控制系统

它是整个谷物冷却机的指挥中心。其通过 PID 控制器控制机器的蒸发温度和出风温度。PID 控制器通过安装在蒸发器后的温度传感器和安装在谷物冷却机出口的温度传感器，分别测量出谷物冷却机前温、后温，与 PID 控制器设定值自动进行比较，通过风量调节机构调节风量和改变热气加热调节阀开启度，来对谷物冷却机的工作参数进行控制。控制系统还有完善的保护功能，可以确保谷物冷却机安全运转。

二、安全管理

仓库的安全管理是为了防范、制止恶性侵权行为、意外事故对仓库及仓储财产的侵害和破坏，并维护仓储环境的稳定，保证仓储生产经营的顺利开展所进行的管理工作。具体内容就是执行国家安全管理的规章制度，做到防火、防盗、防抢、防骗、防破坏、防止财产侵害，以及防止作业事故等仓库安全灾难事故，协调与外部的治安保卫关系，维持仓库内部安定局面和维护员工人身安全。仓库安全管理是仓库管理的重要组成部分，也是降低和防止经营风险的手段。

（一）防火

防火是仓储安全管理的重点之一。仓库火灾是仓库的灾难性事故，不仅造成仓储货物的损害，而且损毁仓库设施，同时产生的有毒气体直接危及生命安全。仓储防火必须认真贯彻“预防为主，防消结合”的消防方针，执行《中华人民共和国消防法》和公安部制定的《仓库防火安全管理规则》。仓库防火工作应该做到重点突出、依法办事，按照“谁主管谁负责”的原则，建立仓储防火岗位责任制，结合仓库环境条件的具体情况，制订相应的防火和火灾救治应急方案，落实各项检查措施，消除火灾隐患，及时处理仓储安全事故。

1. 仓库火灾基本知识

仓库中储存着大量的物品，有些属于可燃性物质，条件合适时，就会发生燃烧。所谓燃烧，是指可燃物分解或挥发出的可燃气体，与空气中的氧剧烈化合，同时发出光热的反应过程。火灾是由燃烧引起的。

燃烧必须同时具备三个必要条件——可燃物、助燃物和着火热源，并且在它们相互作用时，燃烧才能发生。可燃物是指在常温条件下能燃烧的物质，包括一般植物性物料、油脂、煤炭、蜡、硫黄、大多数的有机合成物等，如火柴、草料、棉花、纸张和油品等。助燃物是指支持燃烧的物质，包括空气中的氧气、释放氧离子的氧化剂。着火热源（简称火源）则是物质燃烧的热能源，实质上就是引起易燃物燃烧的热能。

仓库火灾的火源主要有直接火源和间接火源。直接火源有明火与明火星，如生产、生活用的炉火、灯火、焊接火、火柴或打火机的火焰、香烟头等；电气火、摩擦冲击产生的火花、静电产生的火花，如电气设备产生的电火花、用电器短路产生的火花等；雷电产生的火花，瞬时间的高压放电能够引起任何可燃物品的燃烧。间接火源有：化学火源和爆炸性火源、自燃，即在既无明火又无外来火源的情况下，物品本身发热或物品间发生化学反应，燃烧起火，如露天煤场的煤自燃等；加热引燃起火，如棉布、纸张靠近灯泡，木板、木器靠近火炉烟道被烤焦起火等；还有聚光、人为破坏纵火等。

以上三个条件须同时具备，并相互作用、相互结合，燃烧才能发生。因此仓储防火和消防的重点就是破坏燃烧条件，采取隔离、窒息、冷却等方式方法，消除造成燃烧的三个条件，防止火灾发生。

2. 防火的基本措施

仓储防止火灾，必须严格做好每一项预防工作，以不存在火灾隐患为管理目标，进而确保仓储安全。防火的基本措施如下。

① 仓库应执行国家的各项法律法规，新建、扩建、改建仓库，应按《建筑设计防火规范》的有关规定办理，面积过大的库房要设防火墙。仓库防火工作要实行分区管理、分级负责的制度，按区、按级、按人对责任区的安全负责。

② 仓库的存货区要和办公室、生活区、汽车库及油库等严格分开，不得紧靠库房、货场收购和销售商品，规模很小的仓库也要根据条件尽量做到分区管理。

③ 根据库区物品的性质，设置消防设备、安全设施和符合规定的消防系统，做到布置合理、数量充足、专人管理、保持有效、严禁挪作他用。保持消防通道顺畅无阻，大中型仓库还要安装避雷设施。

④ 严控火源，控制可燃物，隔绝助燃物。严禁携带火种、危险品进入存货区；仓储区禁止吸烟、用火；机动车进入存货区要严戴防火安全帽；仓库的生活用电和生产用电必须严格分开；仓库消防用水要经常备足，冬季要有防冻措施。

⑤ 发生任何火警和爆炸事故，必须立即报告给公安消防部门，认真查清事故原因，严肃处理事故责任人，甚至追究刑事责任。

⑥ 不断学习和掌握新的产生火灾的火源知识，跟踪科学技术的发展，创新防火、灭火等消防技术。随着科学技术的不断进步和发展，涌现出很多新的技术，如微电子技术的发展，会产生新的火源，但也产生了新的消防技术，因此必须学习新的知识，才能做好仓储消防工作。

3. 灭火的基本方法

一旦发生火灾，就必须灭火，灭火的基本方法如下。

（1）冷却法

冷却法即把燃烧物的温度降低到其燃烧点之下，使之不能燃烧。常用的冷却物有大量冷水、干冰、酸碱灭火器、二氧化碳灭火器等，它们均具有一定的冷却降温作用。

（2）窒息法

这种方法是将燃烧物与氧气隔绝，使火窒息，如将燃烧间密闭或充注不燃气体等方法使火窒息。窒息法常用的充注气体或覆盖物有二氧化碳、水蒸气、黄沙、惰性泡沫和湿棉被等。

（3）拆移隔绝法

这种方法是将可燃烧的物品搬开、拆移，使火不能蔓延。拆移隔绝法是灭火的基本原则，一方面可减少货物受损，另一方面能控制火势。其衍生出来的方法有：遮断法，即将浸湿的麻袋、旧棉絮等遮盖物遮盖在附近的其他易燃物品上和未燃烧物上，防止火势蔓延；分散法，即将集中的货物迅速分散，孤立火源。

（4）化学抑制法

这种方法即通过多种化学物质在燃烧物上的化学反应，产生降温、隔绝氧气等效果以消除燃烧。

（5）综合灭火法

这种方法是将各种有效的灭火方法加以综合利用，达到快速灭火的目的。

4. 消防设施和消防器材的配置

仓库应当按照规定配备消防设施和消防器材。消防设施有消防水系统（如消防水源、消防水泵、消防水池、消防栓、消防供水管道等）、消防车、消防泵等，如图 7.8 所示。消防器材主要有各类灭火器、沙箱、大小水罐、消防斧、消防钩、消防锹等。

（a）消防车

（b）消防水带

（c）室外消防地栓

图 7.8　消防设施

（1）常用的灭火剂

常用的灭火剂有水、泡沫、二氧化碳、干冰、卤代烷及沙土等。

（2）常见的灭火器

常见的灭火器有手提式干粉灭火器、推车储压式干粉灭火器及手提式二氧化碳灭火器等，如图 7.9 所示。

（a）手提式干粉灭火器　　（b）推车储压式干粉灭火器　　（c）手提式二氧化碳灭火器

图 7.9　常见的灭火器

① 干粉灭火器适用的火灾和使用方法。碳酸氢钠干粉灭火器适用于易燃、可燃液体、气体及带电设备的初起火灾；磷酸铵盐干粉灭火器除可用于上述几类火灾外，还可扑救固体类物质的初起火灾，但都不能扑救金属燃烧的火灾。

灭火时，可手提或肩扛灭火器快速奔赴火场，在距燃烧处 5 m 左右，放下灭火器。如果在室外，应选择在上风方向喷射。使用的干粉灭火器如果是外挂式储压式的，操作者应一手紧握喷枪、另一手提起储气瓶上的开启提环。如果储气瓶的开启是手轮式的，则向逆时针方向旋开，并旋到最高位置，随即提起灭火器。当干粉喷出后，迅速对准火焰的根部扫射。使用的干粉灭火器如果是内置式储气瓶的或是储压式的，操作者应先将开启把上的保险销拔下，然后一只手握住喷射软管前端喷嘴部，另一只手将开启压把压下，打开灭火器进行灭火。有喷射软管的灭火器或储压式灭火器在使用时，一只手应始终压下压把，不能放开，否则会中断喷射。

干粉灭火器扑救可燃、易燃液体火灾时，应对准火焰要部扫射，如果被扑救的液体火灾呈流淌燃烧时，应对准火焰根部由近而远，并左右扫射，直至把火焰全部扑灭。如果可燃液体在容器内燃烧，使用者应对准火焰根部左右晃动扫射，使喷射出的干粉流覆盖整个容器开口表面；当火焰被赶出容器时，使用者仍应继续喷射，直至将火焰全部扑灭。在扑救容器内可燃液体火灾时，应注意不能将喷嘴直接对准液面喷射，防止喷流的冲击力使可燃液体溅出而扩大火势，造成灭火困难。当可燃液体在金属容器中燃烧时间过长，容器的壁温已高于扑救可燃液体的自燃点，此时极易造成灭火后再复燃的现象，因此如果与泡沫类灭火器联用，则灭火效果更佳。

使用磷酸铵盐干粉灭火器扑救固体可燃物火灾时，应对准燃烧最猛烈处喷射，并上下、左右扫射。如果条件许可，使用者可提着灭火器沿着燃烧物的四周边走边喷，使干粉灭火剂均匀地喷在燃烧物的表面，直至将火焰全部扑灭。

② 二氧化碳灭火器的原理及使用方法。

灭火原理：灭火器瓶体内储存液态二氧化碳，灭火时，压下瓶阀的压把，内部的二氧化碳灭火剂便由虹吸管经过瓶阀到喷筒喷出，使燃烧区氧的浓度迅速下降，当二氧化碳达到足够浓度时火焰会窒息而熄灭，同时由于液态二氧化碳会迅速气化，在很短的时间内吸收大量的热量，因此对燃烧物起到一定的冷却作用，也有助于灭火。

使用方法：将灭火器提至火灾现场，拔出保险销，对准火焰根部，压下压把，药剂即喷出灭火；放开压把，可停止喷射，从而实现间隙喷射。

③ 泡沫灭火器的使用方法。泡沫灭火器适用于扑救油制品、油脂等火灾，但不能扑救水溶性可燃、易燃液体的火灾，如醇、酯、醚、酮等物质火灾；也不能扑救带电设备火灾。使用时，可手提筒体上部的提环，迅速奔赴火场。这时应注意不得使灭火器过分倾斜，更不

可横拿或颠倒，以免两种药剂混合而提前喷出。当距离着火点 10 m 左右，即可将筒体颠倒过来，一只手紧握提环，另一只手扶住筒体的底圈，将射流对准燃烧物。在扑救可燃液体火灾时，如已呈流淌状燃烧，则将泡沫由远而近喷射，使泡沫完全覆盖在燃烧液面上；如在容器内燃烧，应将泡沫射向容器的内壁，使泡沫沿着内壁流淌，逐步覆盖着火液面。切忌直接对准液面喷射，以免由于射流的冲击，反而将燃烧的液体冲散或冲出容器，扩大燃烧范围。在扑救固体物质火灾时，应将射流对准燃烧最猛烈处。灭火时随着有效喷射距离的缩短，使用者应逐渐向燃烧区靠近，并始终将泡沫喷在燃烧物上，直到扑灭。使用时，灭火器应始终保持倒置状态，否则会中断喷射。

④ 酸碱灭火器的使用方法。酸碱灭火器适用于扑救如木、织物和纸张等物质燃烧的火灾，不适用其他类型的火灾。使用方法如下。

使用时应手提筒体上部提环，迅速奔到着火地点。绝不能将灭火器扛在背上，也不能过分倾斜，以防两种药液混合而提前喷射。在距离燃烧物 6 m 左右，即可将灭火器颠倒过来，并摇晃几次，使两种药液加快混合；一只手握住提环，另一只手抓住筒体下的底圈将喷出的射流对准燃烧最猛烈处喷射。同时随着喷射距离的缩减，使用人应向燃烧处推进。

5. 特殊物品的火灾扑救

火灾按可燃物的类型和燃烧特性的不同，可分为 A、B、C、D、E、F 几类。

A 类火灾：指固体材料着火，又称普通火灾。固体材料主要是有机物所造成的着火，形成火苗及灰烬。例如，木块、纸及煤炭。灭火的方法是冷却，可以用水来灭火。

B 类火灾：指液体或液化固体着火，又称油性火灾，是液体或液化的固体形成的着火。其种类可以进一步划分为溶于水的液体（如甲醇）着火和不溶于水的液体（如石油、油）着火。前者可以用二氧化碳、干粉、喷水、水及可蒸发气体来扑灭；后者可以用泡沫、二氧化碳、干粉及可蒸发气体来扑灭。

C 类火灾：指气体火灾，由管道、容器破坏而溢出、溅出、泄出的气体、液化气等引起的着火，如煤气、天然气、甲烷、乙烷、丙烷和氢气等引起的着火。其扑灭方法是使用泡沫或干粉灭火，并且用水对相关容器进行冷却。

D 类火灾：指金属火灾或金属粉尘燃爆着火，如钾、钠、镁、铝镁合金等火灾。灭火要用含有石墨粉或滑石粉的特殊的干粉灭火器，不能使用其他类型的灭火器。

E 类火灾：指带电或电器火灾，涉及通电中的电器设备，如电器、变压器、电线和配电盘等引起的火灾。

F 类火灾：指烹饪器具内的烹饪物（如动植物油脂）引起的火灾。

电气类火灾和危险品火灾属于较特殊的火灾，在扑救时应特别注意。

（1）电气设备火灾扑救

电气设备出现火灾时，首先应切断电源，应用灭火器等消防器材扑救。提取灭火器时要注意筒身不宜过度倾斜。由于水能导电，对电气设备不能用水来灭火，以免造成更大的人身伤亡事故。

（2）危险品火灾扑救

危险品的火灾扑救有其特殊要求。爆炸品引起的火灾主要用水扑救；氧化剂引起的火灾一般用雾状水扑救，也可用二氧化碳灭火器、泡沫灭火器和沙扑救；易燃液体引起的火灾用泡沫灭火器最有效，也可用干粉灭火器、沙土、二氧化碳灭火器扑救。由于绝大多数易燃物品都比水轻，且不溶于水，所以不能用水来扑救。

毒害性大的物品产生火灾，一般可用大量的水扑救，液体有毒的用雾状水或沙土、二氧化碳灭火器扑救。但如果是氰化物火灾，绝不可使用酸碱灭火器和泡沫灭火器，因为酸与氰化物产生化学反应能产生有剧毒的氰化氢气体，具有更大的危害性。

腐蚀性物品中，碱类和酸类的水溶液火灾可用雾状水扑救；但遇水分解的多卤化合物、氯磺酸、发烟硫酸等，绝不能用水扑救，只能用二氧化碳灭火器扑救，有的也可用干沙灭火。

遇水燃烧的物品，只能用干沙土和二氧化碳灭火器灭火。

自燃性物品着火，可用大量的水或其他灭火器材灭火。

放射性物品着火，可用大量的水或其他灭火剂灭火。

师傅教我做

干粉灭火器的操作方法

一、手提式干粉灭火器的操作方法

1. 右手握着压把，左手托着灭火器底部，轻轻地取下灭火器。

2. 右手提着灭火器到现场。

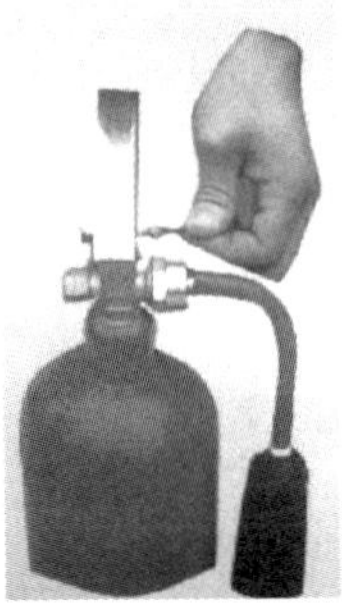

3. 除掉铅封。

4. 拔掉插销。

5. 左手握着喷管，右手提压把。

6. 站在上风处，在距火焰 2 m 的地方，右手用力压下压把，左手拿着喷管左右摆动，对着火焰根部喷射，并不断向前推进，直至火焰被喷灭为止。

二、推车式干粉灭火器的操作方法

1. 把干粉车拉或推到现场。

2. 右手抓着喷粉枪，左手顺势展开喷粉胶管，直至平直，不能弯折或打圈。

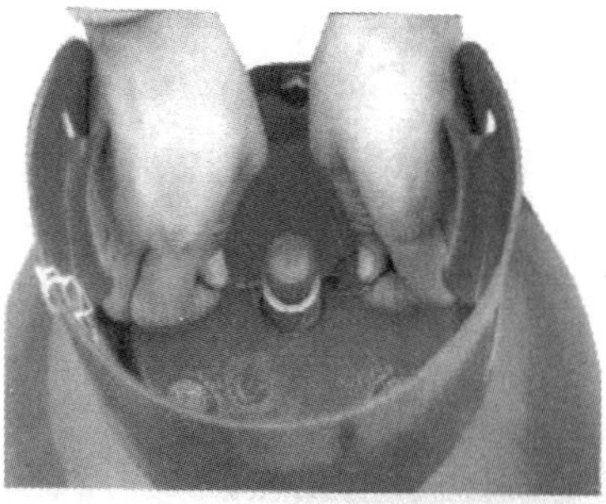

3. 除掉铅封，拔掉保险销。

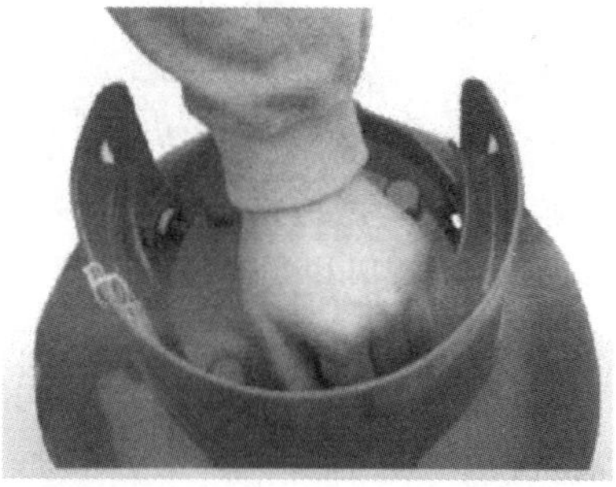

4. 用手使劲按下供气阀门。

5. 左手把持喷粉枪管托，右手把持枪把，用手指扳动喷粉开关，对准火焰喷射，不断靠前左右摆动喷粉枪，用干粉笼罩住燃烧区，直至把火扑灭为止。

（二）防盗

防盗是仓储安全管理的另一项重点任务。做好仓储防盗工作，要根据仓库规模的大小、人员的多少、任务的繁重程度和仓库所在地的社会环境设置专门的仓库治安保卫的执行机构和配备人员，专人负责仓储物品的防盗安全工作，明确其职责范围和权限。同时，制定专门制度，加强对往来人员和进出库物品的管理。

1. 仓库盗窃的基本形式

仓库盗窃有内盗、外盗和内外勾结盗窃等多种形式。

内盗即内部偷盗，是员工通过不正当或违法的行为实施使仓储物品受到损失的行为。内盗的主要原因如下。

① 仓库管理松懈、混乱，制度不全，使员工有机可乘，诱发盗窃。

② 员工怀着侥幸的心理进行偷盗。

③ 员工经济上出现困难，比较缺钱。

④ 员工的经济条件无法满足个人的私欲。

⑤ 员工贪图小利或便宜。

⑥ 员工觉得在工作中受到不公平待遇后进行报复等。

外盗即外部盗窃，顾名思义是外来人员实施的盗窃或哄抢活动。

内外勾结盗窃即内部员工与外部人员合谋实施盗窃的活动。形成外部盗窃和内外勾结盗窃的原因是多方面的，有的甚至是团伙预谋所为。

2. 防盗的措施和技术

对于不同的仓储盗窃形式，应采取不同的措施。目前我国国内常用的治安防范手段有人防、犬防和技防等。

（1）人防技术

人防技术，指保安人员在一定范围内进行值班、巡逻工作，是依靠人力和规章制度防止盗窃的方法。人防技术的关键是建立健全仓库管理制度，以人为本，建立岗位责任制，加强员工的思想教育，牢牢树立防盗的思想基础。主要措施如下。

① 加强出入口和要害部位的管理。仓库大门是仓库与外界的连接点，是仓库地域范围的象征，也是仓储承担货物保管责任的分界线。大门守卫是维持仓库治安的第一道防线，负责开关大门，限制无关人员、车辆进入；接待入库办事人员并实施身份核实和登记；检查入库人员和车辆的防火条件；指挥车辆安全行驶、停放；登记入库车辆；检查出库车辆；核对出库物品和物品放行通知单，并留下物品放行通知单；查问和登记出库人员携带的物品；特殊情况下查扣物品、封闭大门。对于危险品仓、贵重物品仓、特殊品储存仓等要害部位，需要安排专职守卫看守，限制人员接近，防止危害、破坏和失窃。

② 巡逻检查。由专职保安员不定时、不定线、经常地巡视整个仓库区的每一个位置。巡逻中检查发现不符合治安保卫制度要求的情况，采取相应的措施处理或通知相应部门处理。

③ 熟悉防盗设施及其使用方法。仓库使用的防盗设备除了专职保安员的警械，主要有视频监控设备、自动警报设备、报警设备，仓库应按照规定使用所配置的设备，专人负责操作和管理，熟练使用设备，确保设备的有效运作，监控和防止盗窃行为的发生。

④ 加强治安检查。治安责任人应经常检查治安保卫工作，督促照章办事，防止内外勾结盗窃事件的发生。治安检查实行定期检查与不定期检查相结合的制度，班组每日检查、部门每周检查、仓库每月检查，及时发现治安保卫漏洞和安全隐患，采取有效措施及时消除。

⑤ 加强治安应急事件的处理。治安应急是仓库发生治安事件时，采取紧急措施，防止和减少事件所造成的损失的制度。一旦盗窃事件发生，应在第一时间报警，保护现场，以便早日破案，降低损失。

（2）犬防技术

犬防技术是近年来新兴的一种防盗技术，是利用犬的服从性、依恋性、可塑性、灵活性、衔取兴奋性、有胆量和对主人的忠诚性，经过训练后，使其成为看家护院的主力的重要方法。近年来犬类在我国重大事件中发挥着重要的作用，如四川汶川大地震、青海玉树大地震中，生命搜救犬都发挥了重要作用，做出了贡献。

犬类中狼种犬的禀性和作业的价值是被人们所认可的，是所有犬中最优秀的。因此，选择受训犬时，从狼犬中选择居多。幼犬的优劣差异很大，其禀性自出生开始就已决定。现列举下列鉴定方法以供参考。

① 幼犬要活泼爱动。经常蜷伏于犬舍角落或成天睡觉的幼犬，很难判断其禀性。如果是具有探求性的幼犬，一定是时常精力充沛地活动着的。

② 幼犬要食欲旺盛。并非食欲旺盛者即属良犬，排便不正常的也不算佳者，必须有正常的食量及正常的排便，才符合健康的标准。

③ 不会弄脏犬舍的幼犬。幼犬一般可分为两种，一种是将屎、尿排在犬舍中，另一种则跑到外面排泄，后者可视为具有胆量且爱卫生的犬。

④ 幼犬听到呼叫后能立刻前来。一般的幼犬都极其淘气，当它们玩耍的时候，很少会顾及其他事。但如果是服从性好的幼犬，即使正玩得兴致高昂，只要一听到呼叫，便会立刻前来，这种幼犬长成后将十分具有利用价值。

⑤ 幼犬要喜欢衔物玩耍。幼犬喜欢衔东西是很好的现象。在进行训练时，应善加利用这项优点。此外，在一群幼犬当中，经常立于前面者，亦属佳者。总之，选择幼犬时，应以衔物欲强者为优先考虑。

⑥ 幼犬不易因突发声响而受到过分惊吓。稍大的声音就会受到惊吓的幼犬，不适合被选为受训犬。其将来长成后会对雷声之类的巨响感到恐惧，而躲避逃跑。因此观察幼犬对于突发声响的反应，也是很重要的。

⑦ 对于出生 30 多天，耳朵就能完全竖立的幼犬，应该特别注意。得到平衡营养而顺利成长的幼犬，需约 3 个月，耳朵才会完全竖立。太早竖立者，必是营养状态不佳，或是腹中有寄生虫所致。

⑧ 要考查幼犬的双亲。在可能的情况下，对于幼犬的双亲要仔细考查。即使双亲均属优良犬，也会有缺点。我们所需要的并非双亲的名誉，而是要判断其出生的幼犬是否遗传其优点。

要将一条犬训练成优良的工作犬，对于幼犬的选择是非常重要的。有些人认为反正是幼犬，只要在以后的训练上下功夫即可，而疏于选择；或者认为是狼种犬必属优良，而不仔细选择。这两种态度都是要不得的，应该严加注意才能避免选择失误。

在犬防技术的应用中，应注意犬误伤人，一旦发生犬误伤人的事件，应立即把人送到医院救治。另外最好实行人犬共防，如图 7.10 所示。

（3）技防技术

技防技术指用远红外线接头、电视监控等手段防范某一范围的安全，即利用仓储实时监控系统实施的一种防盗技术。仓储监控系统（见图 7.11）设施大至围墙、大门，小到门锁、防盗门、窗，仓库应根据法规规定和治安保管的需要设置和安装。其主要功能包括闭路电视视频监控功能、防盗报警功能、火警报警与控制功能、出入库监控功能、应急功能和智慧卡系统等。随着科学技术的发展，仓储监控系统也在不断完善，主要发展趋势如下。

图 7.10 人犬共防

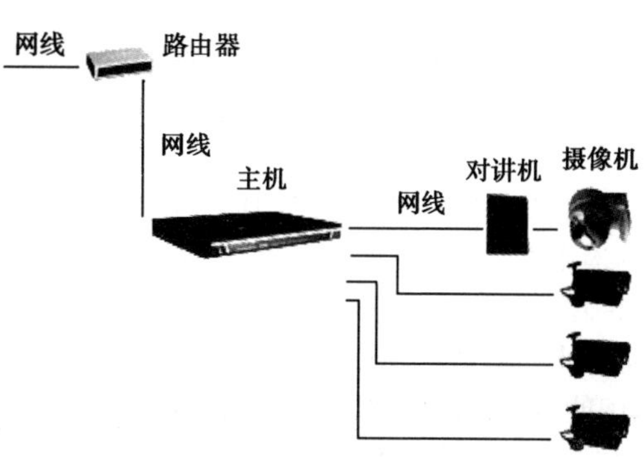

图 7.11 仓储监控系统

① 计算机技术的发展促进了仓储监控系统设备质量的提高和功能的增强。例如，在普通摄像头内植入CPU芯片，使摄像设备更易于单独使用和普及，为盗窃案件提供证据，为提高破案率提供第一手材料。

② 传送信号技术和手段多样化。目前，信号传送的方式有直接线缆传送、电话线传送、同轴电缆传送、电力线传送、网络线传送、光纤传送、混合传送、红外传送和无线传送等多种方式。仓库管理者可根据具体情况选用信号传送方式。

③ 多媒体技术、计算机技术和现代通信技术的综合应用，使仓储监控系统成本更低、系统更可靠、内容更直观。

④ 仓储监控模式将由集中监控向集中管理、集中监视和分散控制转变。中央计算机使得区域内监控处理、报警处理实现了联动控制，促进了区域防盗一体化防范系统的形成。

仓库应按照规定使用所配置的仓储监控系统，专人负责操作和管理，如发现设备故障，应及时申报维修，确保设备处于有效的运作状态。

（三）防洪

仓储防洪重点要做好排水、防汛工作。仓库排水是指库房建筑、露天货仓及道路上雨水和雪水的排除，以及库、仓周围积水的排除。排水和防潮关系密切，通过排水系统排除积水或渗漏水，可以消除或减少库区水源，保持空气干燥，达到防潮、防霉、防锈的目的。

1. 仓库排水系统

（1）库房排水系统

单体库房排水系统主要考虑两个因素：一是库房屋面的坡度，二是库房屋面排水方式。在多雨的地区，进出频繁的库房应采用天沟、雨水管组成的排水系统；而少雨的地方，一般采用自然排水。

（2）货场和库区道路排水系统

货场主要指露天的货仓，货场和库区道路的排水系统均由规划设置的排水沟渠利用高差将水排出。因此，在场区和道路规划时应考虑排水系统，设计纵横干支等排水沟渠网络，可以是明渠，也可以是暗道，即地下排水道。

（3）地下仓库的排水防漏系统

地下仓库的排水防漏系统尤为重要，它是地下仓库内温、湿度不受地下水影响的重要保证。地下仓库的排水防漏系统，应根据仓库的具体情况，设计专门的工程。

2. 仓库防汛系统

由于雨汛是造成仓库洪水的主要原因，因而防汛是仓库防洪的主要内容。仓库防汛应做好以下工作。

① 仓库要有足够的防雨建筑。仓库规划建设时，就要根据仓库经营的定位，预计储存物品的防雨需要，建设足够的室内仓库、货棚等防雨建筑，以保证最大限度地满足怕湿、怕潮物品的仓储需要。

② 仓库要建好排水系统，使其具有良好的排水能力。仓库建筑、货场场地要有良好的排水系统，做到沟渠不堵塞、不淤积，排水顺畅，不留积水。

③ 做好物品货垛的支垫。货场堆放的物品、地势较低的仓库或地面较低的仓库室内，雨季时都要采用防水防湿垫垛。垫垛要有一定的高度，货场支垫垛30～50 cm，库房防水垫垛10～30 cm，尽可能建成平台货位，高出地面30～50 cm。

④ 及时苫盖货物。在货场存放需防潮的物品，从入库开始就要在现场准备好苫盖物料。出

现雨天等不良天气，要用苫盖物料盖好。对于怕水怕湿的物品，不能露天堆放。

如果仓库受台风的影响，在防洪的同时，还要做好防台风工作。仓库管理者，要制订相应的防洪防台风计划，收听天气预报，组织日常防洪检查，克服防洪防台风的盲目性。另外，要做到防洪所需器材，如抽油泵、草苫、麻袋、土石料等防洪物资充足有效。在台风、洪水到来之前，应注意检查库房等建筑物的维修，调整货位，加强苫垫，做到坚实牢固、风刮不开、雨打不透。

（四）防作业事故

仓库作业包括对运输工具、装卸物品、出入库搬运、堆垛上架、拆垛取货等操作过程。仓库作业是仓库生产管理的重要任务。

1. 仓库作业的特性

（1）作业对象的多样性

在市场经济时期，多数仓库为综合性仓库。仓库内存放的货物品种多、规格齐，因此仓库作业的对象具备多样化的特点。随着我国标准化水平的提高，各种货物的包装尺寸、单件质量、数量逐步趋于同化，向着成组化、集装化方向发展。

（2）作业场地的多变性

仓库作业场地除个别特种物品仓库外，大多数仓库都是直接在库房门口、货场货位进行作业操作，最典型的如仓储式销售商品的超市，仓库作业延伸到了整个仓库的各个角落，作业场地具有多变性特点。

（3）机械作业与人力作业并用

随着物品包装的集成化和人们对物品需求的数量增加，仅靠人力作业已不能完成仓库作业，必须借助机械才能完成装、卸、取货任务。目前是机械作业与人力作业并用，机械作业具有情况多变性特点，人力作业要防止人身伤害。

（4）任务的突发性与不均衡性

仓库作业因物品出入库而定。物品到库，仓库要卸货、堆垛、上架作业；货物出仓，仓库要拆垛、搬运、装车作业。由于物品出入库的不均衡性，如超市中根据顾客的需要随时可能进行作业，因此仓库作业任务具有突发性与不均衡性。

（5）任务的频繁性

为了缩短仓库作业工具的待库时间，迅速将物品入库、出仓，仓库作业要频繁进行，有时同一物品要经常出入仓，因而仓库作业任务具有频繁性。

（6）作业物品的不规范性

随着仓库的多样性和服务功能的提高，许多物品以未包装、入库包装、散件、混件等不规范形式入库，极易造成物品损坏，也是仓储作业事故防范的重点。

2. 防作业事故的基本措施

防作业事故，就是在物品出入库的装卸、搬运、储存、保管等仓库作业过程中，加强仓储安全作业管理，防止和消除伤亡事故，保障作业人员人身安全、作业设备和仓储设施安全及货物安全，即保证仓库作业安全。仓库作业安全，防作业事故有以下基本措施。

（1）安全操作管理制度化

仓储安全作业，防作业事故已经成为仓库日常管理的重要任务。仓库应制定科学合理的作业安全制度、作业操作规程和安全责任制度，加强检查监督，确保管理制度得以有效贯彻实施，保持安全操作的常态化。

（2）加强劳动安全保护

劳动安全保护是防作业事故的重要措施，仓库应根据《中华人民共和国劳动法》的要求，制定相应的劳动保护规章制度，保证作业人员的合法的劳动权益，包括有足够的休息时间，做合理的加班安排，提供适当的劳动防护用品，如高强度的工作鞋、安全帽、手套、工作服等，并检查监督作业人员的使用情况，发现问题应立即予以纠正。

另外，应采用较高安全系数的作业器械，适合作业的要求和需要。作业场地具有通风、照明、防滑、保暖、防冻等适合作业的环境。不进行冒险作业，环境不适合仓储作业时，应暂缓作业，避免作业人员带病上岗作业。

（3）重视从业教育、技术培训与安全教育

对新参加仓库工作的员工，应进行从业教育和上岗培训。仓库从业人员应获得相应的岗位资质才能上岗。对于仓库管理的员工，要经常定期组织安全技术教育，从思想认识上提高其对安全技术的认识，做到警钟长鸣。对其所从事的岗位，要组织员工不断学习，普及仓储作业技术知识，跟踪科学技术的发展。

各项安全操作规程是防止事故的有效方法。各个岗位的员工应熟练掌握岗位的安全作业技能，严格按照作业资格证书规范进行仓储作业，不能混岗作业。

安全作业宣传和教育是仓库管理的长期性工作，作业安全检查、强化安全意识、对违章和无视作业安全的行为进行严厉惩罚，是防范作业事故的有力措施。

3. 仓库安全作业的基本要求

（1）人力安全作业的基本要求

作业前要做好准备工作，检查所用工具是否完好，尽可能人力与机械并用，使用合适的作业工具进行作业；作业人员应根据物品特性的不同，按要求穿戴相应的安全防护用具、防护服装，只在适合作业的安全环境进行作业；仅当作业属于轻负荷时，使用人力作业；作业过程中要轻吊稳放，防止撞击、摩擦和震动，不得饮食和吸烟；必须有专人在现场指挥和安全指导，严格按照安全规范进行作业指挥，安排合适的工间休息；工作完毕后要根据物品的性质和工作情况，及时洗手、洗脸、漱口或淋浴。

（2）机械安全作业的基本要求

仓库作业机械应实行专人专机，建立岗位责任制，防止丢失和损坏，操作手应做到会操作、会保养、会检查、会排除一般故障；根据物品尺寸、重量、形状来选用合理的装卸、搬运设备进行作业，所使用的设备具有良好的工况，严禁超高、超宽、超重、超速及其他不规范操作；设备作业要有专人进行指挥；汽车装卸时，注意保持安全间距；移动吊车必须在停放稳定后方可作业；载货移动设备上不得载人运行。

（3）仓储电器设备安全作业的基本要求

电器设备在作业过程中应有可靠保险器、自动开关和漏电保护装置；电动工具必须有良好的绝缘装置，使用前应该安装安全可靠的保护性接地装置；高压线经过的地方，必须设置安全措施和警告标志；电工作业时，必须严格遵守安全操作规程；高大建筑物和危险品库房，要有避雷装置。

经验之谈

6S 管理

6S 就是整理、整顿、清扫、清洁、素养和安全，简称 6S。

整理：将工作场所中的任何物品区分为必要的与不必要的，必要的物品留下来，不必要的物品彻底清除。

整顿：必要的物品分门别类依规定的位置放置，摆放整齐、明确数量、给予标示。
清扫：清除工作场所内的脏污，并防止脏污的发生，保持工作场所干净明亮。
清洁：将前面的3S实施制度化、规范化，并贯彻执行及维持提升。
素养：人人养成好习惯，依规定行事，培养积极进取的精神。
安全：消除事故隐患，落实安全措施，保证人安全、设施安全和产品安全。

小结：晴带雨伞，饱带干粮，未雨绸缪，防患于未然！

要点回顾

- 在库保养
  - 认识库存变异
    - 库存变异概述
      - 库存变异的概念
      - 库存变异的类型
      - 影响库存变异的主要因素
    - 控制库存变异
      - 控制库存变异的概念
      - 控制库存变异的基本措施
      - 控制库存变异的主要技术方法
    - 仓库温、湿度控制和调节技术
      - 空气温、湿度的基本知识
      - 仓库内温、湿度的变化规律
      - 仓库温、湿度的控制和调节
      - 大型冷却机低温仓储技术
  - 安全管理
    - 防火
      - 仓库火灾基本知识
      - 防火的基本措施
      - 灭火的基本方法
      - 消防设施和灭火器的配置
      - 特殊物品的火灾扑救
    - 防盗
      - 仓库盗窃的基本形式
      - 防盗的措施和技术
    - 防洪
      - 仓库排水系统
      - 仓库防汛系统
    - 防作业事故
      - 仓库作业的特性
      - 防作业事故的基本措施
      - 仓库安全作业的基本要求

练一练

1．参观几个大型百货超市的仓库，了解其对各种商品控制库存变异的情况，根据所学的知识，提出改进措施。

2．参观各种典型的专业性仓库，了解仓库安全管理的侧重点，结合不同仓库的实际情况，分析仓库安全管理防火、防盗、防洪和防作业事故的重点。

3．工学结合项目：选择一家食品超市合作，研究如何防止食品仓储过程中的霉变腐蚀。

学习资源库

1．“物流管理基础”黑龙江省精品课程（闫春荣主讲）。

2．“仓储管理实务”丽水职业技术学院院级精品课程（闫春荣主讲）。

3．《仓库防火安全管理规则》。

4．中国消防网。

测一测

客观题

实务操作题

扩一扩

案例赏析一：库存茶叶的保管保养措施

案例赏析二：库存啤酒的质量控制措施

案例赏析三：仓库火灾事故

案例赏析四：安徽省蒙牛乳业（马鞍山）有限公司冰激凌厂火灾

任务八　特殊货物保管

知识点

1．水泥的种类。
2．水泥防潮的基本措施。
3．粮食的仓储性质。
4．粮仓的种类和管理方法。
5．危险品的基本特征。
6．危险品仓库的管理方法。

学习目标

1．知识目标

● 理解与辨别不同类别特殊货物的特征。
● 理解特殊货物仓库的管理方法。

2．素质目标

● 培养严谨、认真的职业素养。
● 培养注重安全的职业素养。

3．技能目标

● 能够根据水泥、粮食、危险品的特点选择不同的仓储管理方法。
● 能够在水泥、粮食、危险品仓库进行仓储管理工作。

实训项目

以小组为单位，由教师分配指定特殊货物种类进行调研，要求小组人员分工后通过网络调研等方式，对相关特殊货物的特性及仓储管理方法进行信息资料搜集并进行小组汇报。

引例

2015 年 8 月 12 日 23∶30 左右，天津滨海新区第五大街与跃进路交叉口天津港瑞海公司危险化学品仓库的一处集装箱码头发生爆炸事故，发生爆炸的是集装箱内的危险品货物（见图 8.1）。现场火光冲天，在强烈爆炸声后，高数十米的灰白色蘑菇云瞬间腾起。随后爆炸点上空被火光染红，现场火焰四溅。事故造成 173 人遇难，其中含 17 名消防官兵；住院治疗 701 人，其中重症伤员 71 人；大批房屋损毁，经济损失巨大。

图 8.1　天津港“8・12”危险品爆炸事故

经过调查：12 日 23 时 34 分 6 秒，第一次爆炸发生，相当于 3 t 的 TNT 当量，30 秒后，发生第二次爆炸，相当于 21 t 的 TNT 当量，现场腾起蘑菇云，两千米内建筑玻璃全部被震碎，救援人员被困。其后天津、北京等公安消防总队 1 000 多名消防官兵投入救援，并组织人员全力搜救失联的消防官兵和群众。国家地震台网官方微博“中国地震台网速报”发布消息称，“综合网友反馈，天津塘沽、滨海等，以及河北河间、肃宁、晋州、藁城等地均有震感。此次重大安全事故也表明危险品储存安全应引起行业的足够重视，从而避免此类事件再次发生”。

引例分析

在运输、装卸和保管中需要采取特殊措施的货物称为特殊货物。在经济迅猛发展的今天，水泥、粮食及危险品是人们生活中既常见，又对人们的生产、生活有着重要影响的货物。这些货物的保管有特殊的要求。认识这几类货物的特性，对做好保管工作的意义十分重大。

一、水泥的保管

水泥是重要的建筑材料之一，也是仓库保管中经常遇到的。随着我国经济的飞速发展，对水泥的需求量不断增大，对水泥的质量要求也越来越高。为了满足各方对水泥的需要，相关单位一方面要增产和提高质量，另一方面也应尽量减少水泥在使用和储存保管中的损耗。

（一）水泥的种类

1. 按化学成分分类

① 硅酸盐类水泥。硅酸盐类水泥包括如下六大类。

- 硅酸盐水泥。由硅酸盐水泥熟料、0%～5%石灰石或粒化高炉矿渣和适量石膏磨细制成的水硬性胶凝材料，称为硅酸盐水泥，即国外通称的波特兰水泥。它分P·Ⅰ和P·Ⅱ两种。
- 普通硅酸盐水泥（见图8.2）。由硅酸盐水泥熟料、6%～15%混合材料和适量石膏磨细制成的水硬性胶凝材料，称为普通硅酸盐水泥（简称普通水泥），代号为P·O。
- 火山灰质硅酸盐水泥。由硅酸盐水泥熟料、火山灰质混合材料和适量石膏磨细制成的水硬性胶凝材料，称为火山灰质硅酸盐水泥，代号为P·P。
- 粉煤灰硅酸盐水泥。由硅酸盐水泥熟料、粉煤灰和适量石膏磨细制成的水硬性胶凝材料，称为粉煤灰硅酸盐水泥，代号为P·F。
- 矿渣硅酸盐水泥（见图8.3）。由硅酸盐水泥熟料、粒化高炉矿渣和适量石膏磨细制成的水硬性胶凝材料，称为矿渣硅酸盐水泥，代号为P·S。
- 复合硅酸盐水泥。由硅酸盐水泥熟料、两种或两种以上规定的混合材料和适量石膏磨细制成的水硬性胶凝材料，称为复合硅酸盐水泥（简称复合水泥），代号为P·C。

图8.2　普通硅酸盐水泥

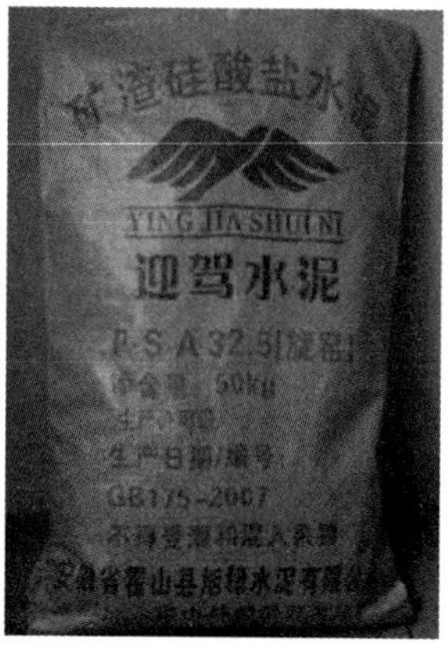

图8.3　矿渣硅酸盐水泥

② 铝酸盐类水泥。这是以铝矾土和石灰石为原料，经煅烧制得的以铝酸钙为主要成分、氧化铝含量约50%的熟料，再磨制成的水硬性胶凝材料。铝酸盐类水泥常为黄或褐色，也有灰色的。

③ 无熟料（少熟料）类水泥。一般指不需经过煅烧工艺而制成的水硬性水泥。有时候也包含熟料数量在5%以下的少熟料水泥。无熟料水泥一般以它所采用的原料来命名，如石膏矿渣水泥、石膏化铁炉渣水泥、石灰烧黏土水泥、石灰粉煤灰水泥及赤泥硫酸盐水泥等。

2. 按用途分类

① 通用水泥。通用水泥主要指GB 175—2007规定的六大类水泥，即硅酸盐水泥、普通硅

酸盐水泥、矿渣硅酸盐水泥、火山灰质硅酸盐水泥、粉煤灰硅酸盐水泥和复合硅酸盐水泥，通常用在土木建筑工程中。

② 专用水泥。这是指专门用途的水泥，如G级油井水泥、道路硅酸盐水泥。

③ 特性水泥。这是指某种性能比较突出的水泥，如快硬硅酸盐水泥、低热矿渣硅酸盐水泥及膨胀硫铝酸盐水泥。

3. 按其主要水硬性物质名称分类

按水泥的主要水硬性物质名称，可分为硅酸盐水泥、铝酸盐水泥、硫铝酸盐水泥、铁铝酸盐水泥和氟铝酸盐水泥等。

4. 按需要在水泥命名中标明的主要技术特性分类

① 快硬性：分为快硬和特快硬两类。

② 水化热：分为中热和低热两类。

③ 抗硫酸盐性：分为中抗硫酸盐腐蚀和高抗硫酸盐腐蚀两类。

④ 膨胀性：分为膨胀和自应力两类。

（二）水泥的标号

水泥标号是经测试后确定的，主要反应水泥硬化后的耐压性能。其测试方法和确定原则如下：将水泥和标准砂以1∶3的比例拌成均匀的水泥浆，并用它浇灌制成标准尺度的立方体，待这些水泥块经28天充分凝固后，测试它们的耐压强度。根据测试结果，如果它们的耐压强度在$400\times9.81\ N/cm^2$以上，而不足$500\times 9.81\ N/cm^2$，则这种水泥的标号被确定为400号。

水泥有多种标号，常用的普通水泥有200号、250号、300号、400号、500号和600号6种标号，高级水泥则有700号、800号等标号。水泥标号是一个很重要的品质指标，水泥标号越大，表明其强度越高、质量越好。通常，不同的工程对水泥质量有不同的要求，因此都明确规定应该使用某种标号的水泥。建设大型的桥梁需要用高强度的水泥，而建造普通的房屋、仓库等不需要很高强度的水泥。

水泥标号就是它们的等级标志，其反映：

① 凝固后的强度。标号越大则强度越高，包括抗压和抗拉承受能力。

② 凝固的速度。700号、800号是快硬水泥，凝固时间短，用于紧急工程和水下建筑。

水泥强度检验一般为3天、7天、28天龄期，每个龄期都有不同的检验标准。

水泥是一种水硬性胶凝材料，其强度是随着时间而增长的，但到一定的时间后就不会增长了，一般一年之后强度的增长就停止了。

（三）水泥受潮

1. 识别水泥受潮的情形

水泥受潮有两种情形，一种是直接受潮，另一种是间接受潮。

（1）直接受潮

直接受潮是水泥和水直接接触而发生水化、凝结和硬化反应的结果，如图8.4所示。避免这种情况的发生是比较容易的。

（2）间接受潮

间接受潮是水泥和空气中水蒸气及二氧化碳接触而发生变质反应的结果。避免这种情况比较困难。

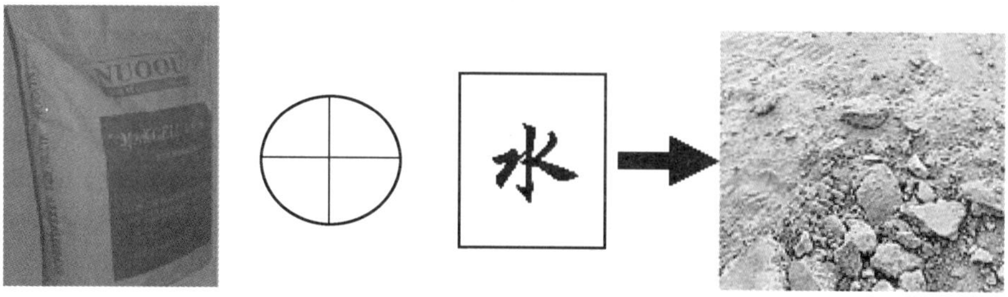

图 8.4 直接受潮

间接受潮发生的变质反应受空气中的水和二氧化碳共同的影响。首先是空气中的水分与水泥发生水化等一系列反应，然后是空气中的二氧化碳与上述反应后得到的水化产物之一——氢氧化钙发生碳化反应，生成碳酸钙。碳酸钙包在水泥表面从而使其活性降低，甚至完全失去活性。但是，水泥间接受潮变质的表面看起来不明显，很容易被忽视。由于空气几乎无处不在，即使储运条件再好，也很难防止水泥在储存期内间接受潮，所以水泥的间接受潮程度与水泥储存时间长短相关，即储存期越长，发生间接受潮损失越严重，甚至水泥会结成硬块而不能使用。

2. 水泥受潮的水化反应

水泥受潮的水化反应类似于拌制砂浆、混凝土时的反应，但又有所不同。

① 水泥受潮是在不进行任何搅拌的情况下发生的，无论是直接受潮还是间接受潮都是如此。水分与水泥不会长期、大量地充分接触。因此，参与反应的水泥很少，真正损失的水泥也并不多。但是，由于化学反应是在水泥颗粒表面进行的，因此少量的水化产物就在水泥颗粒表面结成了一层甲壳。这层甲壳在水泥使用时，阻止了水泥颗粒内部未水化部分和水接触，从而大大降低了水泥的活性。

② 水泥受潮，尤其是间接受潮时，水泥颗粒暴露在空气中的表面部分，随即和空气中二氧化碳发生反应。反应后生成的碳酸钙不溶解于水，它阻止水分和未水化水泥接触的程度比其他水化产物更严重。因此，受潮对活性的下降有较大的影响。

③ 在一般的保管条件下，水泥经过 3 个月储存后要损失 10%～20%的活性，以后的损失速度将逐渐变慢。

④ 水泥的受潮变质速度和水泥种类有关。在通用水泥中，硅酸盐水泥变质速度较慢，而三种混合材料的水泥，空隙率较高，容易吸水，也容易使空气渗入水泥颗粒间。因此，它们比起硅酸盐水泥更容易发生受潮变质的现象。

几种速凝高强度的水泥发生受潮变质的状况更严重，其主要原因：一是速凝高强度水泥的矿物组成中，水化能力强的组分比一般水泥要多；二是速凝高强度水泥一般粉末细度较高，水泥的比表面积大，活性高，易于和水发生反应。快硬高强度水泥一旦受潮便失去了它快硬高强度的特性，损失会更加严重。

各种无熟料水泥的间接受潮后果也很严重，一般 1 个月的储存期就可能使水泥活性全部损失而无法使用。

3. 认识水泥受潮的后果

水泥受潮变质是水泥在储运过程中的一大损失，据统计，水泥受潮的结果重则结块变质，轻则活性及标号下降，更有可能由于受潮引起包装袋破损而使水泥受损，仅由以上三个方面的因素所造成的损失约占水泥总量的 5%～10%。

水泥受潮变质和流通管理工作密切相关。因此，防止和减缓水泥的这一损失有重要意义。

4. 防止水泥变质的措施

① 应当尽量缩短水泥的储存期。储存期越短，水泥间接受潮程度越轻，水泥直接受潮的机会越少，这是解决水泥活性下降问题的主要措施。水泥的储存期不宜超过 3 个月。快硬水泥、高级水泥不能超过 1 个月；高铝水泥的储存期不宜超过 2 个月。超过上述期限的水泥，不能按标号使用，需重新鉴定其质量。为了减少损失，应按生产厂别、品种、标号、出厂和入库日期的不同，分别堆垛，严禁混存，要先进先出。

② 应采取防水措施。铁路运输适合用棚车，汽车运输应该有篷盖。应尽量做到入库保管，露天储存要做好上苫下垫。水泥库房应设置在地势高、排水良好和干燥的地点，库内地面应高出库外地面 30 cm 以上，应采用防潮混凝土地面，最好铺上防潮油毛毡，库房四周应放置干燥剂。保持库内干燥，隔绝地下水和墙壁渗水，水泥堆垛要与窗口保持一定距离，如图 8.5 所示。

③ 应保持包装完好。袋装水泥一定要保证在搬、装、运、倒垛时轻拿轻放，防止扔摔，防止水泥纸袋破裂而导致水泥受潮变质。

④ 应分清类别存放。存放水泥时，应该按生产厂别、品种、标号和批号分别堆垛，严禁混存。堆垛高度一般以 10 袋为宜，最高不要超出 12 袋，整垛不超出 1 000 袋，垛宽以 2～10 袋为宜。堆垛与墙之间的距离不能少于 1 m，垛底设置垫木，离地面距离 20～30 cm 为宜。

⑤ 不要露天存放。到库水泥应迅速验收入库，不要在露天条件下暂存、隔夜，以防吸潮。只有在受到库房储存能力的限制或在干燥季节短时间保管时，才允许暂存于料棚或露天存放，但必须做好上苫下垫，并勤于检查。

⑥ 不要与其他货物混存。水泥应该单独设库，不得与含水量较大且易受潮、散湿的货物混存。而且由于水泥颗粒飞扬，对于其他货物的保管也有不良的影响，所以不宜混存。

⑦ 应选择密封性能良好的库房。水泥库内要保持干燥，相对湿度不得超过 50%，要综合考虑采用通风、密封和吸湿等措施，如图 8.6 所示。

图 8.5　水泥堆垛

图 8.6　水泥仓库

⑧ 应当经常检查。要检查存放水泥的地面上是否垫木板或油毡等隔潮物件，库房是否漏雨。要经常检查库存水泥，观察其是否有结块、硬化等异常状态。还应通过试验进行检验，以检查水泥是否受潮和受潮程度，发现问题应及时处理并记录备查。

⑨ 合理堆垛。严格执行“先进先出”原则，最大限度地缩短水泥库存的保管时间，以保证水泥质量水平不降低。

⑩ 努力实现散装化。推广散装水泥，既可以免去包装袋，简化生产工艺，实现装、运、卸

机械化，加速周转，缩短流通时间，又能降低生产成本，减少流通损失，最大限度地保证水泥的性能指标。据测算，每使用 1 吨散装水泥，可以节省费用 30 元。对于散装水泥，要根据其收、发、保管的特点建造各种水泥储仓。要使运输工具、储存设施与之相适应。对于库内破袋散落的水泥，应及时打扫收集装入空袋内，并做出标志，另行处理。

（四）水泥受潮变质的处理

按照一般规定，受潮水泥或储存期比较长的水泥在用到重要工程中或关键的工程部位时，应重做水泥的物理检验，按判定的实际标号使用。受潮程度较轻的水泥可适当降低标号使用，如可以在非关键的工程部位使用。

受潮的水泥一般分为 5 种：轻微受潮、开始受潮、加重受潮、较重受潮、严重受潮。

① 轻微受潮：新鲜水泥有流动性，肉眼观察完全呈细粉状，用手捏捻无硬粒。水泥强度降低不超过 15%。此时水泥的使用部位不做改变。

② 开始受潮：水泥凝结成小球粒状，但易散成粉末，用手捏捻无硬粒。水泥强度降低超过 15%。此时的水泥可用于要求不严格的工程部位。

③ 加重受潮：水泥细度变粗，有大量小球粒和松块，用手捏捻球粒仍可成粉末，无硬粒。水泥强度降低 15%～20%。此时可将水泥松块压成粉末，降低标号，用于要求不严格的工程部位。

④ 较重受潮：水泥结成粒块状，有少量硬块但硬块较松，比较容易击碎，用手捏捻不能变成粉末，有硬粒。水泥强度降低 30%～50%。此时可用筛网筛去硬粒、硬块，降低一半标号，用于要求较低的工程部位。

⑤ 严重受潮：水泥中有许多硬粒、硬块，难以压碎，用手捏捻不动。水泥强度降低超过 50%。建议用筛子筛除硬块，对可压碎成粉的则想办法压碎，再重新检验水泥制品的强度。如果不重新检验水泥的强度，则只能用于受力很小的部位，如墙面抹灰等耐磨要求低的地方。

（五）水泥库存的管理方法

水泥库存的管理方法如下。

① 根据储存的需要选择或建造防潮、防漏、防风的专用水泥库房（宜搭建在地势较高处）。

② 水泥入库时要仔细核对产品名称，代号，净含量，强度等级，生产许可证，生产者名称和地址，出厂编号，执行标准号，包装年、月、日等信息。经相关人员验收后方可入库。

③ 存放水泥时，地面垫板要离地 20～30 cm，四周离墙 30 cm。袋装水泥堆垛 10 袋为宜，最高不超过 15 袋，各垛之间应留置宽度不小于 70 cm 的通道。如遇特殊情况需露天存放时，应在地势高、无积水、地面垫板高于 30 cm 的地方堆垛，并用雨布覆盖严密，防止雨露侵入使水泥受潮。

④ 水泥库不得混入杂物，不同品种和标号的水泥应分别堆垛，标识清楚。

⑤ 水泥的储存应按照水泥到场时间的先后依次堆垛，做到先入先出、依序出库。

⑥ 水泥储存时间不宜过长，以免受潮而降低水泥强度。

⑦ 严格按规定办理水泥出库，并根据品种、标号、数量照实发放。

⑧ 库内要严禁烟火，不准用明火照明、取暖，电灯要人走灯灭，应配置齐备、完好、有限的防火用具，放在明显易取的位置，仓库保管员要学会操作消防器材。

经验之谈

水泥质量的鉴别（“五看”）

1. 看标志。根据国家标准，优质水泥的生产袋包装完好，标志完全，不同品种水泥采用不同的颜色标识，如硅酸盐水泥和普通硅酸盐水泥用红色。

2. 看手感。用手指捻水泥粉，优质水泥有少许细砂、粉感，而劣质水泥粗砂粉较多，且有不少硬粒子。

3. 看色泽。优质水泥色泽是深灰色或深绿色；劣质水泥色泽发黄发白，说明熟料是生烧料，矿渣掺量过多。

4. 看形状。检查有无受潮结块现象。优质水泥无受潮结块现象，反之则是劣质水泥。

5. 看时效。看清水泥的生产日期，超过有效期 30 日的水泥，其性能会有所下降。

储存 1 个月后的水泥，强度下降 10%～20%；3 个月后下降 15%～30%；1 年后下降 25%～40%。

优质水泥 6 小时以内能够凝固，超过 12 小时仍不能凝固的水泥质量不好。

物流前沿

散装水泥中转站——智能仓储物流系统

改革开放 40 年来，我国散装水泥中转站从无到有，特别是近 10 年来发展迅猛。2017 年，全国共有散装水泥中转站 1 733 个、专用运输船 3 245 艘；2018 年，全国散装水泥累计供应量 145 043.53 万吨，同比增加 267.23 万吨，同比增长 0.18%；2018 年，全国水泥平均散装率达到 66.92%，同比提高 4.24 个百分点。散装水泥中转站在水泥流通环节中起着举足轻重的作用。随着水泥集中度的进一步提高和国家“一带一路”倡议的稳健推进，散装水泥中转站建设需求呈逐年提高趋势，大型化趋势更明显，同时，对成套装备的性能要求（尤其是智能化水平）和绿色产业发展的要求也不断提高。散装水泥中转站按照所在布点位置和相对规模依次分为海港站、河港站、铁路站、公路站等多种形式，海港站相对规模较大。

现有传统海港站采用水尺计重误差较大，运行效率低，安全性差，对操作员依赖度高，易存在舞弊行为，污染严重，设备管理难度大，故障率高。未来海港站将彻底改变现状。

新的智能仓储物流系统运用干散物料专用立体智能视觉、5G 通信、物联网、大数据分析、云计算等成熟技术，实现散装水泥中转站智能化、无人值守、远程运维。该系统由无人值守智能环保卸船系统、无人值守智能计量输送进库系统、无人值守库内在线监测与智能均化卸料系统、无人值守智能定量装车（船）系统、出入库数字化管控系统、设备远程运维（操作）及状态监管系统六大分系统构成，充分体现了环保型、无人化、智能化、信息化等。

资料来源：袁锡康. 散装水泥中转站——智能仓储物流系统展望[J]. 散装水泥，2019(05).

二、粮食的保管

近年来我国粮食连年丰收，粮食产量连续 6 年超过 1.3 万亿斤（见图 8.7），其中 70%通过粮食流通进入消费领域，总量超过 9 000 亿斤。做好粮食流通工作，是保证种粮农民收益、保障国家粮食安全供应、促进粮食产业的高质量发展的重要工作。当前，我国粮食供求结构性矛盾仍较突出，由于技术水平不高、粮食流通体系不完善等问题，粮食流通环节中粮食质量和品质损失较大。从中长期看，我国粮食供求仍将处于一种紧平衡态势，特别是面对复杂的国际形势、国内持续增长的粮食需求、地缺水少人多、种粮比较效益不高、粮食容易遇到一些自然灾害、结构性矛盾比较突出等潜在风险隐患，确保国家粮食安全这根弦一刻也不能放松。保障国家粮食安全急需提高粮食节约意识，加强粮食流通体系建设，促进粮食流通领域的节粮减损，端牢中国饭碗，护好大国粮仓。做好基层的粮食仓储管理工作，减少粮食损失损耗，提高粮食的储藏品质，对实现粮食安全、加强我国粮食综合供给能力具有重要意义。

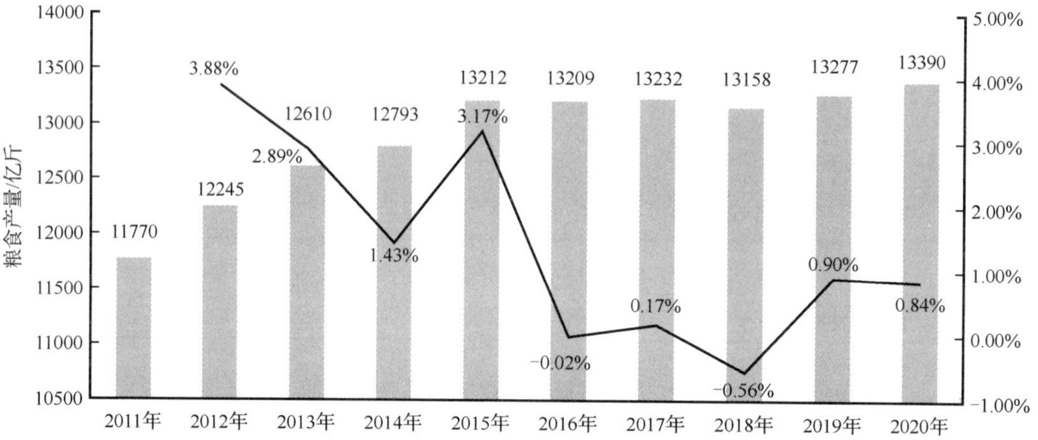

图 8.7 2011—2020 年全国粮食产量

数据来源：国家统计局

资料来源：林霜．加强粮食流通体系建设护航粮食安全[J]．农经，2021（05）.

（一）认识粮食的仓储特性

粮食储藏是减少粮食在储运过程中损失的一项十分重要的工作。粮食在储运过程中的损失，是指数量和质量方面的损失。粮食储藏的基本任务是：第一，防止不应有的数量损耗；第二，尽量保持粮食的原有品质；第三，节约保管费用，提高经济效益。同时应坚持“以防为主，综合防治”的保粮方针。

1. 呼吸性和自热性

粮食在储藏过程中主要的生理活动是呼吸作用。适度的呼吸作用对维持粮食种子的生命力和品质是必要的。因此，在储藏过程中粮食仍然具有植物的新陈代谢功能，能够吸收氧气和释放二氧化碳。通过呼吸作用，粮食复杂的有机物质分解为简单的物质，并释放出一定的热量。但是，过于旺盛的呼吸，会加速粮食所含物质的分解，引起其品质裂变。

粮食的呼吸作用在有氧和无氧的条件下均能进行。粮食进行有氧呼吸时，营养物质因分解而损失，产生的水和热量大部分积存在粮食内，造成水分增高、粮堆发热，进而促进粮食的呼吸作用，引起微生物和害虫的繁殖和发展，损伤粮食的品质。粮食在无氧呼吸时，产生的酒精积累过多，能使粮食中毒，降低耐存性，丧失其发芽能力。在粮食含水量低的条件下，缺氧呼吸微弱，可长期保持粮食的品质。

因此，当大量的粮食堆积时，如果不妥善保管，将会导致粮堆内部温度升高，引起自燃或导致粮食的品质下降。

粮食的呼吸性和自热性与含水量有关，含水量越高，自热能力越强。例如，玉米胚较大（占全粒体积的1/3左右，是谷类粮食中最大的），呼吸旺盛，试验数据表明，正常玉米的呼吸强度要比正常小麦的呼吸强度大8～11倍。

2. 吸湿性和散湿性

吸湿性是指粮食吸附和解吸水汽的性能。它是粮食吸附性的一种具体表现。在储藏期间，粮食水分的变化主要与粮食吸湿性有关。因此，吸湿性与粮食的储藏稳定性及储藏品质变化密切相关，与粮食的发热霉变、结露、返潮等现象也有直接关系。因此，粮食吸湿性是粮食储藏中较重要的变量因素之一。

粮食吸附水汽的原因，除了它具有多孔毛细管结构，更重要的是由于粮食中含有很多亲水胶体。淀粉和蛋白质是粮食中的主要成分，含有很多能与水作用的极性基团（如-OH、-COOH等），它们可以通过氢键与水分子相互作用。

粮食本身含有一定的水分，当空气干燥时，水分会向外散发；当外界湿度大时，粮食又会吸收水分；在水分充足时还会发芽，芽胚被破坏的粮食颗粒就会发霉。由于具有吸湿性，粮食在吸收水分后不容易干燥，而储存在干燥环境中的粮食也会因为散湿而形成水分的局部集结而致霉。

含水量在12%以内的干燥粮食呼吸作用很微弱，随着含水量的增加，呼吸作用逐渐增强，超过一定界限时，呼吸作用极具增强，形成一个明显的转折点。粮食含水量超过转折点，就易变质而不安全，转折点的含水量称为安全水分或临界水分。粮食的安全水分因粮种和环境温度的不同而异。在常温下，粮食含水量不超过15%，一般是比较安全的。粮食水分是微生物繁殖的重要条件，含水量在13%以下，可以抑制大部分微生物的生长和繁殖。例如，玉米胚中含有30%以上的蛋白质和较多的可溶性糖，因此吸湿能力强，呼吸强度大。新玉米水分大，成熟度不均匀。玉米果穗外有包叶，在植株上得不到充分的日晒干燥，并且玉米的主要产区在北方，在收获时天气已冷，因此新玉米的水分较大（一般在20%～30%）。玉米的成熟度往往不均匀，这主要是由于同一果穗的顶部与基部授粉时间不同，致使顶部籽粒往往是不成熟的。水分大的果穗及顶部的未熟粒在脱粒时很易损伤，更增加了吸湿、生霉和害虫危害的可能性。

物流前沿

粮食水分传感器

粮食的水分变化与安全储藏有着密切关系，粮食水分可以直接反映粮食的安全性、稳定性。正常的粮食都含有适量的水分，并且水分含量通常保持在一定范围之内，这是粮食维持生命及保持其固有良种品质和食用品质所必需的。但如果粮食水分过多，则容易引起粮食变质等问题。干燥的粮食易存放，不容易长虫长霉，可减缓熟化功效、降低损害、维持粮食的营养成分和服用质量。而湿粮则易得虫、长霉、霉变、结团，乃至彻底不可以食用。因此粮食在储藏期间必须对其水分情况进行监测。

粮食水分传感器（见图8.8）能够帮助管理人员实时掌握粮食水分情况，一旦粮食水分含量高于或低于设定阈值能够及时发出警报，通知管理人员及时采取措施，控制储藏过程中的粮食水分，确保粮食水分含量处于合理范围，防止因粮食水分过多造成的霉变，保证粮食质量。它可用于谷物、玉米、小麦、棉花、水稻、花生、大豆等农作物的储藏监测，体积小，重量轻，占用空间小，测试准确，检测速度快。

图 8.8　粮食水分传感器

资料来源：知乎网.

3. 吸附性

所有粮食籽粒都具有吸附各种物质的蒸气和气体分子的特性，称为吸附性。粮食具有吸收水分、呼吸的性能，能将外界环境中的气味、有害气体和液体等吸附在内部，不能去除。因此，一旦受到异味玷污，粮食就会因无法去除异味而损毁。由于粮食具有吸附性，所以，在储藏过程中要严禁与化肥、农药及其他易使之染毒或传染异味（如汽油、煤油等）的货物混存。熏蒸处理的粮食，要待毒气释放到合乎卫生标准后方可出库供应。

4. 易受虫害

粮食本身就是众多昆虫幼虫和老鼠的食物。未经杀虫处理的粮食中含有大量的昆虫、虫卵和细菌，当温、湿度合适时就会大量繁殖，形成虫害。即使是经过杀虫处理的粮食，也会因为吸引虫鼠而造成二次危害。

物流前沿

磷化氢传感器

粮食储藏最大的难题就是防止生虫。粮仓为了防鼠防虫，一般会使用磷化铝或磷化锌作为熏蒸剂来灭害。这两种化学物质在干燥状态下性能稳定，但在吸收空气中的水分后会缓慢发生化学反应释放出磷化氢这种有毒气体，从而起到防鼠防虫的作用。磷化氢主要作用于人的呼吸系统和神经系统，刺激肺部引起肺气肿和使心脏扩大，如果长期和低浓度的磷化氢接触可引起慢性中毒。

磷化氢传感器（见图 8.9）可用于粮仓内磷化氢浓度的监控和报警，在粮仓磷化氢浓度发生异常变化时，能够及时反馈给管理人员，便于及时采取措施降低磷化氢浓度，保护粮仓工作人员的生命安全，减少因粮仓磷化氢浓度过高造成的中毒，真正实现“测”与“控”的完美融合。

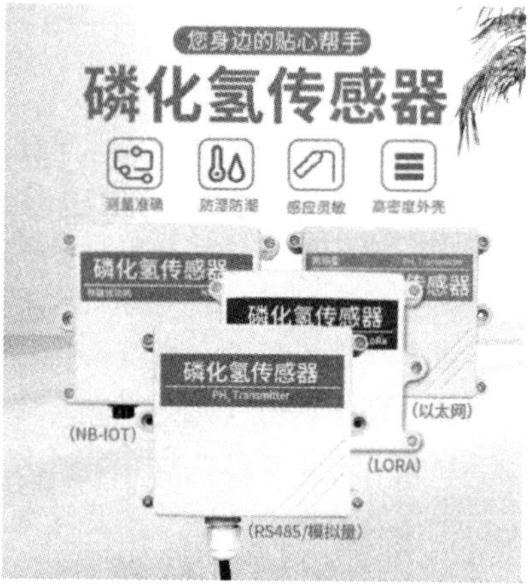

图 8.9　传感器

资料来源：知乎网.

5. 散落流动性

粮粒在从一定高度自然落下形成粮堆时，向四面流散成为圆锥体的性质称为粮油的散落性。

粮油散落性的大小通常用静止角 α 表示。静止角是指粮油由高点落下，自然形成圆锥体的斜面与底面水平线之间的夹角。静止角越大，表示粮油散落性越小；静止角越小，表示粮油散落性越大。

反映粮油散落性大小的另一个指标是自流角 β。自流角是粮粒在不同材料的斜面上开始移动下滑时，该斜面的倾角。自流角是一个相对值，它与粮粒自身的特性和斜面材料有关。

散装粮食因为颗粒小，颗粒之间不会粘连，因此在外力（重力）作用下，具有自动松散流动的散落特性，当倾斜角足够大时就会出现流动性。根据粮食的这种散落流动性，可以采用流动的方式作业。

6. 扬尘爆炸性

干燥粮食的麸壳、粉碎的粮食粉末等在流动和作业时会产生扬尘，伤害人的呼吸系统。当能燃烧的有机质粮食的扬尘达到一定浓度（一般为 50～60 g/m^3）时，遇火源会发生爆炸。据资料显示，美国在 1958—1975 年发生的粮谷粉尘爆炸达 139 起。

经验之谈

粮食仓储

- 坚持“四无”标准（无害虫、无霉变、无鼠雀、无事故），掌握粮食变化规律，确保储粮安全。
- 商品周转必须执行核算制度，及时准确入库、出库，做到账货相符。
- 加强囤垛苫盖管理，做到“三查”，即仓库保管员每日检查，质检经理 10 天一检查，经理随时检查。
- 组织好装卸车事宜，包括检查装车人员安全情况，清点装车数量，检查车体是否过期，认真清理车厢、封车门，坏袋严禁上车。装完车后，要及时上报备载数量、发车车号及数量，填写出库单及工人作业质量认证单。
- 坚持安全第一的原则，注重提高作业质量，尽量缩短完成本次作业的周期。对于违反操作规程或作业质量达不到要求的，有权停止作业，直到达到安全作业标准。

（二）粮仓安全管理

1. 粮仓的种类与作用

粮仓是指储藏粮食的专用建筑物，主要包括仓房、货场（或晒场）和计量、输送、堆垛、清理、装卸、通风和干燥等设施，并配备测量、取样和检查化验等仪器。

粮食储藏是仓储最古老的项目，“仓”在古代表示粮食的储藏场所。粮食包括小麦、玉米、燕麦、大麦、大米、豆类和种子等。粮食仓储是实现粮食集中收成、分散消耗的手段，同时也是国家战略物资储备的方式之一。粮仓主要有房式仓、砖圆仓和土圆仓、钢板圆仓、钢筋混凝土立筒仓和山洞地下仓等，如图 8.10 所示。

① 房式仓。这是我国目前建造最多、使用最普遍的一种仓型，以平房仓为主，楼房仓和拱形仓较少。平房仓一般长 20～25 m，跨度 10～20 m，容量比较大，有的一幢便可储粮数千吨。目前建造的房式仓的地坪和屋面一般有地板、屋面板和顶棚，比较隔热防潮；仓墙上部有通风窗，可以启闭，以使粮堆通风，但密闭性能较差。房式仓的优点是施工简单，建造费用较低；缺点是占地较多，实现粮仓机械化较困难。

（a）房式仓

（b）砖圆仓和土圆仓

（c）钢板圆仓

（d）钢筋混凝土立筒仓

（e）山洞地下仓

图 8.10　粮仓

② 砖圆仓和土圆仓。它们均为圆柱体，顶部为拱形；区别在于前者是砖石结构，后者是草泥结构。这种仓房的结构简单，可以因地制宜，就地取材，成本也较低廉。其优点是能够散装储粮，密闭性能较好，便于熏蒸处理；缺点是仓容小，通风性能较差。

③ 钢板圆仓。这种仓由钢板焊接而成，一般采用两层钢板隔热结构，内外层间隔为 5 cm，仓的外表涂刷铝粉以防外界热量被吸收而传入仓内。钢板圆仓的优点是耐水性能好，能防止外部水分、湿气侵入；密闭性能好，便于熏蒸杀虫；维修费用较低；建造快且简单。缺点是耗用大量钢材。

④ 钢筋混凝土立筒仓。这种粮仓被看作一种现代化粮仓，在一些发达国家被普遍采用，我国目前尚未普及，然而它是今后粮仓建筑的发展方向。钢筋混凝土立筒仓的机械化程度较高，一般由控制台、仓筒群和接收、发放装置三部分组成，设有升运、称重、清理和吸尘等机械装置。我国建造的立筒仓有钢筋混凝土结构和砖石结构两种。仓筒群以 6～24 个筒为一组，每个圆筒的直径一般为 6 m，高为 30 m，可容纳粮食 500～600 吨。立筒仓的特点是储存量大，占地面积小，机械化程度高，节省人力，工作效率高，具有良好的密闭、防虫、防鼠、防雀和防火性能，有利于粮食的安全储藏。但是建造这种粮仓的成本较高，技术要求也较高。此外，由于仓房的密闭性能好，粮堆高，粮堆中的湿、热气不易散发，药剂熏蒸时也影响毒气向中下层渗透，这种情况在实际储藏中应加以注意。

⑤ 山洞地下仓。山洞地下仓主要利用高山自然条件掘洞而成，仓库的覆盖层有数十米至几百米厚，不受太阳辐射的影响。每个洞口处都设置安全门、密闭门、防鼠门，门的四周都嵌有

密封条，有系统的安全防护密闭装置。这种结构形式具有施工方便、就地取材、结构牢固、防水性能好等优点，具有防火、防潮、密闭、隔热、恒温及低温等特点。其缺点是通风性能差，粮食进出仓不太方便；由于地理因素，有的还可能给运输带来困难。

2. 粮仓的管理

（1）杜绝污染，保持干净

粮仓必须保持清洁干净。粮仓为了达到储存粮食的清洁卫生条件，要尽可能用专用的粮筒仓；通用仓库拟用于粮食仓储，应是能封闭的，仓内地面、墙面要进行硬化处理，不起灰扬尘、不脱落剥离，必要时使用木板、防火合成板固定铺垫和镶衬；作业通道进行防尘铺垫。金属筒仓应进行除锈防锈处理，如做电镀、喷漆、喷塑和内层衬垫等，要确保无污染物、无异味才能够使用。

在粮食入库前，应对粮仓进行彻底清洁，清除异物、异味，待仓库内干燥、无异味时，粮食才能入库。对不满足要求的地面，应采用合适的衬垫，如用帆布、胶合板严密铺垫。使用兼用仓库储藏粮食时，同仓内不能储存非粮食的其他货物。

（2）控制水分，保持干燥

保持干燥是粮食仓储的基本要求。粮仓内不能安装日用水源，消防水源应妥善关闭，洗仓水源应离仓库有一定的距离，并在排水沟的下方。仓库旁的排水沟应保持畅通，确保没有堵塞，特别是在粮仓作业后，要彻底清除散漏到沟中的粮食。

应该随时监控粮仓内的湿度，将其严格控制在合适的范围之内。仓内湿度升高时，要检查粮食的含水量，当含水量超过要求时，必须及时采取除湿措施。粮仓通风时，要采取措施避免将空气中的水分带入仓内。

（3）防止火源，控制温度

粮食本身具有自热现象，温、湿度越高，自热能力也越强。在气温高、湿度大时，需要控制粮仓温度，采取降温措施。每日要测试粮食温度，特别是内层温度，及时发现自热升温的情况。当发现粮食自热升温时，必须及时降温，采取加大通风、货堆内层通风降温和内层放干冰等措施，必要时进行翻仓、倒垛散热。

粮食具有易燃特性，飞扬的粉尘遇火源还会燃烧爆炸。粮仓对防火工作有较高的要求。在粮食进行出入库、翻仓作业时，更应避免出现一切火源，特别是要消除作业设备运转的静电，以及粮食与仓壁、输送带的摩擦静电，加强吸尘措施，排除扬尘。

（4）防止霉变

粮食除了因为细菌、酵母菌和霉菌等微生物的污染分解而霉变，还会因为自身的呼吸作用自热而霉烂。微生物的生长繁殖需要较适宜的温、湿度和氧气含量，在温度25～37℃、湿度75%～90%时，其生长繁殖最快。霉菌和大部分细菌需要足够的氧气，酵母菌则是可以进行有氧呼吸和无氧呼吸的兼性厌氧微生物。

粮仓防霉变以防为主，要严把入口关，防止已霉变的粮食入库；避开潮湿货位，如通风口、仓库排水口，远离会淋湿的外墙，地面妥善用衬垫隔离；加强仓库温、湿度的控制和管理，保持低温和干燥；经常清洁仓库，特别是潮湿的地角，清除随空气进入库中的霉菌；清洁仓库的周边环境，消除霉菌源。

经常检查粮食和粮仓，发现霉变后要立即清出霉变的粮食，进行除霉、单独存放或另行处理，并有针对性地在仓库内采取防止霉变扩大的措施。还应充分使用现代防霉技术和设备，如使用过滤空气通风法、紫外线灯照射和放置食用防霉药物等。需要注意的是，使用药物时应避免使用对人体有毒害的药物。

（5）防虫鼠害

粮仓的虫鼠害主要表现在虫鼠直接对粮食的耗损，虫鼠排泄物和尸体对粮食的污染，虫鼠携带外界污染物入仓，虫鼠破坏粮仓内的设备、降低保管条件，虫鼠破坏包装物造成泄漏，以及虫鼠活动对粮食的损害等。

危害粮仓的昆虫种类很多，如甲虫、蜘蛛、米虫和白蚁等。它们往往繁殖力很强，危害严重，能在很短时间内造成严重的损害。

粮仓防虫鼠害的方法如下。

① 经常维修库房，保持良好的仓库状态，及时用水泥等高强度材料堵塞建筑物的破损、孔洞和裂痕，防止虫鼠在仓内隐藏。保持库房的各种开口隔栅完好，门窗密封。

② 防止虫鼠随货入仓，对入库粮食进行检查，确定无害后方可入仓。

③ 经常检查，及时发现虫害鼠迹。

④ 使用药物灭杀。使用高效低毒的药物，但不能直接释放在粮食中进行驱避、诱食杀灭，或者使用无毒药物直接喷洒、熏蒸除杀。

⑤ 使用诱杀灯、高压电灭杀，合理利用高温、低温和缺氧等手段灭杀。

经验之谈

仓储玉米杀虫和熏蒸的最佳时机

幼虫时期是杀虫的最佳时期，也是危害粮食最严重的时期。成虫容易产卵也容易感染其他粮食，蛹和卵需要的药量高，不容易杀死。

玉米储藏时其水分不要太高，否则在密闭时容易霉烂，可以机械通风先降低温、湿度后再杀虫。

师傅教我做

常温下嫩玉米的保鲜技术

一、工艺流程

嫩玉米→预处理→保鲜液浸泡→成品。

二、保鲜液的配方及配制方法

氯化钙 60%，氯化锌 15%，山梨酸钾 15%，硫酸镁 5%，维利钠 5%。先按配方量将氯化钙、氯化锌、硫酸镁溶于水中加热至沸，放凉后再加入山梨酸钾、维利钠，搅拌均匀后即为玉米保鲜液。

三、工艺要点

1. 原料采收应选择籽粒刚刚饱满而未固化、穗头雄蕊未发干的嫩玉米（七成熟状态）。
2. 保鲜液浸泡前应除去苞叶、雄蕊，用清水冲洗干净，采下后要当天处理完毕。
3. 保鲜液使用量应以浸没玉米为准（一般保鲜液与玉米的重量比为 2∶3）。
4. 保鲜储藏容器可选用塑料桶、大缸或水泥地。使用前应洗净杀菌。
5. 储藏保鲜玉米，应尽可能装满容器，并加盖密封，以减少空气的氧化作用。
6. 保鲜液中各原料均属食品添加剂，可到各地食品添加剂商店购买。
7. 如在保鲜液配方中补加不同香型的食品香精，还可加工成各种口味的水果型保鲜玉米，价值更高。
8. 该法保鲜嫩玉米，一般在夏末秋初时操作，春节前后上市最佳。

（三）粮食的储藏技术

因为不同的粮食其特性不一样，所以在储藏和保管时也会存在一些差异，现就以小麦、玉米为例介绍粮食的具体储藏技术。

1. 小麦的储藏技术

（1）常规储藏

要控制好小麦的水分、清除小麦的杂质，按照不同的等级分别进行储藏，经常通风降温，并做好害虫的防治工作，密闭粮堆防止受外界环境的影响。很多基层粮库普遍采用这种方法。

（2）热密闭储藏

将小麦薄摊在烈日下曝晒，使其水分降到12.5%以下，使小麦的温度达到48℃以上，趁热快速收入仓内，能保持温度在42℃以上7～10天。这样不仅可以保持小麦干燥、歼灭麦堆内的储粮害虫，而且可以加速后熟作用的完成。但是这种方法只适用于处理小宗的新收获的商品小麦。

（3）冷密闭储藏

这种方法主要是通过抑制虫霉生长繁殖，保持小麦粮情变化稳定，可通过两种形式实现。

① 在冬季寒冷的晴天，将小麦搬出仓外摊开冷冻，或者利用皮带输送机将小麦转仓降温0℃左右，然后趁冷入仓隔热保冷密闭储藏。

② 在冬季寒冷的晴天，借助通风机，利用自然低温使麦温降低到5℃以下，然后将小麦隔热密闭储藏。提高仓房隔热保温的性能，要做到粮冷、仓冷、覆盖物冷。然后在小麦堆上覆盖草苫等隔热物，在储藏期间要坚持进行粮情检查。气温转暖时要把仓房门窗严格密封。

（4）自然缺氧储藏

小麦收获时值高温，若干燥及时将水分降到12.5%以下，可利用粮温较高后熟期生理活动旺盛的特点进行薄膜密封，达到麦堆自然缺氧状态，从而抑制虫霉的危害。对于隔年陈麦，因后熟期已完成，可以采用辅助降氧，或充二氧化碳、充氮等气调方法进行防治虫害的储藏。

2. 玉米的储藏技术

玉米收获后原始水分高达38%～40%，未熟粒与破碎粒较多，不易保管，通常不宜做长期储藏。玉米的储藏特点是耐藏性差。玉米胚较大，生理活性强、呼吸旺盛、吸湿性强，含脂肪及可溶性糖多，玉米粒内所含的脂肪及水溶性糖主要集中于胚部，易于变质。其原始水分高，易感染微生物，易霉变。玉米可以通过干燥、低温、密闭等方法来合理储藏。

玉米的储藏方法有粒藏与穗藏两种，国家入库的玉米全是粒藏，农户大都采用穗藏方法。具体有以下几种。

（1）越冬冷冻储藏

东北三省高水分玉米采用的是越冬冷冻储藏方式，有的是露天围堆冷冻储藏，有的是露天做囤冷冻储藏。这样可以将玉米安全储藏到4月10日左右。

（2）房式仓常规储藏

安全水分玉米的常规储藏方法主要的措施也是控制水分、清除杂质、提高入库粮质。这种方法要坚持做到“五分开”储藏（水分高的与水分低的分开，质量好的质量次的分开，虫粮与无虫粮分开，新粮食与陈粮分开，色泽、粒型不同的分开）和加强虫害防治，以及做好密闭储藏措施等。

（3）露天储藏

这种储藏方法要选择在地势较高、干燥通风的场所，先要打好堆或囤的基础。露天储藏主要有袋装堆放、围包散堆与圆囤散堆三种形式。露天袋装堆放多用于短期储藏或备载储藏。在北方地区玉米露天做圆囤散堆储藏可短期储藏，也可长期储藏。

（4）密闭储藏

玉米经过日晒、烘干、筛选去杂，水分降至13%左右（北方14%左右）后，进行仓内散装密闭储藏，一般可以安全度夏。

（5）玉米机械通风储藏

可采用露天机械通风、房式仓机械通风和立筒仓机械通风等。

（6）“双低”“三低”储藏

“双低”储藏是指在低氧、低药剂量的磷化氢下密封储藏玉米，这是从自然降氧基础上发展起来的。这种方法能有效地杀死常见的储粮害虫，而且能防止储粮发热霉变。“三低”储藏是指低温结合“双低”的储藏方式，是一种玉米储藏的综合防治措施。“三低”中的低温，可用在低氧、低药之前，也可用在其后。

（7）自然低温储藏

北方产区通常将14%左右（或16%以下）的玉米在入库后充分利用自然低温冷冻，使粮温降到 0℃以下，然后将干河沙、麦糠、稻壳、席子、草袋或麻袋片等物覆盖在粮面进行密闭储藏。这种方法能长时间保持玉米处于低温或准低温状态，可以确保其安全储藏。

（8）高水分玉米“三结合”储藏

东北地区从秋粮接收的玉米至第 2 年 4 月晾晒、烘干之前其水分一般都在 20%以上，采用化学防治、自然通风冷却、低温密闭相结合的方法，可以达到抑制虫霉和粮食本身的呼吸作用，实现安全储藏。这种方法是将磷化铝按 2.5～5 片/m^3 施药密闭熏蒸。20 天后揭开塑料薄膜，充分利用冬季日光低温通风冷冻，至第 2 年 2 月再用薄膜覆盖，并在薄膜上面铺一层麦糠等隔热材料，密闭到 4 月份再出库做晾晒处理。

三、危险品的保管

（一）认识危险品

仓储中的危险品是指具有燃烧、爆炸、腐蚀、有毒、放射性或在一定条件下具有这些特性，并能使人受到伤害或造成财产、牲畜损失而需要特别防护的物品。由于危险品在性能上具有这些特点，因此在其仓库的类型、结构、布局与管理上也有特殊要求。

化学危险品的特征就是具有危害性，但各种危险品的危害具有不同的表现。根据其首要危险性可将危险品分为 10 类：第 1 类是爆炸品；第 2 类是压缩气体和液化气体；第 3 类是易燃液体；第 4 类是易燃固体；第 5 类是自燃物品；第 6 类是遇湿易燃物品；第 7 类是氧化剂和有机过氧化剂；第 8 类是有毒品；第 9 类是腐蚀品；第 10 类是放射性物品。危险品具体包括列入国家标准《危险货物品名表》（GB 12268—2012）和国家安监总局等十部委联合公布的《剧毒化学品目录》（2015 版）和其他危害化学药品。危险品还包括未经彻底清洗的盛装过危险品的容器、包装物。危险品除了具有已分类的主要危险性，还可能具有其他的危害特性，如爆炸品大都具有毒性、易燃性等。危险品分类如表 8.1 所示。

表 8.1　危险品分类

类　别	危险品类	联合国危险物品运输标志		
第 1 类	爆炸品			
		爆炸品	不产生重大危害的爆炸品	具有大规模爆炸性，但极不敏感的物品
第 2 类	压缩气体和液化气体			
第 3 类	易燃液体			
第 4 类	易燃固体			
第 5 类	自燃物品			
第 6 类	遇湿易燃物品			

（续表）

类 别	危险品类	联合国危险物品运输标志		
第 7 类	氧化剂和有机过氧化剂			
第 8 类	有毒品			
第 9 类	腐蚀品			
第 10 类	放射性物品			
		I 级	II 级	III级

（二）危险品仓库的类型

我国把危险品仓库按其隶属和使用性质的不同分为甲、乙两类。甲类危险品仓库是商业仓储业、交通运输业和物资管理部门的危险品仓库，这类仓库往往储量大、品种多且危险性较大。乙类危险品仓库是指企业自用的危险品仓库。

如果按仓库规模的不同又可分为三类：库场面积大于 9 000 m^2 的为大型仓库，面积在 550～9 000 m^2 的为中型仓库，面积小于 550 m^2 的为小型仓库。

物流前沿

基于 RFID 技术的危险品物流监控系统

RFID（Radio Frequency Identification，无线射频识别）是一种利用射频实现非接触双向通信的自动识别技术。最基本的 RFID 系统由标签、读写器和天线三部分组成。RFID 的基本特点是读写器和射频卡不需要直接接触，它们之间的能量传输和信息交换是通过电磁耦合或电感耦合来实现的。RFID 标签具有不需要光源、体积小、容量大、寿命长、穿透力强、可重复使用、可定位和可长期跟踪管理等特点。通过对 RFID 标签进行读写操作，可实现对各类物品或设备在不同状态下的自动识别和管理。RFID 技术已逐步应用于物流跟踪和监控、产品生产跟踪和监控、供应链管理、防伪、设备和人员定位跟踪等方面。若发生危险品事故，可以利用设备远距离地读取标签上的信息，从而为正确处理事故、抢救受伤人员赢得宝贵时间。

GPS（Global Position System，全球导航定位系统），可以实时和全天候地在全球范围内提供高精度的三维位置、速度和系统时间信息。GPS 只能提供定位数据，不能进行通信，这需要借助 CDMA 网络完成。CDMA 系统是基于码分技术和多址技术的通信系统，它将需传送的信息数据进行调制和解调，从而增强了抗干扰的能力。GIS（Geographic Information System，地理信息系统）是以测绘测量为基础，以数据库作为数据储存和使用的数据源，以计算机编程为平台的全球空间分析即时技术。

系统通过 RFID 技术实现危险品识别、接触人员身份识别及权限判别等功能；应用 GPS、CDMA 系统和网络平台，实现危险品转移信息的实时发送和接收、危险品运输车的全程实时监控和调度等功能；集成 GIS 实现可视化控制管理功能；结合工业现场总线技术实现危险品仓储的环境信息传输和环境控制。

资料来源：王毅. 基于 RFID 技术的危险品物流监控系统模型研究[J]. 物流科技，2012(09).

（三）危险品仓库的库区布局

危险品仓库由于所储存的物品具有危险性，故一般设在郊区较空旷的地带，且位于常年主导风的下风处，远离居民区、供水源、农业保护区、河流和湖泊等，并避开交通干线。建设危险品仓库必须获得政府相关部门的审批。

危险品仓库在库区布置上应严格按照公安部颁发的《建筑设计防火规范》的要求，设置防火安全距离。大、中型甲类仓库和大型乙类仓库与邻近居民点和公共设施的间距应大于 150 m，与企业、铁路间的距离应大于 100 m，与公路间的距离应大于 50 m。在库区内，库房间的防火间距根据物品特性取 20～40 m，小型仓库的防火间距在 12～40 m。易燃物品最好储存在地势较低的位置，桶装易燃液体应存放在库房内。

经验之谈

危险品仓库作业注意事项

1. 作业前，工作人员应穿戴相应的防护用具，作业结束后应消毒清洗。
2. 轻拿轻放，严禁撞击、摩擦、震动、倒置和摔滚。不能在跳板上滑滚铁桶包装的材料。
3. 有人出现中毒现象时，应立即将其送至空气新鲜处，严重者应立即送医院。
4. 搬运易燃易爆品时，不得用铁轮车及穿带钉的鞋。
5. 夏季作业应避开中午，冬季作业应注意防滑；夜晚尽量不作业，等第二天再作业；夜晚要在防爆式照明灯下作业。
6. 对强烈腐蚀性物品，应先检查容器底部是否被腐蚀，行动中避免其溅出来。
7. 对于放射性物品，禁止人与其直接接触。

资料来源：中国物流行业岗位规范指导丛书编委会. 物流企业仓储岗位管理[M]. 北京：中国海关出版社，2008.

（四）危险品仓库的结构

根据危险品的危险特性和发生危害的性质，应采用妥善的建筑形式，并取得相应的许可。

危险品库场建筑形式有地面仓库、地下仓库、半地下仓库、窑洞及露天堆场，应根据物品的性质来采用。

1. 易爆炸性物品仓库

易爆炸性物品按其性能的不同，可分为点火器材、起爆器材、炸药和其他四类。储存易爆炸性物品最好采用半地下库，2/3 于地下，地面库壁用 45° 斜坡培土；库顶用轻质不燃材料；库外四周修排水沟；库房面积不宜过大，一般小于 100 m^2，且要求通风好，并保持干燥。

2. 氧化剂仓库

氧化剂是指那些遇到某些外界影响会发生分解，并引起燃烧或爆炸的物品。储存氧化剂的仓库应采取隔热和降温措施，并保持干燥。

3. 压缩气体仓库

压缩气体是指采用高压罐（如钢瓶）储存的气体或液化气。这些物品受冲击或高温时易发生爆炸。存放压缩气体的仓库应采用耐火材料建筑，库顶用轻质不燃材料，库内高度应大于 3.25 m，并安装避雷装置；库门、库窗应向外开启，以便爆炸时减少波及面。

4. 自燃物品仓库

自燃物品是指能与空气中的氧气发生反应，使物品本身升温，当温度达到自燃点时发生燃烧的物品。对于这类物品，应置于阴凉、干燥和通风的库房内，库壁采用隔热材料。

5. 遇水易燃物品仓库

遇水易燃物品是指受潮后会发生化学反应而升温，在达到一定温度时会引起自燃的物品。这类物品应储存在地势较高、干燥，便于控制温、湿度的库房内。

6. 有毒物品仓库

当这类物品进入人体或接触皮肤后会引起人局部刺激或中毒，甚至造成死亡。对于能散发毒害气体的物品，应单独存放在库房内，且通风条件要好，并配备毒气净化设备。

另外，易燃物品、腐蚀性物品及放射性物品等危险品，一般应置于阴凉、干燥和通风较好的库房或设置专库存放。对于存放腐蚀性物品的仓库，应采用防腐涂料；对于存放放射性物品的仓库，应采用铅板材料铺设库壁和门。

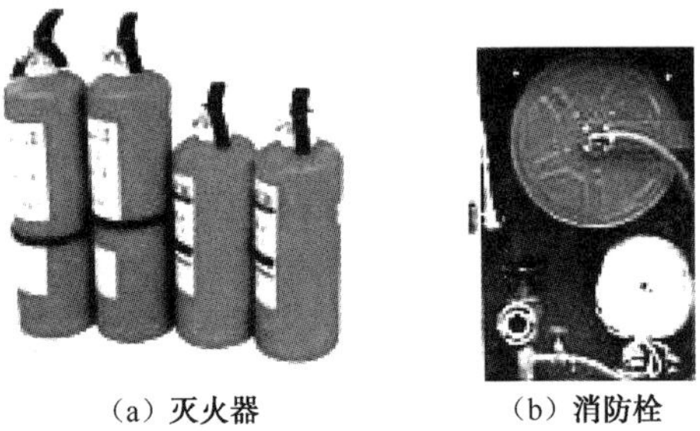

（a）灭火器　　（b）消防栓

图 8.11　消防设备

此外，建筑场所应根据需要设置监测、通风、防晒、调温、防火、灭火、防爆、泄压、防毒、防潮、防雷、防静电、防腐、防渗漏、防护围地或隔离操作等安全措施，设备、仓库和设施要符合国家安全、消防标准的要求，并设置明显的标志。

危险品仓库应配备的消防设备如图 8.11 所示。

（五）危险品仓库的管理

危险品仓库管理的一般要求同其他物品仓储管理相同，这里仅讨论危险品仓库管理中的一些特殊要求。

1. 危险品入库管理

仓库保管员应对货物按交通部颁发的《危险品运输规则》的要求进行抽查，做好相应的记录，并应在货物入库后两日内对其验收完毕。货物应按其性质分区、分类和分库储存。对不符合危险品保管要求的货物应与货主联系拒收。验收过程如下。

（1）验收准备

① 物品验收专员预先熟悉即将到库的危险品，做好个人防护准备。

② 物品验收专员根据危险品的性质，做好到库验收场地、器材等方面的准备。

（2）审核凭证

物品验收专员审核装箱单、租赁合同等入库凭证与来库物品的品种、数量、规格等是否一致。

（3）入库验收

在入库验收方法上，主要是以感官验收为主，仪器和理化验收为辅。在验收程序上可按“四查一记一处理”六个步骤进行。

① 查外表——不论是通过铁路、公路还是水路运输，工作人员都应检查危险品是否按分类运输，以免不同性质的物品混装混运、相互沾染，造成不同性质物品的相互反应，发生燃烧或爆炸等事故。因此，要检查是否发生过混装、外包装上是否沾有异物。

② 查包装——危险品外包装必须坚固、耐压、耐火、耐腐蚀。检查物品的包装、封口和衬垫物，看包装标志是否与运单一致，容器封口是否严密，衬垫是否符合该危险品运输、保管的要求，危险品包装不应有液体或气体渗漏和挥发。

③ 查数量——清点数量。

④ 查质量——针对危险品的特有属性，应选择合适的工具对其进行质量检验，主要看是否有变质、挥发、变色或成分不符等问题。

⑤ 记数量——清点完毕后，如实记录。

⑥ 处理问题——提出对问题的处理意见，如果为当地物品，以书面形式提出问题和改进措施并退货；如果为外地物品，又无法退回，且是一般问题不会造成危险的可向货主提出整改意见；对于会影响货场安全的物品，则应置于安全地点进行观察，待问题解决后方可入库。

2. 危险品仓库的管理要求

（1）建立严格和完善的管理制度

为保证危险品仓储的安全，仓库需要依据危险品管理的法律法规的规定，根据仓库的具体情况和所储存的危险品的特性，制定严格的危险品仓储管理制度、安全操作规程，并具体落实到责任人。仓库还要根据法规规定和管理部门的要求，履行登记、备案、报告的法律和行政义务。

（2）严格出、入库制度

危险品入库时，仓库保管员要严格把关，认真核查品名、标志，检查包装，清点数目，细致地做好登记。重点危险品要实行双人收发制度。危险品出库时，仓库保管员除要认真核对品名、标志、数目外，还要认真登记提货人，详细记录危险品的流向。

（3）恰当选择货位和堆垛

危险品的储存方式、数量必须符合国家的有关规定，选择合适的存放位置，保障相应的通风、遮阳、防水、防湿及温控条件，根据危险品的性质和包装合理确定堆放垛型和垛的大小，要有合理的间距，消防器材和配电箱周围禁止堆货或放置其他物品。

（4）保管和装卸作业安全

在保管和装卸作业过程中，要严格遵守有关规定和操作规程，合理选用装卸器具，对包装不符合作业要求的要妥善处理再进行作业。仓管保管员要定期检查危险品的品种、数量和相关设施，及时清扫库场，进行必要的消毒处理，严格限制闲杂人员进库。

（5）要有周密的应急处理和废弃物处理措施

当危险品库遇到紧急情况时，要有周密的应急处理措施，并安排应急处理指挥人员，包括汇报情况、现场紧急处理、人员疏散、封锁现场等。应急处理指挥人员要有相关的专业知识，能熟练掌握操作技能。

仓库要定期组织员工开展应急情况演习，新员工上岗时要进行培训。

对于废弃的危险品及包装容器等，要有妥善的处置措施，如封存、销毁、中和及掩埋等无害化处理，不得遗留隐患。处置措施要到相关部门备案，并接受监督。剧毒危险品被盗、丢失、误用时，要立即向公安部门报告。

经验之谈

危险品仓库在设置和管理过程中的注意事项

1. 危险品仓库应远离火源、高压线、建筑、道路和人群，要求阴凉、通风。

2. 建立合理的危险品仓库管理制度，按性质、分品种存放，入库、库存、出库时手续要齐全，账目要清楚。

3. 进入危险品仓库不得携带火源，不得穿带铁钉的硬底鞋。

4. 异味过重时不得开启电源进行排风，须自然通风。

师傅教我做

仓库安全作业的基本要求

仓库安全作业的基本要求包括人力作业和机械作业两方面内容。

一、人力安全作业的基本要求

由于人力作业方式受到作业人员的身体素质、精神状况和感知能力、应急能力等多种因素的影响，因此必须做好作业人员的安全作业管理工作，具体要求如下。

1. 仅在合适的作业环境和负荷条件下进行作业。人力作业现场必须排除损害作业人员身心健康的因素；对于存在潜在危险的作业环境，作业前要告知作业人员，让其了解作业环境，尽量避免作业人员身处或接近危险因素和危险位置；人力作业仅限制在轻负荷的作业，不要超负荷作业，人力搬运物品时要注意物品标重，一般来说，男性员工不得搬举超过 80 kg 的物品，女性员工搬运负荷不得超过 25 kg，集体搬运时每个人的负荷不超过 40 kg。

2. 尽可能采用人力机械作业。人力机械承重也应在限定的范围内，如人力绞车、滑车、拖车、手推车等不超过 500 kg。

3. 做好作业人员的安全防护工作。作业人员要根据作业环境和接触的物品性质，穿戴相应的安全防护用具，携带相应的作业用具，按照规定的作业方法进行作业；不得使用自然滑动、滚动和其他野蛮作业方式；作业时注意人力与机械的配合；在机械移动作业时人员需避开移动的物品和机械。

4. 只在适合作业的安全环境中进行作业。作业前应使作业人员清楚作业要求，让作业人员了解作业环境，指明危险因素和危险位置。

5. 作业现场必须设专人指挥和进行安全指导。安全人员要严格按照安全规范进行作业指挥；指导人员避开不稳定货垛的正面、运行起重设备的下方等不安全位置进行作业；在作业设备调整时应暂停作业，适当避让；发现作业现场存在安全隐患时，应及时停止作业，消除隐患后方可恢复作业。

6. 合理安排作息时间。为保证作业人员的体力和精力，每作业一段时间应做适当的休息。例如，每作业 2 个小时便应有休息时间，每作业 4 个小时有 1 个小时的休息时间，还要合理安排吃饭、喝水等生理活动的时间。

二、机械安全作业的基本要求

机械作业安全管理的内容主要是注意机械本身状况及可能对物品造成的损害。具体要求如下。

1. 在机械设备设计负荷许可的范围内作业。作业机械设备不得超负荷作业；针对危险品作业时还需降低负荷 25%作业；所使用的设备应无损坏，特别是设备的承重机件更应无损坏，符合使用的要求，不得使用运行状况不好的机械设备作业。

2. 使用合适的机械、设备进行作业。尽可能采用专用设备作业，或者使用专用工具。使用通用设备必须满足作业需要，并进行必要的防护，如物品绑扎、限位等。

3. 设备作业要有专人进行指挥。采用规定的指挥信号，按作业规范进行作业指挥。

4. 移动吊车必须在停放稳定后方可作业。叉车不得直接叉运压力容器和未包装物品；移动设备在载货时需控制行驶速度，不可高速行驶。物品不能超出车辆两侧 0.2 m，禁止两车共载一物。

5. 载货移动设备上不得载人运行。

小结：产品质量是企业生存的保障！

要点回顾

- 特殊货物保管
  - 水泥的保管
    - 水泥的种类
      - 按化学成分分类
      - 按用途分类
      - 按其主要水硬性物质名称分类
      - 按需要在水泥命名中标明的主要技术特性分类
    - 水泥的标号
    - 水泥受潮
      - 识别水泥受潮的情形
      - 水泥受潮的水化反应
      - 认识水泥受潮的后果
      - 防止水泥变质的措施
    - 水泥受潮变质的处理
    - 水泥库存的管理方法
  - 粮食的保管
    - 认识粮食的仓储特性
      - 呼吸性和自热性
      - 吸湿性和散湿性
      - 吸附性
      - 易受虫害
      - 散落流动性
      - 扬尘爆炸性
    - 粮仓安全管理
      - 粮仓的种类与作用
      - 粮仓的管理
    - 粮食的储藏技术
      - 小麦的储藏技术
      - 玉米的储藏技术
  - 危险品的保管
    - 认识危险品
    - 危险品仓库的类型
    - 危险品仓库的库区布局
    - 危险品仓库的结构
      - 易爆炸性货物仓库
      - 氧化剂仓库
      - 压缩气体仓库
      - 自燃物品仓库
      - 遇水易燃物品仓库
      - 有毒物品仓库
    - 危险品仓库的管理
      - 危险品入库管理
      - 危险品仓库的管理需求

练一练

1. 参观本地粮库或粮食物流中心，观察其仓储条件、布局，调查其保管措施及相关管理制度，提出改进方案。

2．参观经销建筑材料的商店或集散中心，观察水泥的存放条件，结合所学及企业的实际情况，分析比较各类仓库的适用性，提出改进方案。

3．工学结合项目：选择一个合作企业，研究如何提高（改善）该企业的粮食储藏质量。

学习资源库

1．“物流管理基础”黑龙江省精品课程（闫春荣主讲）。

2．“仓储管理实务”丽水职业技术学院精品课程（闫春荣主讲）。

3．中国物流与采购网。

4．中国物流与采购教育认证网。

测一测

客观题　　实务操作题

扩一扩

案例赏析：立足主产区、辐射主销区——北大荒粮食物流让“龙头”摆起来

任务九　出库操作

知识点

1．货物出库的方式。

2．货物出库的基本作业流程。

3．货物出库异常情况的处理方法。

4．库存整理的工作流程。

5．库存盘点的方式。

学习目标

1．知识目标

- 理解和掌握货物出库和库存整理的作业流程。
- 掌握货物出库和库存整理异常情况的处理方法。

2．素质目标

- 培养严谨守规的职业素养。
- 培养诚实守信的职业素养。

3．技能目标

- 能够利用所学的知识，完成货物出库相关手续及异常情况的处理。

- 能够对仓库库存进行盘点作业。

实训项目

以小组为单位，由教师分配指定出库货物信息，要求小组人员分工后进行小组讨论制定出库流程、绘制出库流程作业图并分组进行教学展示，师生点评。根据实训条件进行出库模拟实训。

引例

某年 11 月，联华与光明乳业之间建立了自动订货系统。联华各门店在每天晚上 12 点之前汇总当天光明乳业的牛奶销售和库存信息，并在次日 9 点前将该数据传送至联华总部电子数据交换系统（EDI 系统），这些数据处理后在当天 12 点加载到光明乳业有效客户反应系统（ECR 系统）。光明乳业收到数据后，根据天气、销售、促销指标等因素进行订单预测。预测的订单产生后，该公司开始做发货准备，并将订单数据发送到联华总部电子数据交换系统，联华门店当日晚上 9 点前将收到收货信息，光明乳业在第三天上午 6 点半前将所订的牛奶送到联华各门店。联华门店在收到牛奶后，除在收货单据上签收外，还必须在当日中午 12 点前将收货信息自动导入管理信息系统（MIS）。自动订货系统的推行，使牛奶这一冷链商品在门店销售中既保证了鲜度又扩大了销售。

同样的方式，“个性生鲜”的特点逐步在联华扎根生长。

资料来源：2013 年物流师考试真题。

引例分析

货物出库作业不是简单地将货物从仓库交到货主的手中，还包括出库单据交接及出库作业流程和方法等。

一、货物出库的依据、原则与要求

货物出库业务是仓库作业管理的最后一步，也是仓库作业管理的重要环节，是仓库根据使用单位、业务部门或客户（货主）开出的货物出库凭证（提货单、领料单、调拨单），按其所列的货物名称、规格、数量、时间和地点等项目，从对出库凭证审核开始，进行拣货、登账、配货、复核、点交清理、包装、送货、记账，直到把货物交给用户或发运部门的一系列作业过程。

出库业务程序是出库工作顺利进行的基本保证，为防止出现工作失误，在进行出库作业时，必须严格履行规定的出库业务程序，使出库业务有序进行。

（一）货物出库的依据

货物出库使仓库的工作与运输、配送单位及货物的使用单位直接发生了业务联系。在任何情况下，仓库都不能够擅自动用或外借库存的货物。在实践工作中，仓库保管员要杜绝凭口头、凭信誉、凭白条发货，否则极易发生差错事故，甚至引起法律纠纷。遇到抢险救灾等紧急情况，发生非常规的货物出库，也要符合仓库的有关管理规定。通常情况下，货物出库必须依据货主的出库通知单或出库请求进行。

业务部门或客户开出的提货单、调拨单等货物出库凭证，其格式会不尽相同。但是，无论采用什么格式，都必须是符合财务和业务管理制度要求的具有法律效力的凭证。通常，仓库与业务部门在货物出库管理规定中，或者与客户在仓储管理合同中，会明确规定有效的出库凭证格式等内容。

以下分别是某生产厂家内部业务部门向仓库开出的物资调拨单样单（见表 9.1）和某家电企业向仓储企业开出的提货单样单（见表 9.2）。

表 9.1 物资调拨单样单

开单日期： 年 月 日 调拨单号：

调拨期限： 年 月 日

领用单位： 取料仓库：

序 号	编 号	名 称	规 格	型 号	单 位	数 量	重 量	备 注

批准： 记账： 领用： 制单：

表 9.2 提货单样单

提货单位： 联系方式： 提货单号：

提货仓库： 仓库地址：

提货方式： 结算方式： 开单日期： 年 月 日

序 号	编 号	名 称	规 格	型 号	单 位	数 量	重 量	单 价	总 价	备 注

主管： 财务： 提货人： 制单：

（二）货物出库的原则与要求

货物出库管理不仅体现仓库的管理水平和服务质量，而且直接牵涉货物能否准确、及时、安全地送达货物的使用单位，也直接牵涉仓库的经济效益。货物出库管理事关重大，要遵循以下基本原则与要求。

1. 严格遵守货物出库的各项规章制度，按程序和凭证出库

货物出库必须按规定程序有凭有据地进行，这是货物出库的重要原则。出库凭证的形式不尽相同，但不论采用何种形式，都必须真实、有效，不得凭非正式凭证或白条出库。

2. 严格贯彻“先进先出，发陈储新”原则

所谓先进先出就是根据货物入库的时间，先入库的货物先出库，以保证库存货物的质量。除非业务部门或客户特别要求，否则仓库一般根据货物入库的时间，先入库的货物先出库。

实际操作时，保管条件差的先出库，包装简易的先出库，易霉易腐易变质的先出库，有保管期限的先出库，回收复用的先出库，机能接近退化或接近老化及接近失效期的先出库，变质失效的货物则不予出库。例如，海尔、TCL 等著名家电企业和伊利、蒙牛等著名奶制品企业与合作的各个仓储企业在签订仓储保管合同时，往往把“先进先出，发陈储新”作为主要的合同条款，要求仓储企业严格履行。

3. 严格贯彻“三不”“三核”“五检查”原则

“三不”“三核”“五检查”原则是我国仓储企业多年来摸索出来的行之有效的货物出库的管理经验和基本原则。

“三不”，即未接单据不登账，未经审单不备货，未经复核不出库。

“三核”，即在发货时要核对凭证，核对账卡，核对实物。

“五检查”，即对单据和实物要进行品名检查、规格检查、包装检查、件数检查和重量检查。

4. 及时记账

货物发出后，应随即在明细账上核销，并保管好发货凭证。

5. 保证安全

货物出库作业，一要注意操作安全，防止损害包装和震坏、压坏、摔坏货物；二要保证运输安全，做到货物包装完整，捆扎牢固，标志正确清楚，性能不互相抵触，避免发生运输差错和损害货物的事故；三要保证质量安全，经常注意货物的安全保管期限，对已变质、已过期失效的货物不允许分发出库。

6. 注重提高服务水平，力求满足客户需要

货物出库要做到准确、及时、保质、保量，要确保货物安全，防止差错事故的发生。

所谓准确，是指按照货物出库凭证所列的货物名称、编号、型号、规格、数量等，做到准确无误地出库。一般情况下，由于仓库储存品种较多，发货时间比较集中，业务比较繁忙，为做到出库货物准确无误，必须加强复核工作，从审核出库凭证直到交接货物，每一环节都要进行复核。

所谓及时，是指当接到出库凭证以后，按规定的交货日期及时组织货物出库。办理出库手续应在明确经济责任的前提下，力求手续简便，提高发货效率。为此，一方面要求作业人员具有较高的业务素质，全面掌握货物的流向，合理地组织出库业务；另一方面，还要加强与业务单位的联系，提前做好出库准备，以迅速、及时地完成出库业务。

在货物出库时，还要特别注重服务质量的提升，出库作业要提高工作效率，为客户和提货司机提货创造各种便利条件，主动帮助客户和提货司机解决实际问题。例如，有些仓储企业在货物出库时，为提货司机专门准备了用来装放出库凭证的单据袋，上面印有仓储企业的通信地址、联系电话等字样，既可以帮助提货司机避免在运输途中丢失、损坏出库凭证，又展示了企业形象，方便了客户和提货司机与仓库方面的工作联系。

视野拓展

大数据下的智能仓库管理体系

1. 储位规划：当货物运达仓库之前，仓库管理系统将先依据货物的种类、数量、出库状态等条件进行甄别，提前安排好货物的储位。

2. RFID 标签扫描：仓库保管员通过 RFID 标签的扫描对货物进行盘点入库，货物信息将自动对接仓库管理系统，完成数据的记录。

3. 储位管理：通过仓库管理系统提前安排储位，利用叉车进行货物上架。

4. 货物出库：由仓库保管员通过仓库管理系统向装卸人员下达取货出库的指令，按规定的位置、数量进行取货，便于仓库保管员掌握货物库存情况。

5. 库存盘点：由仓库管理系统统计货物出入库情况，协助仓库保管员实时掌握仓库库存。

6. 仓库库存规划：通过货物出入库情况，合理安排货物库存量，降低企业仓库管理成本。

7. 大数据服务：通过系统分析货物出入库的周转次数，预测货物市场需求量，及时反馈市场信息，调整生产运营模式。

通过智能仓库管理体系，物流企业将完成仓库储存的蜕变。在这种模式下，仓库管理不仅满足了企业提高货物的管理水平、提升货物出库运输效率的需求，而且以大数据技术完成了仓库库存优化、引导企业发展。

二、货物出库的方式

货物出库的方式主要有提货、送货、托运、过户、取样和转仓。

1. 提货方式

提货方式是收货人自提，由客户或其代理人、收货人或其代理人持客户开出的货物出库凭证，自备运输工具到仓储企业取货的一种方式。仓库保管员根据领料凭证转开货物发放单，并按上述证、单配货，经复核人员逐项核对后，将货物当面点交给提货人员，在库内办理交接手续。它具有“提单到库，随到随发，自提自运”的特点。提货方式是货物出库的重要方式。

2. 送货方式

送货是由仓储企业根据客户订单需求，组织运力将客户所需的货物送到客户所在地点的一种出库方式。仓库根据客户订单需求，组织人力物力将货物备齐，根据客户单位的提货单等出库凭证，自行组织将货物直接装运、配送到客户指定的地点。其中，仓库受客户委托将货物组织送达指定地点，又有仓库自备运输工具进行运输、配送和仓库委托其他运输部门进行运输、配送两种形式，后者也叫仓库代办运输。送货具有“预先付货，按车排货，发货等车”的特点。因此，仓库管理部门在送货时必须以使用定额为依据，完善交接手续，分清责任。送货组织可采用专人定路线的方式。采用这种方式，可以用集装箱的办法巡回送货，也可采取由仓库保管员每日定时送货的办法。仓库保管员直接送货可以减少交接手续，直接由客户单位签收即可。仓库保管员必须了解运送货物的性质、体积、重量，需要的紧迫性等，以便选择运送工具，组织装卸力量，安排装车的先后顺序，尽量节约运力。装车后，应检查捆绑、加固、苫盖等是否稳妥。卸车后，必须收回苫盖和加固材料。在送货过程中及在向客户单位交接货物过程中，如果发现货物包装损坏、货物受损或货物数量短少等现象，应由物控人员追查处理。

实行送货具有多种好处：仓库可预先安排作业，缩短发货时间；收货人可避免因人力、车辆等不便而发生的取货困难；在运输上，可合理使用运输工具，减少运输费用。

3. 托运方式

托运是由仓库管理部门将货物通过运输单位托运，发到客户单位的一种发货方式。仓库管理部门备完货后，到运输单位办理货运手续，通过承运人（铁路、水运、汽运、航空、邮局等）将货物运送到客户单位所在地，然后由其去提取。在办理托运前，仓库管理部门应根据客户单位的要求，进行货物的分割（如金属材料）、配套、包装等工作，并做好发运日记。

按运输方式的不同，托运可以分为整车托运、零担托运、集装箱托运三种。一批货物的重量、体积或形状需要以一辆或一辆以上货车装运的应按整车托运；不够整车运输条件的按零担托运；具备集装箱运输条件的可以按集装箱托运。按零担托运的货物，单件的体积一般不小于 $0.22\ m^3$（单件重量在 10 kg 以上的除外），每批一般不得超过 300 件。按一批托运的货物，托运人、收货人、发站、到站和装卸地点必须相同。整车货物每车为一批；零担货物或使用集装箱运输的货物，每张货物运单为一批。

4. 过户方式

货物过户是一种就地划拨的出库方式，在货物并未出库的情况下，将货物的所有权从原有的客户转移到新的客户。货物虽未出库，但是货物的所有权已从原存货户头转移到新存货户头，因此，仓库必须根据原存货人开出的正式过户凭证，才能办理过户手续。日常操作时，往往是仓单持有人的转让，这种转让要有合法手续。仓库在处理这种业务时，应根据货主的出库凭证和购进单位开具的入库凭证，分别进行转账处理。

仓库应根据原存货人开具的正式过户凭证办理过户手续。过户凭证可以代替新存货人的入库凭证，仓库据此向其开出储存凭证，并另建新的明细账。对原存货人来说，过户凭证相当于其出库凭证，仓库据此进行货物出库账务处理。

5. 取样方式

取样是货主基于对货物质量检验、样品陈列等需要，到仓库提取货样而产生部分货物出库的业务。在办理取样业务时，仓库要根据货主填制的正式样品提货单转开货物出库单，在核实货物的名称、规格、型号、等级和数量等项后备货，经复核，将货物交提货人，并做好账务登记和仓单记载。

需要特别注意的是，有的货物取样会破坏整件库存货物的外包装（如整件包装的洗涤用品每件装有 24 瓶，客户取样进行质量检验仅提出其中的 2 瓶等），仓库方面需要做好详尽的记录并要求客户签字确认。

6. 转仓方式

货物转仓是货物存放地点的变动。某些货物由于业务上的需要，或者由于货物不同特性的原因而需要变更储存场所，从一个仓库（或仓位）转移至另一个仓库（或仓位）储存时，必须根据有关部门开具的货物移库单来组织货物出库。业务部门或客户为了业务方便、改变仓储条件或调整仓储面积，指示仓库方面将库存货物从甲仓库转至乙仓库，就是转仓方式。即使甲仓库和乙仓库由同一个仓储企业管理，仓库也必须根据业务部门或客户开出的正式转仓凭证才能办理转仓手续。需要说明的是，仓库方面为了合理利用仓容或方便仓储作业，在不违反仓储合同的情况下，往往也对库存货物的仓位进行适当的调整并对仓位变动进行账务处理，这是调库，不是转仓。

转仓可分内部转仓和外部转仓：内部转仓根据仓储企业内部的货物转仓单结算和发货；外部转仓根据货主填制的货物转仓单结算和发货。

物流前沿

智能机器人在仓库作业中不断被应用

近两年来智能机器人成为物流仓储行业里的“香饽饽”，其市场需求量迎来爆发式增长。同时，随着互联网和物流业的发展，智能机器人在未来几年依然有着广阔的市场和较高的成长需求。

inVia Robotics 公司总部位于美国洛杉矶，其两款协作机器人为仓储物流应用量身打造，分别被命名为 GrabIt 与 TransIt，号称业界首创。它们支持“把货物打包装箱（goods-to-box）”，能为电子商务企业提供从接单到出货的自动化流程。

inVia Robotics 公司的机器人采用先进的人工智能（AI）与感知算法，可在杂乱的仓储货架之间定位、识别物品。

GrabIt 能举起 30 磅（约 14 kg）的重量，最小能抓取如一副扑克牌的物品，最大宽度则可达 24 英寸（约 61 cm）；它能接触到的货架高度可达 8 英尺（约 2.4 m），可连续工作 10 小时。而 TransIt 则会收集单一客户订单上的所有物品，然后将之送到邮务室打包装箱，准备送货。inVia Robotics 公司在全美推出的仓储应用“机器人即服务”一站式方案，能在一天之内配置完成，与企业现有的仓库管理系统与 ERP 系统协作，在设置完成后，机器人能取代人工从仓储货架拣取货物，并将之递送到邮务室。GrabIt 与 TransIt 能通过立即执行订单，加快消费者从网络下单到取得货物的流程。

随着我国电商的发展，从亚马逊使用 KIVA 机器人、京东使用无人仓计划都可以看到业界对智能机器人的重视。这几款协作机器人可以解决电商大促期间的物流难题，当然这些机器人并不会把人类的饭碗抢光，inVia Robotics 公司提出的“机器人即服务（Robots-as-a-Service）”模式，是让电商企业能依据业务量多寡及淡旺季需求，来调整机器人数量，以提升仓库管理系统及企业资源规划的效率，使其在忙碌时不必聘用临时员工或是在生意减少时裁员，只需通过调整机器人的台数便能实现高效物流运输的问题。

三、货物出库作业流程

货物出库作业流程主要包括出库准备，审核凭证，分拣备货，出库复核，出库货物包装和标志，出库验收，出库点交与销账，装载上车、装载发运、现场清理和数据归档等，如图 9.1 所示。

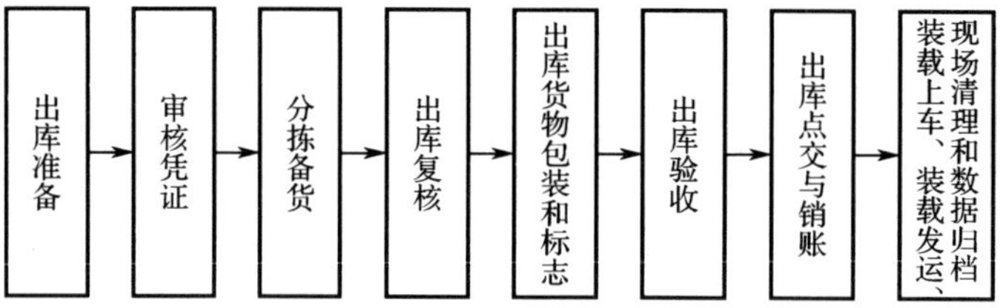

图 9.1　货物出库作业流程

（一）出库准备

为了做好货物出库工作，必须做好相应的准备，按照一定的作业流程和管理规章组织货物出库。货物出库前的准备工作分为两方面：一方面是计划工作，就是根据客户提出的出库计划或要求，做好货物出库的安排，包括货场货位、机械搬运设备、工具和作业人员等的计划、组织；另一方面要做好出库货物的包装和刷写标志工作。出库货物从办理托运到出库的付运过程中，需要安排一定的仓库或站台等理货场所，以及调配必要的装卸机具。提前集中付运的货物，应按货物运输流向分堆，以便运输人员提货发运，及时装载货物，加快发货速度。由于出库作业比较复杂、工作量也大，所以事先要对出库作业加以合理组织，安排好作业人力，保证各个环节的紧密衔接。货物出库前的准备工作具体包括如下内容。

1. 检查出库货物和货物堆放场地，安排好人力和机械设备的调配工作

货物出库管理的人员组织，包括仓库受理员、仓库保管员等仓库管理人员就位和装卸人力、叉车司机等机械作业操作人员的安排等，这些是做好货物出库管理的重要措施。货物出库需要留出一定的仓容或站台作为理货场地，有的仓库专门设立了理货区；按不同的货物类型，需要

准备相应的装卸搬运设备、计量设备和电子设备，如人力搬运用的“老虎车”，机械作业用的叉车、吊车，以及电子秤、电子扫描仪等。

2. 准备好包装材料或标准周转箱

出库货物的包装要符合运输管理部门的规定，并且要便于搬运装卸。对于那些经过多次中转装卸、堆垛倒垛致使包装不能适应运输要求的货物，仓库要根据具体情况认真、主动地整理加固或改换包装。根据客户需要，对于货物出库时需要分拆的，仓库要事先备足分拆的货物，以免在货物发货时临时分拆延误时间；对于货物出库时需要分拆、组装、拼箱或改装作业的，在发货前仓库应根据作业的性质和运输的要求，准备相应的包装材料和衬垫物，以及刷写包装标志的颜料、标签、唛头等用品用具和打包工具等。

3. 与客户保持联络

仓库在实施出库作业前，可主动与业务部门和客户进行工作联系，以确保货物出库顺利进行，避免忙乱现象。现在比较流行的做法是仓库方面与客户建立货物出库的预约制度，有条件的仓库还可以与客户进行电子数据连网，了解货物出库的最新动态和各项具体要求。

（二）审核凭证

仓库受理员接到客户的订货单，审核后签发发货单，仓库主管审核发货单后签发出库凭证（出库单）。仓库保管员接到出库凭证后，应仔细核对，审核出库凭证的合法性、真实性、有效期限、提货单位及货物品名、型号、规格、单价、数量等信息。出库凭证样单如表 9.3 所示。

表 9.3 出库凭证样单

提货单位名称： 出货仓库：
储存凭证号码： 出库日期：

品 名	型 号	规 格	计划数	实发数	单 价	包装押金	小计金额
总计金额（人民币大写）							

主管审批： 审核： 仓库保管员： 提货人：

出库凭证通常包括凭证编号、提货单位或收货单位名称（有些还会注明提货车辆的车号等），发货方式（自提、送货、代运等），货物的名称、型号、规格、数量、重量、单价、总价，以及业务部门或客户的签章等主要内容。

1. 审核内容

① 审核出库凭证的合法性和真实性。

② 审核出库凭证手续是否齐全，内容是否完整。

③ 核对货物的品名、型号、规格、单价、数量和出库日期等有无错误。

④ 核对提货单位名称、到站、开户行和账号是否齐全和准确。

2. 审核要求

① 要审核出库凭证的合法性和真实性，认真检查出库凭证的格式是否符合规定，签章是否齐全、是否相符、有无涂改。客户往往留有印鉴式样在仓库，以便仓库方面核对。

② 在出库凭证审核无误之后，要按照出库凭证上所列的货物名称、型号、规格、数量、重

量、单价、总价等与仓库货账和货卡进行全面核对，同时审核提货单位名称等内容。

③ 如果客户另有约定或出库凭证上签有“提货有效期”字样的，仓库方面要严格审核出库凭证的有效期。凡在出库凭证的审核中，发现货物名称、规格、型号、出库数量与库存不符的，签章不相符、不齐全、不清晰的，涂改或其他手续不符合要求的，仓库不能够发货出库，并且要及时与业务部门或客户取得联系。审核出库凭证要有高度的责任心，工作疏忽大意或不严谨，都可能酿成重大事故，给仓库和企业带来巨大的经济损失和负面影响。

出库凭证审核无误后，将出库凭证信息进行处理。当采用手工处理方式时，记账员将出库凭证上的信息按照规定的手续登记入账，同时在出库凭证上批注出库货物的货位编号，并及时核对发货后的结存数量；当采用计算机进行库存管理时，将出库凭证的信息录入计算机后，由出库业务系统自动进行信息处理，并打印生成相应的拣货信息（拣货单等凭证），作为拣货作业的依据。

3. 出库凭证审核中的问题处理

出库凭证审核中的问题及其处理方式如表 9.4 所示。

表 9.4 出库凭证审核中的问题及其处理方式

问 题	处理方式
出库凭证超过提货期限	客户前来提货，必须先办理手续，按规定缴足逾期仓储保管费，方可发货。任何非正式凭证都不能作为发货凭证。提货时，如果客户发现规格开错，仓库保管员不得自行调换规格发货
出库凭证有疑点，或者情况不清楚	及时与出具出库凭证的单位或部门联系，妥善处理
出库凭证有假冒、复制、涂改等情况	及时与仓库保卫部门联系，严肃处理，触犯法律的应依法移交公安机关处理
货物进库未验收，或者货物未进库	一般暂缓发货，并通知货主，待货到并验收后再发货，提货期顺延，仓库保管员不得代发代验
客户将出库凭证遗失	客户应及时与仓库保管员和财务人员联系挂失。如果挂失时货物已被提走，仓库保管员不承担责任，但要协助货主找回货物；如果货物还没有被提走，经仓库保管员和财务人员查实后，做好挂失登记，将原凭证作废，缓期发货

（三）分拣备货

一般来说，大宗货物或整批货物出库，就在原货位上备货，不需要进行分拣。而对于不是整批量货物的出库，尤其是发放不同品名、不同类型、不同规格的货物，需要进行分拣，将这些货物从库存的货位上分拣出来，再搬运到指定的理货区待装车。

1. 拣选作业

拣选作业是仓库或配送中心按订单将一种或多种储存货物取出，按客户要求整理组合，包括拆包或再包装，并放置在指定地点的操作。要做到“在正确的时间内，将正确的货物及数量，以最好的产品状态与服务品质，在最低的运送成本下，送到正确的场地，给正确的客户”，则依赖于整个仓库或配送中心各项作业的相互配合。可以说，拣选作业将直接影响服务质量。拣选是物料搬运和信息处理的综合作业，其作业流程如图 9.1 所示；其各项工作的时间构成如图 9.2 所示；其成本比例如图 9.3 所示。

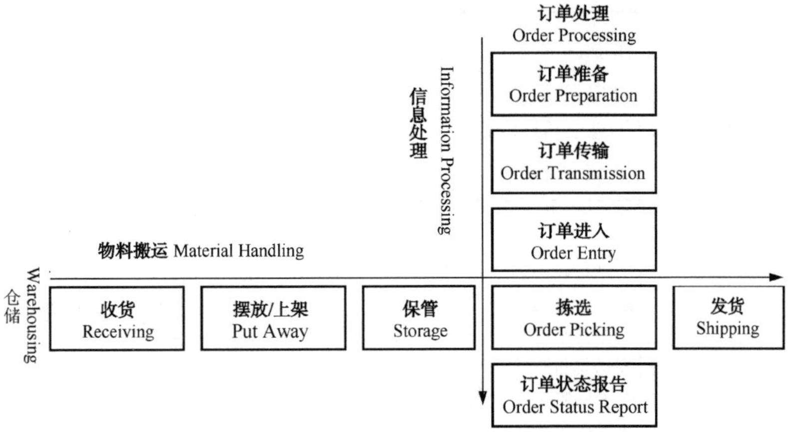

图 9.1　拣选作业流程

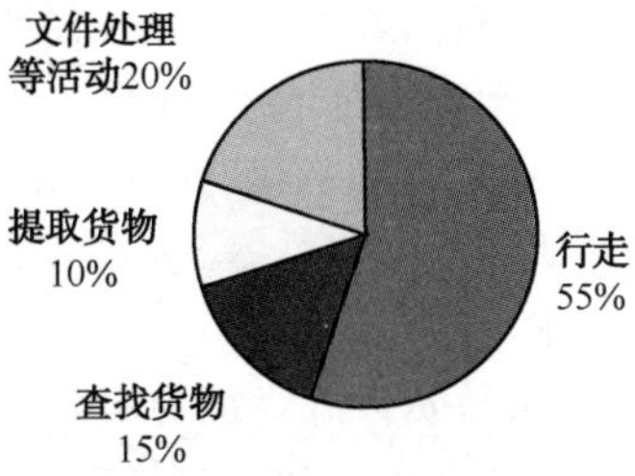

图 9.2　拣选作业各项工作的时间构成

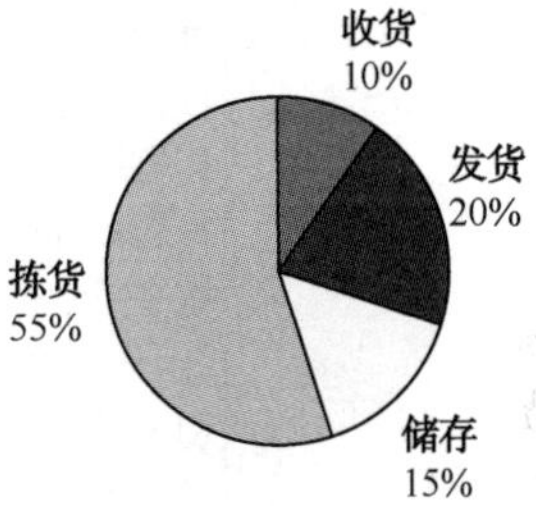

图 9.3　拣选作业的成本比例

（1）拣选作业的要求

现代物流对拣选作业的要求主要有以下几点。

① 无差错地拣出正确的货物。

② 时间快，至少不影响后面的送货。

③ 拣选后进行必要的包装，并贴标签。

④ 品种多，数量少。

⑤ 订单跟踪。

⑥ 完整的供应链服务和管理。

前两项是最基本的要求，后几项是客户提出的更高要求。

经验之谈

拣选作业“七不一无”

从拣选作业本身来说，它除了少数自动化设备被逐渐开发应用，大多是靠人力密集作业，因此拣选作业要做到“七不一无”，即：

不要等待——零闲置时间；

不要拿取——零搬运（多利用输送带、无人搬运车）；

不要走动——行走距离尽量缩短；

不要思考——零判断业务（不依赖熟练工）；

不要寻找——加强储位管理；

不要书写——无纸化作业（不要拣选单）；

不要检查——利用条码由计算机检查；

无缺货——做好货物管理、储位管理、库存管理和拣货管理。安全库存量、订购时机和补货频率等要利用计算机随时掌握。

（2）拣选作业的分类

拣选作业的分类如图 9.4 所示。

- 拣选作业
  - 按单拣选（摘果式）
    - 单独拣选方式
    - 接力拣选方式
    - 标签拣选方式
    - 拣选单拣选方式
    - 电子标签拣选方式
    - RF拣选方式
    - IC卡拣选方式
  - 批量拣选（播种式）
    - 批量拣选方式
    - 接力拣选方式
    - 标签拣选方式
    - 拣选单拣选方式
    - 数字显示拣选方式
    - 电子标签辅助拣选方式
    - RF拣选方式
    - IC卡拣选方式

图 9.4 拣选作业的分类

按照拣货过程自动化程度的不同，拣货分为人工拣货、机械拣货、半自动拣货和自动拣货四种方式。

① 人工拣货方式：适合数量少、品种多、重量轻的单件货物的拣选作业。这种拣货方式主要依靠人力进行。其中的一种形式是拣货人员到货物储存区把货物拣选出来；另一种形式是采用移动货架，通过移动货架的回转运动将货物移送到拣货者所在的固定位置，然后由拣货人员将货物拣选出来。

② 机械拣货方式：适合集装单元货物或体积、重量较大的单件货物的拣选作业。它是由拣货人员操纵机械设备将货物从储存区拣取出来的一种方式。

③ 半自动拣货方式：这是人力和自动分拣系统有机结合的一种方式。货物从拣选区取出的过程由人力完成，货物的输送和分类由自动分拣系统来完成。

④ 自动拣货方式：它一般应用于自动化仓库。当拣货信息传输到拣货系统，在货架区作业的堆垛机接收到拣货指令后，自动运行到相应的货位，将所需货物取出，然后送到巷道口的出入库站，再由货物转移装置将货物搬移到自动分拣线上。最后，由自动分拣线按照订单或运输路线等不同组合方式将货物输送到相应的发货准备区。

（3）拣选单位

拣选单位与存货单位基本对应，但可能会因客户的需要做进一步的细分。一般来说，拣选单位可分成托盘（pallet）、箱（case）及单品（bulk）三种，即通常说的 PCB。以托盘为拣选单位的体积及重量最大，其次为箱，最小单位为单品。

① 单品：拣选的最小单位，单品可由箱中取出，可以用人单手拣取，尺寸一般在 10 cm^3 以下，单边长不超过 20 cm，重量在 1 kg 以下。

② 箱：由单品所组成，可由托盘上取出，人必须用双手拣取，尺寸一般在 1～10 m^3，单边长不超过 1 m，重量在 1～30 kg。

③ 托盘：由箱叠码而成，无法用人手直接搬运，必须利用叉车或托盘搬运车等机械设备。

④ 特殊品：体积大、形状特殊，无法按托盘、箱归类，或者必须在特殊条件下作业者。例如，大型家具、桶装油料、长杆形货物、冷冻货品等都属于特殊品，储存和拣选时都必须特殊考虑。

注意拣选单位与 SKU 的联系与区别。对仓库里的货品，不但要按货物名称，还要按型号和规格来区分。例如，同是可乐，但有 2 L、1.25 L、600 mL、550 mL、330 mL 和 225 mL 等多种规格，这里提到的 6 种规格的货品，每一种在仓库里都是一个独立的 SKU。

由拣选单位列出拣货的出库模式，如表 9.5 所示。

表 9.5　七种出库模式

模　式	储存单位	拣货单位	记　录
Ⅰ	托盘	托盘	P→P
Ⅱ	托盘	托盘＋箱	P→P+C
Ⅲ	托盘	箱	P→C
Ⅳ	箱	箱	C→C
Ⅴ	箱	箱＋单品	C→C+B
Ⅵ	箱	单品	C→B
Ⅶ	单品	单品	B→B

（4）拣选作业的方法

① 按单拣选。按单拣选是针对每一份订单，分拣人员按照订单所列货物及数量，将货物从储存区或分拣区拣取出来，然后集中在一起的拣货方式。其作业流程如图 9.5 所示。

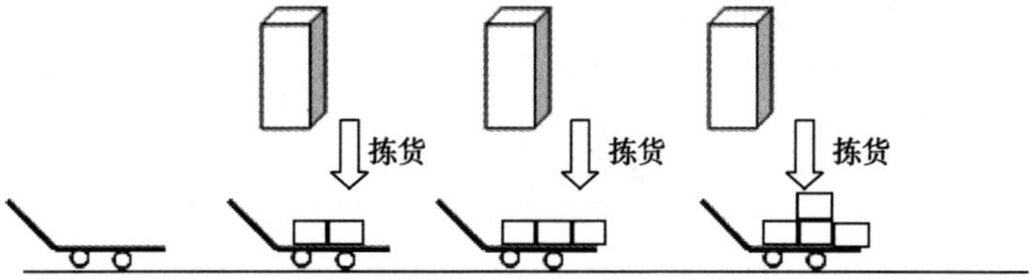

图 9.5　按单拣选作业流程

按单拣选的特点与适用范围如表 9.6 所示。

表 9.6　按单拣选的特点与适用范围

	特　点	适用范围
按单拣选	按单拣选易于实施，而且配货准确度较高，不易出错 对客户的拣选相互没有约束，可以根据客户需求的紧急程度调整配货的先后次序 拣选完一个货单货物便配齐，因此货物可以不再落地暂存，直接装上配送车辆，有利于简化工序，提高作业效率 客户数量不受限制，可在较大范围内波动，拣选作业人员数量也可随时调整，作业高峰时可临时增加作业人员，有利于开展即时配送 对机械化、自动化没有严格要求，不受设备水平限制	适合订单大小差异较大、订单数量变化频繁、货物差异较大的情况，如化妆品、家具、电器、百货、高级服饰等

② 批量拣选。批量拣选是将多张订单集合成一批，按照货物品种、类别加总后再进行拣货，然后依据不同客户或不同订单分类集中的拣货方式，如图 9.6 所示。

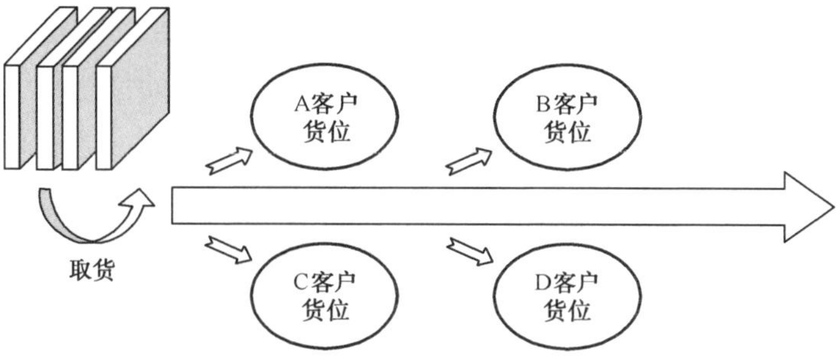

图 9.6　批量拣选作业流程

批量拣选的特点与适用范围如表 9.7 所示。

表 9.7　批量拣选的特点与适用范围

	特　点	适用范围
批量拣选	由于是集中取出共同需要的货物，再按货物货位分放，因此需要在收到一定数量的订单后再进行统计分析，安排好各客户的分货货位之后才能反复分货，因此这种作业难度较高，计划性较强，与按单拣选相比错误率较高 由于是各客户的配送请求同时完成，因此可以同时开始对各个客户所需货物进行配送，因此有利于车辆的合理化调配和规划配送线路，与按单拣选相比可以更好地发挥规模效益 对到来的订单无法及时做出反应，必须等订单达到一定数量才能做一次处理，因此会有停滞时间。只有根据订单到达的情况做等候分析，定出适当的批量，才能将停滞时间减至最小	首先，批量拣选适合订单变化较小、订单数量稳定的配送中心和外形较规则、固定的货物出货；其次，需进行流通加工的货物也适合批量拣选

③ 整合按单拣选：主要应用于一天中每一订单只有一种货品的情况。为了提高配送效率，将某一地区的订单整合成一张拣选单，做一次分拣后，集中捆包出库，属于按单拣选的一种变通形式。

④ 复合拣选：为克服按单拣选和批量拣选的缺点，配送中心也可以采用将按单拣选和批量拣选组合起来的复合拣选方法。复合拣选为按单拣选与批量拣选的组合运用；依订单品种、数量及出库频率，决定哪些订单适合按单拣选，哪些适合批量拣选。

（5）拣选行走方式

拣选行走方式主要有人至货和货至人两种方式。

① 人至货方式。这是最常见的一种方式，拣货员通过步行或搭乘拣选车辆到达货物储存区。人至货的系统构成简单、柔性高，可以不用机械设备和计算机支持。“货到传送带”法是人至货方式最主要的方法，即拣选工作在输送机两边进行，拣出的货物由作业者直接送到输送机（集货点），或者用容器集中后送到输送机（集货点），由输送机送到集货中心。因有输送机的帮助，拣货员的行走距离短、劳动强度低、拣选效率高，每人每小时可拣选 1 000 件货物。但输送机将拣选作业区分成两个部分，在拣选任务不是均匀分布在两边的货架时，不能协调两旁拣货员的工作节奏，同时也造成系统的柔性差、补货不方便、所需的作业面积大。它的拣选搬运设备是传送带。因为有它们的存在，储存区同时也是拣选区的通道较宽，以布置输送机械。人至货方式的拣货设备主要有如下几种。

储存设备：托盘储架、轻型储架、橱柜、流动储架和高层储架。

搬运设备：无动力拣货台车、动力拣货台车、动力牵引车、堆高机、拣货堆高机、搭乘式存取机、无动力输送机、动力输送机及计算机辅助拣货台车。

② 货至人方式。货至人方式与人至货方式相反，主要行走的一方为被拣货物，拣取者在固定位置内作业，无须去寻找货位。货至人方式可分为普通的、闭环的和活动的三种。

普通的货至人方式中，拣货员不用行走，拣选效率高，工作面积紧凑，补货容易，空箱和空托盘的清理也容易进行，可以优化拣选人员的工作条件与环境。不足之处在于投资大，拣选周期长。这种拣选方法的应用系统称为小件自动化仓储系统。

闭环的货至人方式中，载货托盘（集货点）总是有序地放在地上或搁架上，处在固定位置。输送机将拣选货架（或托盘）送到集货区，拣选人员根据拣选单拣取货架中的货物，放到载货托盘上，然后移动拣选货架，再由其他拣选人员拣选，最后通过另一个输送机，将拣空后的拣选货架送回。其优点是：拣选路线短，拣选效率高，系统柔性好，空箱和无货托盘的清理比较容易，所需作业面积小，劳动组织简单。其缺点是：为了解决拣选货架的出货和返回问题，仓库、输送机和控制系统的投资大；因顺序作业，造成作业时间长等。可通过拣选任务的分批处理，减少移动的拣选货架的数量，缩短拣选作业的时间，来提高这种系统的效率。

活动的货至人方式是拣货员（或拣选机器人、高架堆垛机）带着集货容器在搬运机械的帮助下，按照订单的要求，到货位拣选，当集货容器装满后，到集货点卸下所拣选物。由于此系统一般是由机器人拣选，但机器人取物装置的柔性较差，不能同时满足箱状货物、球状货物、柱状货物的拣取，因此也就限制了它的应用。这种系统一般用在出库频率很高、货种单一的场合，如自动化仓库。

货至人方式的拣货设备主要有如下几种。

储存设备：单元负载自动仓储、轻负载自动仓储、水平旋转自动仓储、垂直旋转自动仓储和梭车式自动仓储。

搬运设备：堆高机、动力输送带和无人搬运车。

视野拓展

仓储拣选技术的发展趋势

一、创新化

仓储拣选技术也在随着大时代技术的变革，实现相应的创新。在我国第四届中国仓库与配送中心规划建设研讨会中，就提出了仓储创新发展的新要求。目前的创新方式就是利用互联网技术去融合仓储的拣选技术，可以融合的因素有互联网、物联网、大数据技术及云计算技术等，一旦连网，很多拣选方式能够得到较大程度上的优化。例如，密集型货架系统能够将货品进行全方位的记录，使得仓库的空间利用率提升一半，从而解放了大量的人力，并且提升了工作效率与工作的准确度。

二、智能化

智能化不仅是仓储拣选技术重要的发展趋势，也是目前一切科学技术的发展目标。仓储拣选技术现有的智能化技术就包括智能分拣系统及全自动分拣系统。通过智能化的技术系统设计，可以实现货物的迅速分拣，并且分拣的正确率能够达到 99.9%以上。智能分拣系统仅仅是现代化的仓储业应用技术的一个缩影，还有很多智能化的拣选技术逐步进行应用。例如，在货物拣选运送的过程中使用的智能穿梭车，还有在输送过程中使用的自动输送分拣系统等，都在很大程度上促进了仓储作业的智能化。因此仓储向全智能化方向发展是毋庸置疑的，但是真正实现全智能化，还需要很多时间。

三、自动化

事实上目前的仓储拣选技术已经在使用自动化的机械与设备，自动化仓库也大量被使用，这能够促进网络信息技术在仓储拣选过程之中进行有效对接，同时也能够提升拣选人员的工作效率，降低拣选人员的工作负担。从仓储业的发展而言，这能够有效降低成本，给仓储业的发展带来更多的可能性。这里的自动化则更加强调人力与机械化的有机结合，突出了拣选人员的控制能力，能够为目前仓储拣选作业的标准化奠定基础。因为自动化一旦实现，很多流程就能够进行定义，所以自动化可以概括为流程标准化及作业标准化，即实现自动化的货物信息搜集、传送、包装、分类，从而实现仓储拣选技术的进步。

四、追溯化

追溯也可以概括成跟踪。在传统的仓储拣选技术中，往往更加注重货物是否能够被准确、高效地拣选出来，并不能对货物的拣选起到监督与跟踪控制的作用，但是跟踪式及追溯化的拣选系统的出现实现了对所拣选的货物进行跟踪控制。在我国药品及食品等方面已经应用了条码技术，这样能够对药品及食品进行追溯并保障安全。因此未来仓储拣选很可能向追溯化方向发展，即通过条码技术提供相应的拣选与追溯信息，从而促进对货物安全的监控。

五、绿色化

仓储业的迅速发展，同样也需要承担起向绿色化方向发展的责任与使命，在仓储拣选的过程中，同样也应该利用高科技手段，实现拣选货物的节能减排。例如，在拣选作业中通常会使用叉车，但是叉车的排放及对柴油的使用量都无法满足节能减排的要求，所以可以向运用电力叉车等方向进行转变。

资料来源：张璠. 仓储拣选技术的发展现状与趋势[J]. 现代经济信息，2017(11).

（6）拣选策略

拣选策略通常有四种，即摘果式拣选、播种式拣选、分区式拣选和波浪式拣选。

① 摘果式拣选也称按单拣选，即针对每一张订单，拣货人员巡回于储存场所，将客户所订购的每一种货物挑选且集中起来，将配齐的货物放到指定的货位，即可处理下一张订单。

摘果式拣选的作业流程如下。

1）补货：从仓储区向拆零拣选区送货，并且逐个货位上架。

2）沿线拣选：周转箱沿着分拣流水线移动，分拣人员从货架上取货，放入周转箱。

3）复核装箱：拣选结束后，对已经装入周转箱的货物进行核对（品种、数量等），有时还需要换箱装货。

4）货待运：把已经复核装箱完毕的货箱送到发货区，等待运出。

其优点是：作业方法单纯；订单处理前置时间短；导入容易且弹性大；作业人员责任明确，派工容易、公平；拣货后不必再进行分拣作业，适用于数量大、品种少的订单的处理。其缺点是：货物品种多时，拣选行走路径加长，拣取效率降低；多个工人在同时拣取不同的大数量订单时，会在通道处发生拥挤；拣选区大时，搬运系统设计困难；少量、多批次拣取时，会造成拣选行走路径重复，效率降低。

② 播种式拣选也称批量拣选，即将每批订单的同种货物累加起来，从储存区取出，集中搬运到理货区，并按每张订单要求的数量投入对应的分拣箱，分拣完成后分放到发货区，直至配货完毕。

播种式拣选的作业流程如下。

1）汇总拣货：从仓储区将该批次所需货物全部拣出，送到拆零分拣区，逐个放到分拣线上。

2）沿线分货（含复核装箱）：待分拨货箱沿着流水线移动，分拣人员从流水线上的箱中取货，放入货架箱内；间歇性复核、装箱。

3）集货待运：把已经复核装箱完毕的货箱送到发货区，等待运出。

其优点是：适合订单数量大的系统；可以缩短拣取时的行走搬运距离，增加单位时间的拣取量；对于少量、多批次的配送十分有效。其缺点是：由于必须等订单达到一定数量时才做一次处理，因此订单处理前置时间长。

③ 分区式拣选是指各个工人分别在不同拣选区共拣一个订单或多个订单的货物，每个工人只负责拣取他所在分区的货物，拣取的货物最后再分选、合并。

④ 波浪式拣选是指按照某种特征将要发货的订单分组，如同承运人的所有订单为一组，一次完成这一组订单，下一波再拣选另一组的。它只适用于自动拣选机械的拣选，如 UPS 自动仓库拣选系统就采用这种方式。

四种拣选策略的比较如表 9.8 所示。

表 9.8 四种拣选策略比较

方 法	每订单拣选人数	每拣货员处理订单数
摘果式	单人	单订单
播种式	单人	多订单
分区式	多人	单订单/多订单
波浪式	多机器	多订单

物流前沿

数字化和网络化

进入工业 4.0 时代，企业要实现数字化转型，应该从物流数字化入手。物流贯穿于企业业务全流程，而作为物流核心环节的仓储物流系统，其数字化是企业数字化建设的重中之重。智能传感器技术、赛博物理系统（CPS）、窄带物联网（NB-IoT）和 5G 技术正不断应用到仓储物流数字化建设中。

一、智能物流按钮（iButton）

智能物流按钮是一种仓储物流系统数字化和网络化的创新技术，可以用在货架、拣选小车及其他物流设备上。例如，按下拣选线上补货的智能物流按钮，可以拉动整个物流和供应链流程：自动化仓库启动出库作业，AGV 小车将货物自动配送到拣选线，同时仓库管理系统可以把需求变动信息自动发送到供应商的物流系统，从而拉动供应链上游企业的物流和生产。

二、智能物流标签（iLabel）

与传统的 RFID 标签相比，智能物流标签具有更强的功能——它具有一定的自主决策能力，能够报警和控制物流流程。智能物流标签可以广泛用在周转箱、托盘、集装箱等物流容器上。

三、智能周转箱（inBin）技术

通过在周转箱上加装感知与智能控制单元，可以实现物流单元的智能化。智能周转箱既能自主管理箱内的货物，又能向上级系统及时报告智能周转箱的状态，能够自动要货和补货。

基于智能周转箱的输送系统可采用分散控制技术，使智能周转箱不再是被动单元，可以反向给输送系统下达命令。在智能周转箱的指挥下，输送系统可以自动地将箱子送达目的地。

四、物联网（IoT）技术

物联网技术能够满足智能物流网络化的需求，同时也是实现物流全流程数字化的关键。相对于基于 Wi-Fi 和蓝牙技术的物联网数据准确率较低、耗电量较大，窄带物联网技术是一种专为物联网设计的窄带射频技术，支持低功耗设备在广域网的蜂窝数据连接，也被叫作广域网（LPWA），以室内覆盖、低成本、低功耗为特点。窄带物联网支持海量连接，为仓储物流系统的数字化和网络化创新应用带来勃勃生机。窄带物联网技术支持智能物流单元和智能物流装备之间低层面的相互交流和决策，真正实现了仓库内部密集网状连接，提高了仓储物流信息交换效率和准确率。中国在 5G 技术上处于全球领先位置，5G 无线空口技术（RIT）方案基于 3GPP 新空口（NR）和窄带物联网技术。其中，NR 技术重点满足增强型移动宽带（eMBB）、低时延高可靠（URLLC）两个场景的技术需求，窄带物联网技术满足大规模机器连接（mMTC）场景的技术需求。中国大力发展的新基建项目将进一步推进窄带物联网建设，为中国企业在物流数字化和网络化建设方面打下良好的基础。

资料来源：房殿军．仓储物流技术发展趋势分析[J]．物流技术与应用，2020，25(6).

2．补货作业

补货作业是为了满足拣选作业的需要，从保管区将货物移到拣选区的作业过程，即将待配货物放在存取方便的位置的过程。

（1）补货作业流程

补货作业的基本流程如图 9.7 所示。

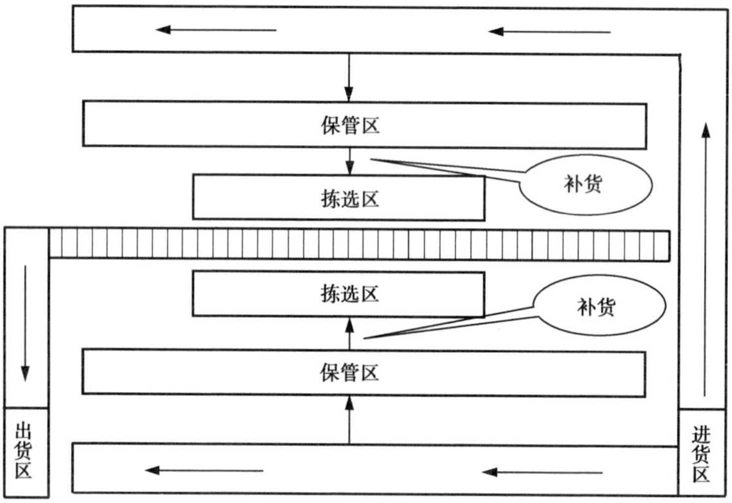

图 9.7　补货作业基本流程

补货作业与拣选作业息息相关，补货作业要根据订单需求制订详细的计划，不仅要确保库存，而且不能补充过量，还要将其安置在方便存取的位置上。

当拣选区的存货水平下降到预先设定的标准以后，补货人员就将需要补充的存货由保管区搬运至拣选区，然后拣选人员再将货物拣出，放到出库输送设备上运走。

（2）补货时机

补货时机一般有以下三种选择。

① 批次补货。它是通过计算机查询每天需要的总拣取量及拣选区存货量的情况，将补货量一次性补足的方式。这种方式比较适合一个工作日内作业量变化不大、紧急插单较少或每批次拣取量大需事先掌握的情况。

② 定时补货。每天规定几个时间点，补货人员在这几个时段内检查拣选区的存货情况，如果货架上的存货已降到预先规定的水平以下，则立即进行补货。这种方式适合拣选时间固定且处理紧急配送时间也固定的仓库。

③ 随机补货。它通常是指定专门的补货人员，随时巡视拣选区货物存量，发现存量不足则立即补货。这种方式适合每批次补货量不大，但紧急插单较多、不确定性大的情况。

（3）补货方式

① 拼/整箱补货：适合体积小、量少但品种多的货物，如图 9.8 所示。

② 托盘补货：适合体积大或出货量大的货物，如图 9.9 所示。

③ 货位补货：适合保管区与拣选区处于同一货架的货物，如图 9.10 所示。

图 9.8 拼/整箱补货

图 9.9 托盘补货

图 9.10 货位补货

3. 备货作业

备货是指准备货物的系列活动。它是配送的基础环节，也是决定配送成败与规模的基础环节，还是决定配送效益的关键环节。如果备货不及时或不合理，成本较高，会大大降低配送的整体效益。

备货过程包括理单、销卡、核对、点数及签单等流程。

① 理单是指根据出库凭证所列出库货物的内容，迅速找准库存货位。

② 销卡是指在货物出库时，到货物存放的货位上对悬挂在货垛上的货卡进行核对并登记出库数量。

③ 核对是指在销卡后，再进行单（出库凭证）、卡（货卡）、货（实物）三者的核对。

④ 点数是指仔细清点应发货物的数量，防止差错。

⑤ 签单是指为明确责任，操作的仓库保管员在货卡上签名并批注结存数，同时在出库凭证上予以签认。

仓库在备货时，如果出库凭证上特别注明了发货批次，则按照规定的批次进行备货；如果出库凭证上未规定批次，则按照“先进先出”的原则进行备货。因此，在备货工作中要注意以下几点。

① 所备货物的品质、规格、花色品种应符合合同的规定，既不要偏高，也不要偏低。

② 备货数量要多于合同规定的数量，以防不测；实际交货数量应符合合同或信用证的规

定。凡按重量计量的货物而在买卖合同或信用证中均未规定按何种方法计量的，按惯例应以净重计量。

③ 货物的包装必须符合合同规定和运输要求，唛头应按合同规定的式样刷制，要注意清楚醒目，颜色不易脱落。

④ 对于出口的货物，备货时间应按距起运港的远近提前相应天数进行。注意备货完成时间一定要早于信用证规定的船期，严防脱节。

4. 分货作业

分货也称配货。拣货作业完成后，根据订单或配送路线等不同的组合方式对货品进行分类——需要流通加工的货物，先按流通加工方式分类，再按进货要求分类，这种作业称为分货作业。

（1）分货作业的基本流程

① 分类。对分拣出来的货物根据客户或配送路线进行分类，集中放置在缓冲区。分类的方法主要有人工分类、旋转货架分类及自动分类机分类等。

② 配货检查。分类后需要进行配货检查，以保证发运前的货物的品种、数量、质量无误。配货检查比较原始的方法是人工检查，也就是人工点数、查看物品外观质量等。为了提高人工检查的效率，可以将货物有规律地放置，如进行“五五堆垛”等以便点数；或者采用称重的办法，先称出货物的总重量，再对照货物的单位重量，计算并核对配货数量；还可以采用抽查的技术。但总的来说，人工检查效率较低。随着信息技术的发展，现在还可以通过应用信息技术来进行配货检查，如通过扫描货物上的条码、应用语音输入技术等进行配货检查。

③ 包装、打捆。为了提高作业效率，一般还要对配送货物进行重新包装、打捆，以保护货物，提高运输效率，便于配送到户时客户能够快速、准确地识别各自的货物等。配货作业中的包装主要是指物流包装，其主要作用是保护货物并将多个零散物品放入大小合适的箱子中，实现整箱集中装卸、成组化搬运等，以减少搬运次数，降低货损、货差，提高配送效率。同时，包装也是产品信息的载体，通过在外包装上印制产品名称、原料成分、重量、生产日期、生产厂家、产品条码及储运说明等，便于客户和配送人员识别产品，进行货物的装运。通过扫描包装上的条码还可以进行货物跟踪，根据包装上的装卸搬运说明可以指导作业人员对货物进行正确操作。

（2）分货作业方式

下面介绍分货作业方式中的人工分货和自动分类机分货两种方式。

① 人工分货。人工分货方式是指分货作业过程全部由人工完成。分货作业人员根据订单或其他方式传递过来的信息进行分货作业。分货作业完成后，由人工将各客户订购的货物放入已标示好的各区域或容器中，等待出货。

② 自动分类机分货。自动分货是利用自动分类机来完成分货工作的一种方式。自动分类机一般应用于自动化仓库，适用于多品种、业务量很大且业务较稳定的场合。其基本过程：将有关货物及分类信息输入自动控制系统，当货物通过输送系统运送至分拣系统时，首先通过分类识别装置对货物进行识别，然后由自动控制系统控制相应的执行装置产生相应的动作，从而控制货物按分类要求到达规定的分类道口，该分类道口的排出装置将货物排出分类机，进入相应的发货准备区，从而实现货物的自动分类。

5. 加工作业

这里所说的“加工”实际上是指出库流通加工的概念，是在货物由生产领域向消费领域流动的运输过程中，为提高物流效率和运输实载率，而对货物进行的流通加工。

主要的流通加工作业方法有如下两种。

① 以提高物流效率为目的的流通加工。

② 以提高实载率为目的的流通加工。

下面介绍两种流通加工策略。

（1）延迟生产策略

为了降低风险和存货水平，通常采取延迟生产策略，即货物先运到各仓库，待客户订单确定以后再由各仓库进行最后的包装和标签粘贴。例如，有些油漆厂商为了给客户提供更多颜色的商品，同时又不想保持过高库存，常常在仓库只储存一部分单一颜色的油漆，然后配备调色机和色卡，根据客户订单现场为客户调配颜色。

（2）促销加工策略

为了配合灵活多变的价格策略，大型超市还要经常将同类或不同的商品进行重新打包组合以推销新产品或扩大销售。例如，将几袋鲜奶捆绑在一起进行销售，将洗发水和毛衣清洗剂捆绑在一起销售等。

（四）出库复核

为保证出库货物不出差错，配货后应立即进行出货检查。出库检查是防止发货差错的关键环节。采用人工拣货和分货作业方式时，每经一个作业环节，都必须仔细检查：按照“动碰复核”的原则，既要复核单货是否相符，又要复核货位结存量来验证出库量是否正确。发货前由专职或兼职复核员按出库凭证对出库货物的品名、规格、单位及数量等仔细地进行复核，核查无误后，由复核人员在出库凭证上签字，方可包装或交付装运。在包装、装运过程中要再次进行复核。

为有效防止差错，仓库在分拣备货后，应立即进行专门的复核查对作业。复核查对作业的形式应视具体情况而定，可由仓库所设的复核员、仓库主管等工作人员进行，也可由仓库保管员进行。

复核查对的主要内容如下。

① 货物的名称、规格、型号及数量等项目是否与出库凭证所列的内容一致。

② 外观质量是否完好，包装是否完好、正确，是否便于装卸搬运作业。

③ 出库货物的配件（如机械设备等）是否齐全。

④ 出库货物所附证件、单据是否齐全等。

复核人员复核查对无误后，应在出库凭证和仓库内部的相关账册上签认。如果经过复核查对，所备货物与出库凭证不符，应立即查明原因、予以调换，并及时更正或除掉所备货物外包装上的有关标志，及时调整货卡和账册。

（五）出库货物包装和标志

1. 包装的种类

包装的种类可以从功能、形态、作用等不同角度划分。按功能可分为销售包装（也称商业包装）和运输包装（也称工业包装），这也是最常用的分类方式。下面主要介绍运输包装。

出库货物有的可以直接装运出库，有的还需要经过包装待运环节。特别是发往外地的货物，为了符合安全运输的要求，往往需要进行重新组装或加固包装等作业。

运输包装的一般要求如下。

① 根据货物的外形特点，选择适宜的包装材料，此外，包装尺寸要便于货物的装卸和搬运。

② 要符合货物运输的要求：包装应牢固，怕潮的货物应垫一层防潮纸，易碎的货物应垫软质衬垫物；包装的外部要有明显标志，标明对装卸搬运的要求及其他标志，如危险品必须严格按照规定进行包装，并在包装外部标明危险品有关标志；不同运输费率的货物应尽量不包装在一起，以免增加运输成本。运输包装物如图 9.11 所示。

图 9.11　运输包装物

③ 严禁性能抵触、相互影响的货物混合包装。

④ 包装的容器应与被包装货物的体积相适应。

⑤ 要节约使用包装材料。

2. 运输包装作业的内容

运输包装作业既包括包装前的技术处理、包装过程，又包括包装的辅助工作。其主要包括六个环节：填充；包装封口；捆扎；裹包；加标；检重。

① 填充。填充是将物品装入包装容器的操作，分为装放、填充与灌装三种形式。

② 包装封口。包装封口是包装操作的一道重要工序，它与包装作业的质量和包装的密闭性密切相关。根据封口部位的不同，可分为顶端封口、侧面封口和底端封口等；根据容器和密封性能的要求不同，可分为黏合封口、胶带封口、插接封口、捆扎封口、绞结封口、装订封口、热熔封口、收缩封口、盖塞封口、焊接封口、卷边封口、压接封口、缝合封口、真空封口、胶泥封口和浸蜡封口等。

③ 捆扎。捆扎是将物品或包装件用适当材料扎紧、固定或增强的操作，主要有直接捆扎、半包装捆扎、夹板捆扎、成件捆扎和密缠捆扎等形式。

④ 裹包。裹包是用一层挠性材料包覆物品或包装件的操作。裹包过程结束后，被包物品与包装物呈现的外形通常称为包裹。裹包的方法主要有直接裹包、多件裹包、收缩包装、压缩捆包与卷绕裹包等形式。用于裹包的材料主要有纸张、织品、塑料薄膜及蒲席等。

⑤ 加标。加标就是将标签粘贴或拴挂在物品或包装件上。标签是包装的装潢和标志，因此加标是很重要的工作。

⑥ 检重。检重是检查包装内容物的重量。目前一般会使用电子检重机进行测量。

师傅教我做

包装流程图

视野拓展

橡胶防老化包装处理技术及材料

仓储物资中包含多种橡胶材质的制品，如轮胎、垫圈、胶管和密封件等，涉及的橡胶种类有天然橡胶、丁苯橡胶、丁腈橡胶和氯丁橡胶等。在储存过程中因材料结构、储存环境、保养技术等因素的影响，橡胶制品往往会出现发黏、变硬、龟裂等现象。目前我军对库存橡胶物资封存防护主要采用涂抹滑石粉的方法，不能有效防止橡胶老化。防老化涂层是一种经济实用、不影响本体性能、操作简便的橡胶防老化物理方法，其可以在橡胶制品表面形成防护层，隔绝氧气、臭氧、水蒸气等，减轻或延缓橡胶老化，延长储存寿命。

橡胶制品的物理防老化措施有表面涂蜡、涂防老化剂、橡胶防老化涂层等。防老化剂一般涂在户外使用的制品上，用于短期防护；防护蜡可用于静态储存的橡胶制品，但其受温度影响较大；橡胶防老化涂层具有与被涂敷制品相当的柔性和高弹性，常温下可快干和硫化，可用于橡胶物资的长期储存防护。目前，氯磺化聚乙烯橡胶由于不含双键，具有优异的耐臭氧、耐大气老化、耐湿热、耐化学腐蚀等特性，通过添加各种助剂，作为防老化涂层已被广泛应用。另外，改性氯丁橡胶、聚氨基甲酸乙酯橡胶、聚乙烯聚氯乙烯、改性乙丙橡胶共聚物、丁腈橡胶和聚氯乙烯的共混弹性体、齐聚有机硅等防老化涂层已相继开发应用。氟橡胶防老化涂层技术在我军装甲装备库存橡胶器材上得到了应用，延寿效果明显。防老化涂层技术作为物理防护方法适用于已生产的库存橡胶物资。

资料来源：王兆军. 仓储物资整体封存包装技术及材料[J]. 包装工程，2013，(13).

3. 包装标志

包装标志是为了便于货物交接、防止错发错运，便于识别、运输，便于仓储和海关等有关部门进行查验等，也便于收货人提取货物，而在进出口货物的外包装上标明的记号。标志的颜色一般为黑色。如果包装件的颜色使图示标志显得不清晰，则可选用其他颜色印刷，也可在印刷面上选用适当的对比色。一般应避免采用红色和橙色。粘贴的标志采用白底印黑色。货物包装标志如图 9.12 所示。

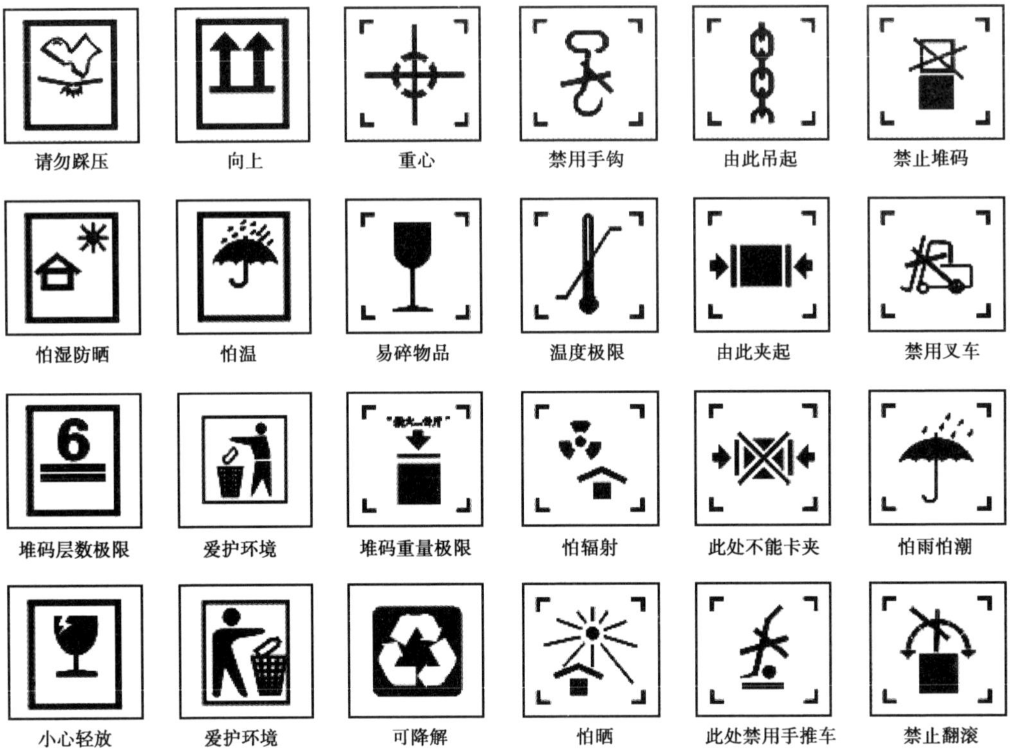

图 9.12　货物包装标志

（1）唛头

唛头即运输包装标志。这是贸易合同、发货单据中有关标志事项的基本部分。唛头的内容包括：目的地名称或代号，收货人或发货人的代用简字或代号、件号（每件标明该批货物的总件数），体积（长、宽、高），重量（毛重、净重、皮重）及生产国家或地区等，如图 9.13 所示。

（2）指示性标志

指示性标志用来指示运输、装卸、仓库保管员在作业时需要注意的事项，以保证货物的安全。这种标志主要表示货物的性质，货物堆放、开启、吊运等的方法。

根据国家标准 GB 190—2009 的规定，在有特殊要求的货物外包装上应粘贴、涂打、钉附不同名称的标志，如向上、防潮、小心轻放、由此吊起、由此开启、重心点、防热及防冻等。

（3）警告性标志

对于危险货物，如易燃品、有毒品或易爆炸物品等，在外包装上必须醒目标明，以示警告。

（4）危险品标志

危险品标志是用来表示危险品的物理、化学性质，以及危险程度的标志。它提醒人们在运输、储存、保管及搬运等活动中加以注意。

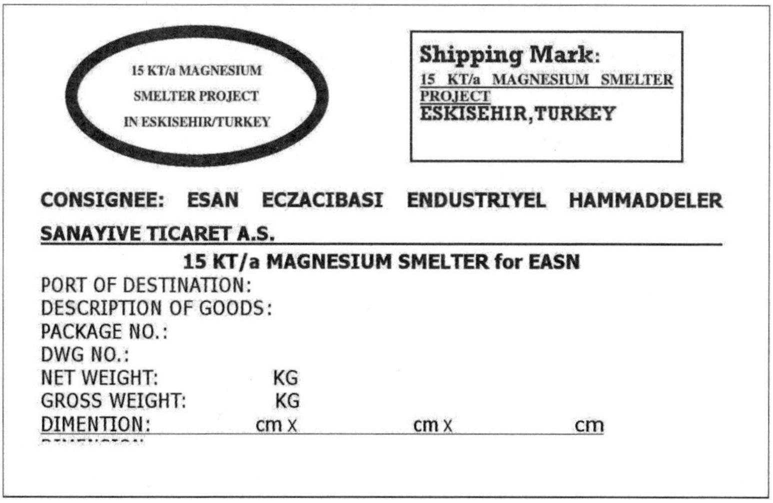

图 9.13 唛头[1]

根据国家标准 GB 190—2009 的规定，在水陆、空运危险货物的外包装上应拴挂、印刷或标打不同的标志，如爆炸品、遇水燃烧品、有毒品、剧毒品、腐蚀性物品及放射性物品等。

4. 包装标志的要求

（1）必须按照国家有关部门的规定办理

我国对包装标志所使用的文字、符号、图形及使用方法，都有统一的规定。

（2）必须简明清晰，易于辨认

包装标志要文字少、图案清楚、易于制作、一目了然、方便查对。标志的文字、字母及数字号码的大小应和包装件的标志的尺寸相称，笔画粗细要适当。

（3）涂刷、拴挂、粘贴标志的部位要适当

所有的标志都应置于搬运、装卸作业时容易看到的地方。为防止在物流过程中某些标志被抹掉或不清楚而难以辨认，应尽可能在同一包装物的不同部位制作两个相同的标志。

（4）要选用明显的颜色做标志

制作标志的颜料应具有耐温、耐晒、耐摩擦等性能，以避免发生褪色、脱落等现象。

（5）标志的尺寸要符合规定

标志的尺寸一般分为四种，如表 9.9 所示。

表 9.9 标志的尺寸

mm

尺寸号别	长	宽
1	50	50
2	100	100
3	150	150
4	250	250

注：如遇特大或特小的运输包装件，标志的尺寸可以适当地扩大或缩小。

[1] 图 9.13 中 KG 标准应为 kg。

5. 包装标志的使用方法

① 标志的标打，可采用印刷、粘贴、拴挂、钉附及喷涂等方法。印刷时，外框线及标志名称都要印上；喷涂时，外框线及标志名称可以省略。

- 箱状包装：位于包装明显处。
- 袋、捆包装：位于袋、捆身明显处。
- 桶形包装：位于桶身或桶盖。
- 集装箱、成组货物：粘贴 4 个。

② 标志的文字书写应与底边平行；出口货物的标志，应按外贸的有关规定办理；粘贴的标志应保证在货物储运期内不脱落。

③ 运输包装件需标打哪种标志，应根据货物的性质正确选用。

④ 标志由生产单位在货物出厂前标打。出厂后如改换包装，标志由改换包装单位标打。

（六）出库验收

货物的验收工作，实际上包括品质的检验和数量的点收两个任务。

1. 货物验收的标准

货物要能达到客户满意程度才准许出库，因而验收要符合预定的标准。验收货物时，可根据下列几项标准进行。

① 采购合约或订购单所规定的条件。

② 以比价或议价时的合格样品为标准。

③ 采购合约中的规格或图解。

④ 各种货物的国家品质标准。

2. 出库验收的内容

出库验收工作是一项细致复杂的工作，一定要仔细核对，才能做到准确无误。货物验收时主要核对货物条码（或物流条码），核对货物的件数，核对货物包装上的品名、规格及细数。只有这样，才能达到品类相符、件数准确。有的货物即使进行了验收，也仍会产生一些规格或等级上的差错，如品种繁多的货物，对这类货物则要采取全核对的方法，要以单对物，核对所有项目，即品名、规格、颜色、等级及标准等，以确保单物相符，准确无误。

出库的货物在清点验收时，仓库保管员应该在出库单上认真填写实发数、发货日期等相关项目并签名。仓库门卫通常凭出库单的出门联或专门的出门单放行出库的货物。

仓库依据业务部门或客户的出库凭证和仓库保管员开具的出库单，按照货物账目日清日结的原则，进行货物账的登记。在实际工作中，库存的货物往往在出库之后，仓库方面才能够与客户结算仓租费、装卸搬运费及手续费等相关费用，因此仓库的货物账要及时登记，以便仓库结算人员或财务人员及时进行结算。

3. 出库中的问题处理

出库中的问题处理如表 9.11 所示。

表 9.11　出库中的问题处理

问　题	原　因	处理方式
提货数与实存数不符	入库时错账	采用报出报入的方法进行调整
	仓库保管员串发、错发	由仓库方面负责解决库存数与提单数间的差数

（续表）

问　题	原　因	处理方式
提货数与实存数不符	货主漏记账而多开的出库数	货主出具新的提货单，重新组织提货和发货
	仓储过程中的损耗	与货主协商解决
串发货和错发货	发货人员因不熟悉或疏漏将货物错发出库	根据是否提出仓库来分别处理
包装破漏	货物外包装破散、沙眼等现象引起的货物渗漏、裸露等问题	发货时应经过整理或更换包装，方可出库，否则造成的损失应由仓储部门承担
漏记账	在货物出库作业中，由于没有及时核销明细账而造成账面数量大于或小于实存数量的现象	除及时向有关领导如实汇报情况外，同时还应根据原出库凭证查明原因调整明细账，使之与实际库存保持一致。如果由于漏记和错记账给货主、承运人和仓储部门造成了损失，应予赔偿，同时应追究相关人员的责任
错记账	在货物出库后核销明细账时没有按实际发货出库的货物名称、数量等登记，从而造成账实不符的情况	

（七）出库点交与销账

出库货物无论是客户自提，还是交运输部门发运，仓库发货人必须向提货人员或运输人员按出库凭证所列逐件点交清楚，划清责任。得到提货人员认可后，仓库交货人随即在出库凭证上加盖“货物付讫”章戳，表示已办理出库手续。

出库货物经凭证审核、出库验收后，要向提货人员点交。同时应将出库货物及随行证件逐笔向提货人员当面点交。在点交过程中，对于有些重要货物的技术要求、使用方法、注意事项，仓库保管员应主动向提货人员交代清楚，做好技术咨询服务工作。当货物出库完毕后，仓库保管员应及时将货物从明细账上核销，取下垛牌，以保证仓库账账相符、账卡相符、账实相符，并将留存的仓单（提货凭证）、其他单证、文件等存档。

货物点交清楚，出库发运之后，该货物的仓库保管业务即告结束，仓库保管员应做好清理工作，及时注销账目、料卡，调整货位上的吊牌，以保持货物的账、卡、物一致，及时、准确地反映货物进出、存取的动态。

（八）装载上车、装载发运、现场清理和数据归档

1. 装载上车

装载上车是指车辆的配载，即根据不同的配送要求，在选择合适的车辆的基础上对车辆进行配载，以达到提高车辆利用率的目的。

由于货物品种、特性各异，为提高配送效率，确保货物质量，必须首先对特性差异大的货物进行分类，并分别确定不同的运送方式和运输工具。特别要注意散发臭味的货物不能与具有吸臭性的货物混装；散发粉尘的货物不能与清洁货物混装；渗水货物不能与易受潮货物一同存放；另外为了减少或避免差错，也应尽量把外观相近、容易混淆的货物分开装载。

在具体装车时，装车或运送批次的顺序，一般按客户要求的时间顺序进行，但对同一车辆共送的货物装车则要将货物依“后送先装”的顺序进行。但有时在考虑有效利用车辆的空间的同时，还要根据货物的一些特性（怕震、怕压、怕撞、怕湿）、形状、体积及重量等，做出弹性

调整，如轻货应放在重货上面，包装强度差的应放在包装强度好的上面，易滚动的卷状、桶状物品要垂直摆放等。另外，应按照货物的性质、形状、重量、体积等来具体决定货物的装卸方法。货物装载上车如图 9.14 所示。

图 9.14 货物装载上车

2. 装载发运

装载发运是指根据配送计划所确定的最优路线，在规定的时间内及时、准确地将货物运送到客户手中。同时，根据不同的配送要求，在选择合适的车辆的基础上对车辆进行配载以达到提高车辆利用率的目的。

由于货物品种、特性各异，为提高配送效率，确保货物质量，必须对特性差异大的货物进行分类，并分别确定不同的运输工具和运输方式。运输工具主要是车、船、飞机、管道等，相应的运输方式也有铁路、公路、航空、水路和管道运输五种。

一般来讲，按照物流系统要求的服务水平和允许的物流成本，可以使用一种运输方式，也可以使用联运方式。在决定运输方式方面，可以在考虑具体条件的基础上，对下述五个具体项目做认真研究。

（1）货物品种

关于货物品种及性质、形状，应在包装项目中加以说明，选择适合这些货物特性和形状的运输方式。

（2）运输期限

运输期限必须与交货日期相联系，应保证运输时限。必须调查各种运输工具所需要的运输时间，根据运输时间来选择运输工具。运输时间的快慢顺序在一般情况下依次为航空运输、公路运输、铁路运输、水路运输。各运输工具可以按照它的速度编组来安排日程，加上它的两端及中转的作业时间，就可以算出所需的运输时间。在商品流通中，要研究这些运输方式的现状，进行有计划的运输。确定一个准确的交货日期是基本的要求。

（3）运输成本

运输成本因货物的种类、重量、容积及运距的不同而不同，而且运输工具不同，运输成本也会发生变化。在考虑运输成本时，不能只按运输费用来决定运输方式，而要由总成本来决定。

（4）运输距离

从运输距离看，一般情况下可以依照以下原则来选择运输工具：300 km 以内，用汽车运输；

300～500 km，用火车运输；500 km 以上，用船舶运输。这样比较经济合理。

（5）运输批量

因为大批量运输成本低，应尽可能使货物集中到最终消费者附近，所以选择合适的运输工具进行运输是降低成本的良策。一般来说，15～20 t 以下的商品用汽车运输；15～20 t 以上的商品用铁路运输；数百吨以上的原材料之类的货物，应用船舶运输。

图 9.15　现场清理

3. 现场清理和数据归档

（1）现场清理

货物出库后，仓库保管员应根据储存规划要求，该并垛的并垛，该挪位的挪位，并及时清扫发货现场，保持现场清洁整齐，腾出新的货位、库房，以备新的入库货物使用。现场清理包括清理库存货物、库房、场地、设备和工具等，如图 9.15 所示。

（2）数据归档

货物出库后，还要整理该批货物的出入库情况、保管保养情况及盈亏数据等情况，整理并按规定传递出库凭证、出库单等，将相关原始凭证存入货物档案，并妥善保管档案，以备查用。

货物发出后财务要清理单据、核对账目，出现盘亏的要办理盈亏手续，确保账、卡、物三者相符。清理后的单据、资料、货物档案要装订保存和归档备查。

四、盘点

仓储业务主要是对库存货物进行数量和质量两方面的管理，是保持货物在数量上不短溢、在质量上不损伤所进行的一系列活动。

仓库只有从数量和质量两个方面保证其完整性才能完成仓储任务，才能有效发挥物流的时间价值。由于仓储企业的货物存量大、品种多、出入库操作频繁，在实务中难免会发生计量和计算上的差错，以及自然损耗及人为损失等。为此，必须采取一定的措施，最大限度地减少库存货物的损耗和短少。

（一）盘点的目的

通过盘点，可以控制存货，以指导日常经营业务，同时能够及时掌握货物的损益情况，以便真实地掌握经营绩效，并尽早采取相应措施。

1. 查清实际库存数量

通过盘点可以查清实际库存数量，并通过盈亏分析，使账面库存数量和实际库存数量保持一致。账面库存数量与实际库存数量不符的主要原因通常是收发作业中产生的误差所致，如记录库存数量时多记、误记、漏记等；验收与出库时清点有误；作业中导致商品损坏、遗失；盘点时误盘、重盘、漏盘等。如果发现盘点的实际库存数量与账面库存数量不符，应及时查清问题原因，并做出相应处理。

2. 确认企业损益

库存货物的总金额直接反映企业流动资产的使用情况，库存量过高，流动资金的正常运转将无法保证。对制造业企业来讲，库存金额与库存量及单价成正比，为了能准确地计算出企业的实际损益情况，必须通过盘点搞清楚库存货物的盈亏情况，进而分析原因，采取相应措施。

3．发现仓储管理中存在的问题

通过盘点查明盈亏的原因，可发现作业或管理中存在的问题，并通过解决问题来改善作业流程和作业方式，提高人员素质和管理水平。例如，通过盘点可以查出存货周转率，废品的处理状况，超期保管、长期积压货物的实际品种、数量，分析原因并提出改进措施，防止再度发生类似情况，从而使管理水平不断提高。

（二）盘点的基本工作程序

一般情况下，盘点可按以下步骤进行，如图 9.16 所示。

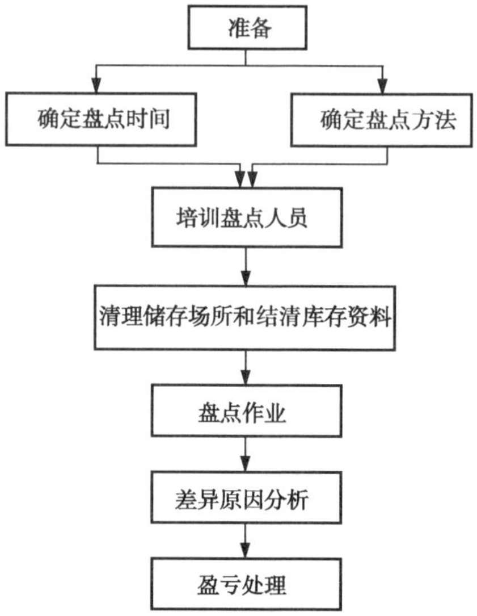

图 9.16　盘点的基本工作程序

1．准备

盘点前的准备工作是否充分，关系到盘点作业能否顺利进行，因此要事先对可能出现的问题，以及盘点工作中易出现的差错，进行周密的研究和准备。具体准备工作如下。

① 仓库保管员将所保管的货物进行整理，做到货垛、货架整齐有序。对尚未办理入库手续、不在盘点之列的货物予以标示；对已办理出库手续的货物要全部搬出；对损失变质的货物要加标记以示区别；对已划归超储积压的货物要单独设库保管。

② 仓库记账员要将有关的收发凭证全部登记入账，明细账要校对无误。

③ 准备盘点所用表格。盘点单样单如表 9.12 所示。

表 9.12　盘点单样单

盘点日期：　　　　　　　　　　　　　　　　　　　　　　　　编号：

序　号	名　称	规格型号	存放位置	盘点数量	复查数量	盘点人	复查人

④ 做好人员安排和分工，并配备好需用的各种装卸搬运设备。

2．确定盘点时间

从理论上讲，在条件允许的情况下，盘点的次数越多越好。但每一次盘点，都要耗费大量的人力、物力和财力。事实上，产生盘点误差的主要环节在出入库的过程，出入库作业次数增多时，误差也会随之增加。因此，盘点频率的确定就显得尤为重要。对一般的企业而言，由于货物周转频率不高，可以半年或一年进行一次货物盘点。对于货物周转频率较高的仓储配送中心，由于货物流动频率很高，出现差错的概率也很大，因此要加强库存控制。通常的办法是根据货物的性质、价值大小、流动速度及重要程度来分别确定不同的盘点时间。盘点时间间隔可以是每天、每周、每月、每季或每年盘点一次。例如，可按 ABC 分类法将货物科学地分为 A、B、C 三个不同的等级，分别制定相应的盘点周期，重要的 A 类物品每天或每周盘点一次，一般的 B 类物品每两周或三周盘点一次，C 类物品可以一个月甚至更长时间盘点一次。另外，盘点的日期一般选择在：①财务决算前夕，配合财务决算，以查清财务状况；②淡季，因淡季存货较少，业务不太频繁，盘点较为容易，需要投入的资源也较少，且人力调动也较方便。

3. 确定盘点方法

由于仓储条件、货物特性等不同，盘点方法也有所差异，为尽可能快速、准确地完成盘点作业，必须根据实际需要确定盘点方法。

4. 培训盘点人员

正式盘点以前，为保证盘点作业的顺利进行，必须对参与盘点的所有人员进行集中培训。培训的主要内容是盘点的方法及盘点作业的基本流程和要求。分为两部分：一部分是对所有人员进行盘点方法的训练；另一部分是针对复盘与监盘人员进行认识物品的训练。例如，对货物名称、品种、规格等分类方法要统一口径，按账目记载的为准，避免因技术概念不清而导致盘点结果发生错误。另外，在进行盘点时，通常还要有管理部门的人员，其主要任务是对盘点过程进行监督，并复核盘点结果，因此，必须训练他们熟悉盘点现场及物品。

5. 清理储存场所和结清库存资料

盘点工作开始时，首先要对储存场所及库存货物进行一次清理。清理工作主要包括以下几方面的内容。

① 在盘点前，对厂商发来的货物必须明确其所有权。如果已验收完成，属仓储企业的货物应及时整理归库；如果尚未完成验收程序，货物属厂商，应划分清楚，避免混淆。

② 对已办理出库手续的货物，要提前通知有关部门，运到相应的配送区域。

③ 账卡、单据、资料均应整理后统一结清。

④ 在储存场所关闭前应通知相关业务部门预领所需的物品。

⑤ 整理货物堆垛、货架等，使其整齐有序，以便清点计数。

⑥ 储存场所的管理人员在盘点前应自行预盘，预先鉴定呆料、废品、不良品，以便盘点。

⑦ 检查计量器具，使其误差符合规定。

6. 盘点作业

仓库盘点作业是指对在库的货物进行账目和数量上的清点作业。由于盘点作业比较单调，在进行盘点时一方面应注意加强领导，另一方面要注意劳逸结合，活跃工作气氛。

7. 差异原因分析

通过盘点，发现账物不符且差异超过容许的误差时，应立即追查产生差异的原因。主要的原因如下。

① 货物入库登记账卡时看错数字。

② 账务处理系统管理制度和流程不完善，导致数据有误。

③ 捆扎包装错误使数量短缺。

④ 盘点前数据资料未结清，使账面数不准确。

⑤ 因气候影响而发生腐蚀、硬化、变质、生锈及发霉等。

⑥ 由于自然特性，某些货物因挥发、吸湿而使重量有所增减。

⑦ 液体货物因容器破损而流失。

⑧ 盘点错误，如漏盘、重盘和错盘。

⑨ 计量器具不准确或使用方法不当。

⑩ 货物损坏、丢失等。

8. 盈亏处理

查清差异原因后，为了通过盘点使账面数与实有数保持一致，需要对盘点盈亏和报废品一并进行调整。按差异的主要原因制定解决办法。对呆、废品，不良品应视为盘亏。货物在盘点时除了产生数量的亏损，有些物品在价格上也会发生变化，这种价格变化经主管部门批准后，应利用物品盘点盈亏及价格调整表的形式进行更正。

（三）盘点的工作内容

盘点的目的在于检查金额、数量、时间是否准确。这是一项综合性的考查工作。为了把账簿上显示的货物数量与仓库内或其他库区内货物的实有数进行核对，应从核对数量开始，进而核对质量。

1. 查数量

通过盘点查明库存货物的实际数量，核对账面库存数量与实际库存数量是否一致，这是盘点的主要内容。理论上，账面库存数量和实际库存数量应该一致，但因出入库经常发生差错，因此应该进行核对。

2. 查质量

检查库存货物的质量是盘点的另一项主要内容，主要是检查在库货物是否超过有效期和保质期，是否有长期积压等现象，必要时要对货物进行技术检验。

3. 查保管条件

检查保管条件是否与货物要求的保存条件相符合，这是保证在库货物使用价值的一个基本条件。例如，堆垛是否合理、稳固，库内温、湿度是否符合货物储存要求，各类计量器具是否准确等。

4. 查安全

检查各种安全措施和消防设备、器材是否符合要求，建筑物和作业设备等是否处于良好状态。

经验之谈

盘点的注意事项

1. 合格品与不良品应分开存放，分开清点，并在盘点标签上分开记录。

2. 对于散装货物，账上有具体数量的，应认真清点；对于刚进仓未入账的，应暂时写上箱数，并标明原因。

3. 对于散装货物，原封包装的可以不开箱，未贴封条的一定要开箱清点，并于清点之后在箱子表面标明箱内个数。它的量化指标是盘点的增减率。其计算公式为：

盘点的增减率 = 期内的增减金额÷期内进货累计的金额

（四）盘点方法

1. 按盘点的方式分类

与账面库存与现货库存一样，盘点也分为账面盘点与现货盘点。账面盘点又称永续盘点，现货盘点又称实地盘点或实盘。要得到最正确的库存情况并确保盘点无误，最直接的方法就是确保账面盘点与现货盘点的结果完全一致。

例如，某位仓库管理专家采用了用颜色标记的办法，很有效。吊牌或货卡用两种颜色，一面是白色，另一面是黄色。入库的时候填白色这面，如果一堆货一直没动，就一直是白色，一旦要动这个货，就把它翻过来，填黄色这面。下次盘点的时候，只要是白色的部分就不用盘了，因为没动过。这样可以减少重复劳动。

（1）账面盘点

账面盘点就是为每种物品分别设立存货账卡（见表9.13），将每天出入库物品的数量及单价记录在计算机或账簿的存货账卡上，连续计算汇总出账面上的库存结余数量及库存金额。

表9.13　存货账卡

<table>
<tr><td colspan="4">物品名称：</td><td colspan="5">储位号：</td></tr>
<tr><td colspan="4">订货点：</td><td colspan="5">经济订购批量：</td></tr>
<tr><td rowspan="2">日　期</td><td rowspan="2">凭证及号码</td><td rowspan="2">订购数量</td><td rowspan="2">入库数量</td><td rowspan="2">单　价</td><td rowspan="2">金　额</td><td rowspan="2">出库数量</td><td colspan="2">余　额</td></tr>
<tr><td>数量</td><td>金额</td></tr>
<tr><td></td><td></td><td></td><td></td><td></td><td></td><td></td><td></td><td></td></tr>
<tr><td></td><td></td><td></td><td></td><td></td><td></td><td></td><td></td><td></td></tr>
<tr><td></td><td></td><td></td><td></td><td></td><td></td><td></td><td></td><td></td></tr>
<tr><td></td><td></td><td></td><td></td><td></td><td></td><td></td><td></td><td></td></tr>
</table>

（2）现货盘点

现货盘点就是实际去储存场所清点物品数量，再按物品单价计算出实际的库存金额。常见的方法是通过对实物进行点数、过磅或检尺，以确认实存数量：一般对计件物品要全部清点；对计重物品中的少数或贵重物品应全部过磅；货垛层次不清的物品要翻垛清理，对大量价廉体重的散垛、散装物品可用估计和测量计算方法确定其数量；对包装完整的物品，可按照原始凭证和包装上的数量标志进行校对。

现货盘点按时间频率的不同又可分为期末盘点及循环盘点。期末盘点是指在会计期期末统一清点所有物品；循环盘点是指在每天、每周清点一小部分物品，一个循环周期将每种物品至少清点一次。

① 期末盘点。由于期末盘点是将所有物品一次点完，因此工作量大、要求严格。通常采取分区、分组的方式进行，其目的是明确责任，防止重复盘点和漏盘。分区就是将整个储存区划分成一个个的责任区，不同的区由专门的小组负责盘点，因此，一个小组通常至少需要三个人：一人负责清点数量并填写盘点单；另一人复查数量并登记复查结果；第三人负责核对前两次盘点数量是否一致，对不一致的结果进行检查。待所有盘点结束后，再与计算机或账册上反映的账面数核对。

② 循环盘点。循环盘点通常是对价值高或重要的物品进行盘点。因为一些重要物品对库存条件的要求比较高，如果出现差错，不但会大大影响仓储部门的经济效益，而且会有损企业的形象。因此，在仓储管理过程中，要对物品按其重要程度科学地分类，对重要的物品进行重点管理，加强盘点，防止出现差错。由于循环盘点只对少量物品盘点，因此通常只需仓库保管员自行对照库存资料进行盘点即可，发现问题及时处理。

目前，国内大多数仓储企业都已使用计算机来处理库存账务，当账面库存数量与实际库存数量发生差异时，很难判断是账面库存数量有误还是实际库存数量出现错误，所以，可以采取账面盘点与现货盘点相结合的方法进行盘点。

2. 按盘点工作的时间间隔分类

（1）动态盘点

动态盘点也称日常盘点，是指仓库保管员在货物出库、入库后，立即将实存数量与账、卡、结存数量相核对。这种方法费时少，能及时发现问题。

（2）分批、分期和分库盘点

分批、分期和分库盘点是指仓库保管员对各自所保管的仓库及货物品种，按月、季进行有计划、有重点的分期、分批、分库清查盘点。这种方法可以将年度集中清查盘点的繁重工作有节奏地分散到平时进行，既不妨碍货物收发工作的正常进行，又能使仓库保管员充分利用作业的间隙时间。

（3）定期盘点

定期盘点是指仓库的全面盘点，一般是每半年或一年进行一次。这种盘点应由主管部门派人会同仓库保管员、会计一起盘点对账。定期盘点要求对全部库存货物按批量做逐垛、逐堆、逐架清点。定期盘点一般是在年度终了后的3～5天内完成，时间比较短，仓库须做好各种准备工作。

（4）临时盘点

临时盘点是指根据上级布置的清产核资和经济核算工作而进行的临时性的清查盘点；仓库保管员交接或发生意外事故时，也须进行局部性的临时盘点。

盘点后要对库存数量或金额的增减状况进行说明，通常是计算出盘点增减率，即计算出盘点后库存金额的增减程度，以便今后采取相应的措施。

盘点增减率的计算公式为：

$$\text{盘点增减率}=\frac{\text{期内增减金额}}{\text{期内进货累计金额}}\times 100\%=\frac{\text{账面记载金额}-\text{库存实际金额}}{\text{期内进货累计金额}}\times 100\%$$

一般盘点增减率的年平均值不应超过0.1%～0.3%，最理想值应为0.05%～0.08%。

如果核对数量发现有差错，应找出原因，并采取相应的措施以改进工作。

以上四种盘点方法的比较如表9.14所示。

表9.14　四种盘点方法的比较

序　号	方法名称	操作规程	优　点
1	动态盘点	按入库先后，每天盘点一定数量的存货	节省人力，全部盘完后开始下一轮盘点
2	分批、分期和分库盘点	对进出频率高/易损耗/价值高的存货重点盘库	可控制重点存货动态，有效防止发生差错
3	定期盘点	定期（周/月/季/年末）全面清点所有存货	便于及时处理超储/呆滞存货
4	临时盘点	根据实际需要对临时安排的代管物品进行清查核对	能够真实掌握库存的盈亏状况

（五）盘点后的结果分析及处理

1. 盘点后的处理工作

（1）核对盘点单据

盘点开始时发给盘点人员的盘点单，必须统一编号，盘点后及时收回，以防最后计算出现疏漏。

（2）核账

盘点单是盘点实际库存数量的记录，应将盘点单与存货账、卡进行核对。

（3）追查发生盈亏的原因

当盘点结束后，发现所得数据与账簿资料不符时，应追查引起差异的主因。其着手查找原因的方向有以下几个。

① 盘点所得的数据与账簿资料的差异是否在允许误差范围内。

② 是否因料账处理制度的缺点导致物品数目无法表达。

③ 盘点人员是否尽责，产生盈亏时应由谁负责。

④ 是否因记账员素质不高，致使物品数目无法表达。

⑤ 是否因盘点制度的缺点，导致货账不符。

⑥ 是否产生漏盘、重盘、错盘等情况。

⑦ 盘点的差异是否可预防，是否可以降低料账差异的程度。

（4）编表与分析

物品盘盈、盘亏与金额增减处理完后，应编制物品盘点分析表（见表 9.15），作为库存管理考核的依据。

表 9.15　物品盘点分析表

序号	品名	规格	单位	上期盘点			本期出库			本期入库			本期盘点			超过最高库存量	低于安全库存量	缺货次数	标准单价	平均单价	价差原因
				数量	单价	金额	数量	单价	金额	数量	单价	金额	数量	单价	金额						

（5）盘盈或盘亏的处理

发生盈亏的原因查清之后，应针对主要原因进行适当的调整与处理，至于废品、不良品减价的部分则需与盘亏一并处理。除了盘点时产生数量的盈亏，有些物品在价格上会产生增减，这些变更在经主管审核后必须利用物品盘点盈亏及价格调整表修改，如表 9.16、表 9.17 所示。

表 9.16　物品盘点盈亏调整

编号	物品名称	单位	账面数量	实存数量	单价	盘　盈		盘　亏		备注
						数量	金额	数量	金额	

表 9.17 物品价格调整

商品编号	物品名称	单位	数量	原价	金额	现价	金额	差异		备注
								单价	金额	

（6）分析研究库存策略

盘点结果出来后，应研究确定今后的库存策略，作为下一阶段库存管理工作的依据，以防类似问题再度发生。

2. 货物损耗的控制

货物在保管期间由于各种因素的影响，会发生使用价值的降低，产生各种损耗。造成这种损耗的主要原因有以下三个。

（1）自然损耗

自然损耗是指货物本身发生物理和化学变化所引起的自然减量和在储运过程中不可避免的损耗。造成自然损耗的因素有很多，如挥发、干燥、风化、散失、潮解、腐蚀、漏损、黏结和破碎等。货物的自然损耗是不可避免的，但也有一定的经济、技术范围，超过定额范围就属于非正常损耗了。

（2）人为损耗

人为损耗包括仓库保管员的工作失职所造成的库存货物的损坏或丢失，以及包装破损没有及时修补而造成的大量漏损等。

（3）自然灾害损失

自然灾害损失是指自然灾害（如地震、水灾和火灾等）造成的货物损耗甚至灭失，又称非常损失。

货物在保管期间所产生的各种损耗，不仅增加仓储费用，而且对生产建设所需物资的正常供应也会带来不利影响。因此，要采取措施尽量减少各种损耗。通常，最有效的办法是合理制定货物保管损耗定额并落实到保管人员的岗位责任制中，促使保管人员想方设法改进货物维护保养工作。

货物保管损耗定额，是指允许仓库对所保管的货物发生的最低程度的数量损耗。货物的自然损耗是组成货物保管损耗定额的主要部分。另外，还要加上合理的磅差。理论上磅差损耗不应算在保管期间所发生的损耗内。但实际上，货物保管损耗与磅差的关系是不容易分清楚的，进库检斤与出库检斤的差额实际上包括了保管损耗和磅差，因此只要这些数字在货物保管损耗定额的范围内，就可以将磅差损耗并在自然损耗内。

货物保管损耗定额的制定要具有科学性、合理性和先进性。要根据各种货物损耗的历史统计资料，结合现有的储存条件、包装情况、季节、保管期限和计量器具的准确程度等进行综合分析确定。为了准确地制定货物损耗定额，应尽可能采用技术查定法，即对一定数量的某种物品，在不同的储存条件下进行储存试验，记录其数量和质量的变化情况，找出各种因素与货物损耗之间的关系，结合企业实际和上级有关部门的要求，合理地制定货物的保管损耗定额。

货物保管损耗定额反映了仓库在正常保管条件下的货物正常损耗，它是货物在保管期间的各种损失是否合理的判定标准。因此，货物保管损耗定额也是评价货物保管工作质量的一项重要指标，通过对货物保管实际损耗的比较和分析，找出超耗的原因，以便采取各种有效措施，控制保管损耗。

3. 计算机在盘点中的应用

计算机的应用可以大大提高盘点的工作效率。一般库存管理系统都具有盘点功能，具体如下。

（1）实时查询

系统可以按照不同条件进行实时查询，如可以按物品的种类、名称、时间、货位、出库量等条件进行快速查询，实时掌握库存动态信息。

（2）库存统计

库存统计功能可对库存物品情况进行分类统计及汇总。系统可根据管理者的需要，按不同的条件进行分别统计。

（3）盘点结果分析处理

将实际的库存数量输入计算机库存管理系统中，系统会对盘点结果进行自动分析，并以一定的格式显示出来，以辅助管理人员进行决策。

（4）报表及打印

盘点结果可以生成各类报表，如库存台账、盘盈盘亏处理表等，并可按不同的报表格式显示，打印功能可随时将报表打印输出。

师傅教我做

如何做好仓库盘点工作

做好仓库盘点工作很重要，如果仓库管理不当，会严重影响企业的成本核算，乃至经营状况。仓库管理是企业降低成本管理的有效方法之一，企业应重视仓库管理。

第一步：搜集仓库物品资料

这一步要求仓库工作人员与采购人员互相配合，对仓库的到货检验、入库、出库、调拨、移库移位及库存盘点等各个作业环节的数据进行采集，不但要整理出仓库物品名称，尽量使用其简化称呼，而且其明细程度要高，一般来说都要有名称、规格、型号、数量、颜色及价格等。

第二步：整理数据，分区分工

一般企业仓库都有几大区域：包装用料、五金、办公用品、其他物品等，应将它们分区管理盘点。将物品名称归类、整理，制定出相应的编号、账页号、标志卡，将常用的物品放在仓库随时能取的地方，保证仓库管理各个作业环节数据输入的效率和准确性，确保企业及时、准确地掌握库存的真实数据，合理保持和控制企业库存。

第三步：现场规划

根据仓库的空间大小，进行仓库规划，将仓库分区。充分利用空间，如定制相应的货架，并且考虑仓库的最高库存量。不能忽视现场规划，规划时应注意几点：①重要、常用的物品先规划；②体积大的物品先考虑；③易燃、易爆、易霉的物品严格按照安全生产管理规定来规划。

第四步：整理仓库

按照已划分的区域、货架，将已经归类的物品对号入座，应在摆放物品时盘点数量，这样便于库存登记，而且可以省去再次统计物品的时间。要求物品摆放整齐，名称、规格、型号清晰，数量准确。

第五步：建立台账

根据盘点数据，按照不同的物品名称建立仓库台账，细心登记每天仓库物品的出入库、结存情况；严格控制单据的出仓、入仓、领料的填写，尽量避免漏单情况的出现。账目清晰、准确与否，可以反映出企业的经营状况是否健康。如果是一堆乱账，会直接影响企业每个部门的运作，影响企业的持续发展经营。

仓库的工作烦琐，需要细致对待、细心管理。物品数量的准确性，备料、购料中的及时性都直接影响企业的生产运作，因此需要仓库工作人员达到“精、准、稳”的工作标准，担负好仓库管理的重任。

小结：“骑马思维”说穿了就是“创造性思维”。其特点是跳出平庸，出奇制胜。因此，在社会的各个领域里，那些能“骑马思维”的，往往是赢家！

要点回顾

- 出库操作
  - 货物出库的依据、原则与要求
    - 货物出库的依据
    - 货物出库的原则与要求
  - 货物出库的方式
    - 提货方式
    - 送货方式
    - 托运方式
    - 过户方式
    - 取样方式
    - 转仓方式
  - 货物出库作业流程
    - 出库准备
    - 审核凭证
    - 分拣备货
    - 出库复核
    - 出库货物包装和标志
    - 出库验收
    - 出库点交与销账
    - 装载上车、装载发运、现场清理和数据归档
  - 盘点
    - 盘点的目的
    - 盘点的基本工作程序
    - 盘点的工作内容
    - 盘点方法
    - 盘点的结果分析及处理

练一练

1. 在实训室，练习拣选作业。现场以小组为单位进行比赛（比速度），在单位时间内，比小组准确率，准确率最高者为 100 分，依次折合。

2. 自备道具，选择一个物品进行包装。提交照片或现场展示。

3. 卖场要进行盘点作业，你和另外 3 个人为一组进行 4 个食品货架商品盘点，让你作为组长来安排此次盘点，应如何安排？

4. 工学结合项目：选择一个合作企业，通过调查研究提出改善其库存整理工作的对策和建议。

5. 工学结合项目：教师带领学生参观合作企业的物流公司，观察仓库工作人员的出库作业，由学生分析其合理性，若认为不合理，如何调整？请提交电子版的设计与调整方案。

学习资源库

1. 中国物流与采购网。

2．中国物流与采购教育认证网。

3．中国物讯网。

4．中国大物流网。

测一测

客观题　　实务操作题

扩一扩

案例赏析：国内首台智能拣货机器人面世

心灵悟语：人生在世，要想成功，智慧是不可或缺的必要条件！即要想成功，一定要先有学问。

项目五
库存控制

财富故事

一头官僚主义的熊

黑熊和棕熊喜食蜂蜜，都以养蜂为生。它们各有一个蜂箱，养着同样多的蜜蜂。有一天，它们决定比赛看谁的蜜蜂产的蜜多。黑熊想，蜜的产量取决于蜜蜂每天对花的“访问量”。于是它买来了一套测量蜜蜂访问量的绩效管理系统。这个由先进的计算技术支持的系统耗资不少，但也的确能准确记录每只蜜蜂每天的工作量。在它看来，蜜蜂所接触的花的数量就是其工作量。在季度中期，它公布每只蜜蜂的工作量；另外还设立了奖项，奖励访问量最高的蜜蜂。但它从不告诉蜜蜂们它是在与棕熊比赛，它只是让它的蜜蜂比赛访问量。棕熊与黑熊想的不一样。它认为蜜蜂能产多少蜜，关键在天它们每天采回多少花蜜——花蜜越多，酿的蜂蜜越多。于是它直截了当地告诉众蜜蜂：它在和黑熊比赛看谁产的蜜多。它花了不多的钱买了一套绩效管理系统，测量每只蜜蜂每天采回花蜜的数量和整个蜂箱每天酿出蜂蜜的数量，并把测量结果张榜公布。它也设立了一套奖励制度，重奖当月采花蜜最多的蜜蜂。如果一个月的蜜蜂总产量高于上个月，那么所有蜜蜂都得到不同程度的奖励。

三个月过去了，两只熊查看比赛结果，黑熊的蜂蜜不及棕熊的一半。黑熊大惑不解，自己花钱费神设立的绩效管理系统怎么会不管用呢。这时，蜂王告诉它，蜜蜂的访问量每月都增加一成以上，而每月产蜜量差不多下降一成以上。黑熊非常生气，连声问有没有谁偷吃了蜂蜜。蜂王说：“没有谁偷吃蜂蜜，问题出在没有足够的花蜜来酿蜜。为尽可能提高访问量，蜜蜂们都不采太多的花蜜，因为采的花蜜越多，飞起来就越慢，每天的访问量就越少。您有没有注意到，在给工作量最大的蜜蜂发奖的时候，其他蜜蜂立即一齐发出不满的‘嗡嗡’声？蜜蜂之间竞争压力太大，一只蜜蜂即使获得了很有价值的信息，比如某个地方有一片巨大的槐树林，它也不愿将此信息与其他蜜蜂分享。您要是早说您是在与棕熊比赛，而不是在让我们比谁访问的花多，蜜蜂们的工作就大不了一样了。”黑熊这才知道自己的做法不太对，于是虚心地向棕熊请教。棕熊说：“我之所以让蜜蜂们专注于采集更多的花蜜，是因为花蜜才是与最终的绩效直接相关的。你的绩效管理系统很精确，但你评估的绩效与最终的绩效并不直接相关。枝节越多，越容易走入歧途，越容易忘掉最终目的而把手段当成目的。”“另外，你的奖励方法也有问题，本来是为了让蜜蜂搜集更多的信息才让它们竞争，由于奖励范围太小，为搜集更多信息的竞争变成了相互封锁信息。我的蜜蜂不一样，因为我不限于奖励一只蜜蜂，为了采集到更多的花蜜，蜜蜂相互合作，嗅觉灵敏、飞得快的蜜蜂负责打探哪儿的花最多最好，然后回来告诉力气大的蜜蜂一起到那儿去采集花蜜，剩下的蜜蜂负责储存采集的花蜜，将其酿成蜂蜜。虽然采集花蜜多的能得到最多的奖励，但蜜蜂之间远没有到相互拆台的地步。激励是手段，激励单个蜜蜂更是手段中的手段，而激发起所有蜜蜂的团队精神就重要得多了。”

资料来源：杨保军．影响世界的100个管理寓言[M]．广州：广东经济出版社，2004.

在这个故事中，你能悟出什么道理？

任务十　库存成本管理

知识点

1. 库存。
2. 库存成本。
3. 库存成本管理。
4. 库存控制技术。

学习目标

1. 知识目标

- 能够掌握库存的含义。
- 掌握库存成本的构成。
- 掌握库存成本管理的指标体系。
- 掌握定量订货与定期订货的库存控制技术。

2. 素质目标

- 熟悉库存的清点。
- 了解库存成本管理的意义。
- 树立库存成本控制意识。

3. 技能目标

- 能够利用所学的知识进行库存成本的统计。
- 能够利用知识计算库存成本管理的各项指标。
- 能够使用库存控制技术。

实训项目

以小组为单位，由教师指定两家规模不同的超市货架进行调研对比，要求小组人员分工后通过观察和提问的方式，对不同类型超市的货架商品数量进行分析并做小组汇报。

引例

河北辛集某皮革制品公司创建于1996年，是一家专业设计、生产、销售中高档皮革制品的企业。2008年在经济不景气的形势下，王总亲自领导企业销售额突破了1亿元。但最近让王总烦恼的是，他本人把主要精力都投入销售与市场方面了，在公司的内部管理上就难免有疏漏，目前销售是上去了，可是利润却没有明显增长，还只是在原来的11%左右徘徊。王总感叹2008年还是白忙活了，说了一句“辛苦流汗大半年，利润全部成库存”。原来现在仓库中的物料积压越来越多，公司的利润都被库存吃掉了，销售额涨了，但公司的库存（主要是指面、辅料，配件等原材料库存）也跟着涨了，现在该公司的库存所占金额达到了惊人的1 500万元左右。

年终盘点的时候，当初要用的面、辅料，在仓库里怎么也找不到。盘点时发现原来账面上都没有的物料，现在全部“跑”出来了。由于服装产品的季节性强，流行周期短，一般超过3

个月的面、辅料，特别是为客户加工的面、辅料，过季了之后能用上的很少，基本上就只能低价处理了。所以王总要求公司仓库每周提供一次库存的账龄报表，并要求超过2个月的面、辅料，除掉一些通用料之外，都要列为优先使用物料，避免发生物料呆滞损失。可是仓库主管却向王总说这个报表提供起来实在有难度，为此仓库主管差点被辞退。

引例分析

仓库管理并不是简单地完成货物的进出库相关作业和手续，库存控制的效率更能体现仓库管理水平。

一、认识库存成本

（一）库存

1. 库存的含义

库存，是仓库中实际储存的货物。可以分两类：一类是生产库存，即直接消耗物资的基层企业、事业单位的库存物资，它是为了保证企业、事业单位所消耗的物资能够不间断地供应而储存的；一类是流通库存，即生产企业的原材料或成品库存、生产主管部门的库存和各级物资主管部门的库存。此外，还有特殊形式的国家储备物资——主要是指为了保证及时、齐备地将物资供应或销售给基层企业、事业单位的供销库存。

在物流管理中这样定义“库存”：一切目前闲置的、用于未来的、有经济价值的资源。库存具有狭义和广义两种观点。

① 狭义的观点认为，库存仅仅是指在仓库中处于暂时停滞状态的物资。

② 广义的观点认为，库存是指用于将来目的、暂时处于闲置状态的资源。

需要明确两点：其一，资源停滞的位置，可以是在仓库里、生产线上或车间里，也可以是在非仓库中的任何位置，如汽车站、火车站、机场及码头等的流通节点上，还可以是在运输途中，如图10.1所示；其二，资源的闲置状态可能由任何原因引起，而不一定是某种特殊的停滞。资源闲置的原因大体有如下几个。

① 主动的各种形态的储备。

② 被动的各种形态的超储。

③ 完全的积压。

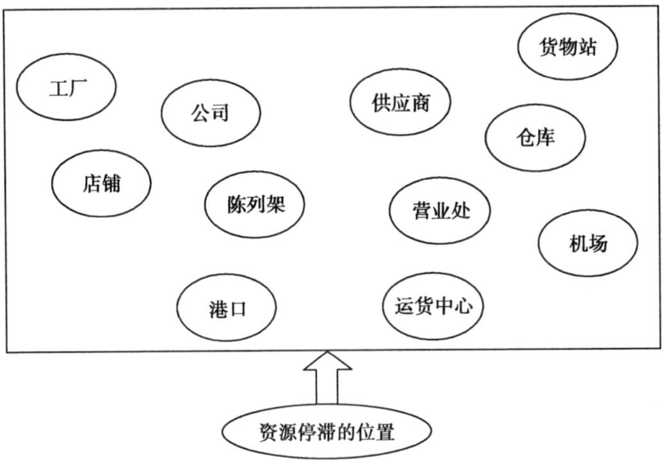

图10.1 资源停滞的位置

2. 库存的分类

库存是一项代价很高的投资，无论是对生产企业还是物流企业，正确认识和建立一个有效的库存管理计划都是很有必要的。库存可以从企业经营过程、库存的经济用途和经营环节等几个方面来进行分类。了解库存的分类有利于更好地理解库存的内涵。

（1）按企业经营过程分类

① 经常库存。经常库存是指在正常的经营环境下，企业为满足日常需要而建立的库存。这种库存随着每日的需要不断减少，当库存降到某一水平（如订货点）时，就要按一定的规则进行订货来补充库存。

② 季节性库存。季节性库存是指为了满足特定季节出现的特定需要而建立的库存，或者指对季节性生产的原材料在收获的季节大量收购所建立的库存。例如，空调、电暖器产品存在全年性生产与季节性消费的矛盾，粮食、水果存在季节性生产与全年性消费的矛盾，这就需要利用仓储调节生产和消费的时间差，平衡生产与消费的矛盾。

③ 安全库存。安全库存是指为了防止不确定因素而准备的缓冲库存。安全库存由于存在不确定性，要比经常库存更难决策。例如，粮食、食用油、糖是战略储备物资，是生活必需品，国家有储备要求，会建立相应的物资储备仓库来储备，以保证国家粮食的安全。

④ 投机库存。投机库存是指为了避免因物资价格上涨造成损失或为了从物资价格上涨中获利而建立的库存。

⑤ 促销库存。促销库存是指为了解决企业促销活动引起的预期销售增加而建立的库存。

⑥ 积压库存。积压库存是指因品质变坏不再有效用的产品库存或因没有市场销路而卖不出去的产品库存。

⑦ 生产加工和运输过程的库存。生产加工过程的库存是指处于加工状态及为了生产的需要暂时处于储存状态的零部件、半成品或成品；运输过程的库存是指处于运输状态或为了运输的目的而暂时处于储存状态的物资。例如，在生产领域，为保障生产加工过程的顺利进行，需要预先采购和储存一定量的物资，这就形成了原材料仓储，而在生产线上完成加工的产品，要及时下线，进入成品仓库进行储存保管，以保证市场供应和准时交货；在流通领域，为保障销售的顺利进行，能够及时满足消费者的需求，需要储存一定量的商品。

（2）按库存的经济用途分类

① 制造业库存。制造业库存是指购进后直接用于生产制造的物资，在出售前需要经过生产加工过程改变其原有的实物形态或功能。

② 商品库存。商品库存主要是指流通企业购进后用于转售的物资，物资在转售前保持其原有实物形态不变。

③ 其他库存。除了上述库存，还存在供企业一般耗用的用品和为生产经营服务的辅助性物资，它们主要是为了满足企业的各种消耗性需要。

（3）按库存的经营环节分类

各经营环节发生的库存如图 10.2 所示。

① 原材料库存。企业通过采购或其他方式取得的用于制造的原材料在用于生产之前形成的库存，是企业为保持生产的正常、顺利进行所必备的库存。

② 在制品库存。它是指企业在生产过程中的有待进一步加工制造的物资库存。

③ 成品工厂库存。它是指企业已经全部完工、可供销售的产品的库存。

④ 成品分销库存。它是指批发环节形成的库存。

⑤ 成品零售库存。它是指在产品的零售环节形成的库存。

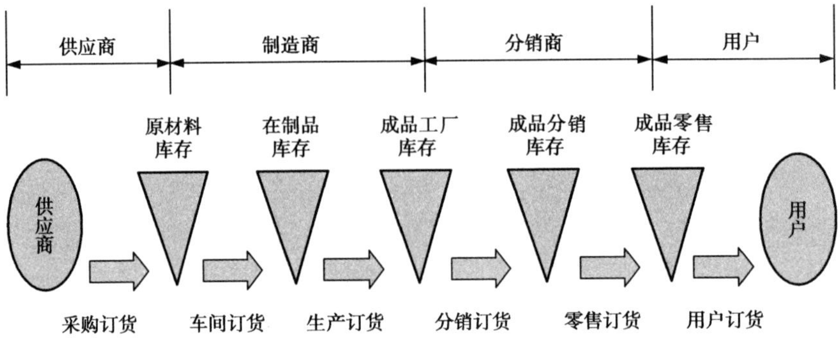

图 10.2　各经营环节发生的库存

3. 库存的目标

许多企业都信奉准时生产的库存概念，它的主要目标是零库存。所谓零库存，是指物料（包括原材料、半成品和产成品等）在采购、生产、销售、配送等一个或几个经营环节中，不以仓库储存的形式存在，而均处于周转的状态。从纯理论的角度上讲，这意味着完全没有库存，商品必须在顾客购买地准时到达货架。但应该注意的是，通过持有库存，企业可以实现许多有意义的目标。

① 提供平衡供给和需求的途径。有些特殊的商品可能只在一年内的某个特殊时期销售，为了充分利用固定资产，确保拥有稳定、熟练的劳动力，企业可能全年都在生产，这时库存是不可缺少的。

② 为不确定需求提供保障。商品的需求量是不可能准确地预知的，为了避免突发性事件导致商品的紧缺，必须持有一定量的库存，以保证即使生产出现了中断，商品也能持续供应。

③ 获取规模经济效益。企业通过一次性大批量采购某种商品或原材料，可以降低运输成本和订货成本，而且持续不间断的生产也可以降低制造成本。

视野拓展

日本丰田汽车公司的“零库存”

“零库存”概念可以追溯到 20 世纪 60 年代。日本丰田汽车公司实施全新的生产模式——JIT生产制，具体的管理手段包括看板管理、单元化生产等，最终在生产过程中实现原材料和半成品的“零”积压，生产效率得到极大提高。此后，在其他国家，“零库存”的概念逐渐延伸到原料供应、物流配送、产品销售等领域，成为企业降低库存成本的最佳策略。

企业追求利润最大化，反对产品过分积压，因而零库存的理念便受到推崇，实际上实现零库存已不再是神话，日本部分企业已经做到了。这一目标的形成也并非偶然，其实它是经济发展的必然规律，也是企业发展到一定阶段的产物。

实现零库存其实有两层含义：一是生产和消费达到均衡，供需基本实现一致；二是实际生产数额较少，形成供小于求的局面。而企业追求的往往是第一层含义，也就是通过调研分析对市场做出准确的预测，从而制订与需求相吻合的生产方案，以避免造成不必要的资源浪费或产品积压。

网络时代渐渐缩短了人与人之间的距离，从而减少了烦琐的中间环节，能够实现直接交易，于是由订购约束生产的经营模式逐渐形成，可以避免盲目生产，为零库存的实现做了有效的衔接。

资料来源：吕俊平. 丰田汽车零库存管理研究[D]. 天津：天津科技大学，2011-3.

4. 库存的利弊

既然库存是闲置的资源，就一定会造成浪费，增加企业的开支。那么，为什么还要维持一定的库存呢？这是因为库存可以平衡供给与需求之间的关系，可以解决供给的最佳批量和需求的实际批量之间的矛盾。

（1）库存的作用

① 维持生产的稳定。企业按销售订单与销售预测安排生产计划，并制订采购计划，下达采购订单。由于采购原材料需要一定的提前期，这个提前期是根据统计数据或是在供应商生产稳定的前提下制定的，存在一定的风险，有可能会拖后而延迟交货，最终影响企业的正常生产，造成生产的不稳定，因此为了降低这种风险，企业就会增加原材料的库存量。

② 维持销售产品的稳定，平衡供求关系。由于商品数量、价格和市场政策的变化等原因，导致供求在时间和空间上出现不平衡现象，企业为了稳定生产和销售，必须准备一定数量的库存以避免市场震荡。在这种方式下，企业并不预先知道市场真正需要什么，只是按对市场需求的预测进行生产，因而产生一定数量的库存是必需的。但随着供应链管理的形成，这种库存在减少，甚至会消失。

③ 降低运输成本。企业有时会面临原材料和产成品的零担运输问题，长距离零担运输的费用比整车运输要高得多，仓储活动就能够将少量运输组合成大量运输，有效地减少运输费用。

④ 平衡企业物流，减少运输的复杂性。企业在采购材料、生产用料、在制品及销售商品的物流环节中，库存起着重要的平衡作用。企业会根据库存能力，协调来料收货入库。同时，对生产部门的领料应考虑库存能力、生产线物流情况，平衡物料发放，并协调在制品的库存管理。

⑤ 提高服务水平，实现企业工厂（车间）或客户所需物资的组合。企业工厂（车间）发出的用料需求和客户发出的订单需求通常都是各种物资的组合。如果这些原料或产品被存放在不同的地点，企业就必须从各个地点分别运货来履行供应和服务的功能，就可能会出现运达时间不同、物资弄混等问题。因此，企业可以通过建立混合仓库，用小型交通工具进行集货和交付，并在最佳时间安排这些活动以避免交通阻塞，提高服务水平。

⑥ 平衡流通资金的占用。库存的材料、在制品及成品是企业流通资金的主要占用部分，因而对库存量的控制实际上也是进行流通资金的平衡。例如，加大订货批量会降低企业的订货费用，保持一定量的在制品库存与材料会节省生产交换次数，提高工作效率，但这两方面都要寻找最佳控制点。

⑦ 预防意外的发生。仓储管理可以有效地预防如运输延误、零售商缺货和自然灾害等意外事件的发生。

（2）库存的弊端

① 增加了企业的产品成本与管理成本。库存材料增加了产品成本，相关库存设备、管理人员加大了企业的管理成本。

② 占用企业大量资金，会引起资金周转困难。

③ 库存时间过长，会造成库存物资过时、陈腐，使库存积压产品的损失风险加大。

④ 库存使预期的投资利润受到损失。

⑤ 库存产品有时不得不降价出售，使利润降低。

⑥ 如果在制品库存过多，会降低企业的生产效率。

⑦ 库存会掩盖企业众多管理问题，如计划不周、采购不力、生产不均衡、产品质量不稳定及市场销售不力等。

经验之谈

库存管理“六不”法

1. 不让等。员工和设备闲置时间应为零，合理安排作业流程与作业量，使其连续工作。
2. 不让碰。员工与物品接触机会为零，利用机械化和自动化设备，降低劳动强度。
3. 不让动。缩短移动距离和次数，科学规划以减少物品不必要的移动。
4. 不让想。操作简便。
5. 不让找。通过现场5S管理，使物品一目了然。
6. 不让写。无纸化作业。

（二）库存成本

企业在决定持有多大库存时必须确定每一项具体决定对库存成本的影响。在库存决策中涉及的成本主要有以下几类。

1. 随库存量增加而下降的费用

① 调整准备费。加工零件一般需要准备图纸、工艺和工具，需要调整机床、安装工艺装备。这些活动需要的费用就是调整准备费。如果花费一次调整准备费，多加工一些零件，则分摊在每个零件上的调整准备费就少，但扩大加工批量会增加库存。

② 订货成本。订货成本是企业向供应商发出采购订单的费用及订单处理过程中发生的相关费用，是指准备采购订单或生产订单时所发生的管理和办公费用。它具体包括订购手续成本、采购成本、进货验收成本和进库成本等，一般与订货次数有关，而与一次订多少无关。

③ 购买费和加工费。采购或加工的批量大，可能会有价格折扣。

④ 生产管理费。加工批量大，为每批工件做出安排的工作量就会少。

⑤ 缺货损失费。批量大则发生缺货的情况就少，缺货损失就小。

2. 随库存量增加而上升的费用

① 仓储成本。要维持库存必须建造仓库、配备设备，还有供暖、照明、修理和保管等开支。

② 资金成本。库存资源本身有价值，占用了资金。这些资金本可以用于其他活动来创造新的价值，库存使这部分资金闲置起来，造成机会损失。如果每年在其他地方使用这笔资金的投资报酬率为20%，则每年存货资金成本为这笔资金的20%。

③ 搬运成本。存货数量增加，则搬运和装卸的机会也会增加，搬运工人与搬运设备同样也会增加，这就造成了搬运成本的增加。

④ 折旧及陈腐成本。在闲置过程中，存货容易发生变质、陈旧、破损、报废或价值下跌等，因而所丧失的价值就会加大，导致折旧及陈腐成本增加，如金属生锈、药品过时、油漆褪色和鲜货变质等。

⑤ 税收和保险。

3. 库存总费用

计算库存总费用一般以年为时间单位。年库存费用包括以下四项。

① 年补充订货费。它与全年发生的订货次数有关，一般与一次订多少无关。

② 年维持库存费。它是维持库存所必需的费用，包括资金成本、仓库及设备折旧、税收、保险和陈旧化损失等。这部分费用与物品价值和平均库存量有关。

③ 年缺货损失费。它反映失去销售机会带来的损失、信誉损失及影响生产造成的损失，与缺货多少、缺货次数有关。

④ 年购买费。它与价格和订货数量有关。

（三）库存管理

1. 库存管理的含义

库存管理又称存货管理或在库管理，是企业为满足外界对库存的要求和企业本身生产或订购的特点，预测、计划和执行一种补充库存，并对其进行控制的行为。其重点在于确定如何订货、订购多少和何时订货。

简单地说，库存管理主要是企业经营者解决何时补货、补货多少，以及安全库存量、平均库存量、周转率和缺货率各是多少等问题所采取的方法。它只考虑合理性、经济性与最优性，而不是从技术上去考虑存货的保管与储藏及如何运输等。

库存管理应该特别考虑下述两个问题。

① 根据销售计划，按计划生产的商品在市场上流通时，要考虑在什么地方，存放多少。

② 从服务水平和经济效益出发来确定库存量及如何保证补充库存。

视野拓展

沃尔玛公司的库存成本控制策略

沃尔玛公司长期销售宝洁公司的产品，如“帮宝适”等妇幼商品，既有保质期，体积又大，销量也很大，有时因存货不足而影响销售，有时又因存货过多而增加存货管理的难度，且占用公司的流动资金。为了解决库存成本控制的难题，沃尔玛公司提出与宝洁公司合作，大胆地向宝洁公司提供销售信息，也就是将沃尔玛公司的配送中心、各商场货架上的存货情况及全部销售资料数据通过跨企业的计算机网络直接传给宝洁公司，这样宝洁公司就能实时掌握商品的销售动态，在适当的时间将适当数量的商品送到沃尔玛公司的配送中心。同时，由于沃尔玛公司的价格标签和UPS条码已经事先在宝洁公司的商品上贴好，因此不用在配送中心存货。沃尔玛公司的配送中心立即根据宝洁公司独立打包的各种商品上的标志将商品送到各商场的货架。这样大大简化了库存管理，每年可为沃尔玛公司节省数百万美元的费用。沃尔玛公司1992年配送成本低于其销售额的3%，而其竞争对手则达其销售额的4.5%～5%。沃尔玛公司将这种跨企业业务处理过程再造的思路在公司推广，形成了跨企业的供应链管理的新型运作模式。通过这种跨企业的供应链管理运作，沃尔玛公司大幅度降低了商品的库存，甚至接近零库存的理想状态，节约了大量的库存及管理费用，同时由于简化了采购管理工作，也减少了相应的采购成本；同供应商建立了长期稳定的合作伙伴关系，获得了商品进货价格更加优惠的政策，达到了双赢的效果。

2. 库存管理的目标

库存管理基于两点考虑：一是客户服务水平，即在正确的时间和地点，将正确的商品送至正确的客户手中；另一个则是订货成本和库存持有成本。库存管理的总目标是：在合理的库存成本范围内达到满意的客户服务水平。为了达到这个目标，应尽量使库存水平在两者间寻求平衡。因此，库存管理人员必须做出两项基本决策——确定订货时间与订货批量。库存管理的目的就是在满足客户需求的前提下通过对企业的库存水平进行控制，尽可能降低库存水平，提高物流系统的效率，以强化企业的竞争力。

库存管理不善会导致库存不足或过剩，库存不足将错过销售机会，减少销售额，使客户不满，产生生产瓶颈；而库存过剩会占用更多不必要的资金，增加企业的经营成本。尽管库存过剩看起来危害较小，但附着在库存过剩上的价值令人吃惊，当库存持有成本较高时，局面容易失控。

具体来讲，库存管理的目标包括以下几点。

① 降低缺货率。

② 提高客户服务水平。

③ 增加销售，同时尽量减少库存。

④ 加快库存资金周转率。

⑤ 为企业库存决策提供理论依据。

⑥ 减少滞销品。

3. 库存管理的相关名词和指标体系

（1）库存管理的相关名词

① 订货量，指企业在库存不足的情况下，一次性向供应商订购某种物资的数量。

② 订货周期，指企业向同一供应商就某种物资两次订货的时间间隔。

③ 需求量，指客户到企业仓库来提货的数量。

④ 订货提前期，指从向某一供应商就某种物资订货时起算，到所订购物资验收入库的时间间隔。

⑤ 到货延迟期，指所订物资的实际到货入库时间比规定的到货时间延迟的时间。晚于规定到货时间时，此值为正值；早于规定到货时间时，此值为负值。

⑥ 在库库存量，指仓库内现有物资的数量。

⑦ 在途库存量，指已经订货，但尚未验收入库的物资的数量。

⑧ 名义库存量，指在库库存量与在途库存量之和。

⑨ 库存占用金额，指仓库内现有物资所占用的资金金额。

⑩ 库存年消耗金额，指在一段时间内由仓库所发出的物资所值的金额。

⑪ 周转率，指库存占用金额与库存年消耗金额之比。

⑫ 安全库存量，是一种额外持有的库存，它作为一种缓冲器用来补偿在订货提前期内实际需求量超过期望需求量或实际提前期超过期望提前期所产生的需求。

⑬ 订货点，指当某种物资的库存量下降到某一点时，必须立即订货。订货点也称报警点，这个点的库存量应在新订购的物资入库前，能按既定服务水平满足客户的需求。

⑭ 订货后库存量。当库存量下降到报警点发出订货要求后，会使名义库存量上升到某一数额，该名义库存量为订货后库存量。

（2）库存管理的指标体系

① 库存资金周转率，是衡量单位库存资金用于供应的效率。其计算公式为：

$$库存资金周转率=期间销售金额÷期间加权平均库存额（次）\tag{10-1}$$

要提高库存资金周转率，一方面可以提高销售，一方面可以降低库存，或者使销售增长速度大于库存增长速度。

② 客户需求满足率，是衡量企业客户订单满足程度的指标。其计算公式为：

$$客户需求满足率=（供应量÷需求量）×100\%\tag{10-2}$$

$$需求量=供应量+缺货量\tag{10-3}$$

对于一个库存管理系统来说，为了保证供应，尽量满足客户的需求，必须设置一定的安全库存，以防止某些突发性事故造成生产和供应的中断，防止因缺货造成的损失。要提高客户需求满足率，就要尽量使供应量达到需求量，但同时又要尽量减少库存，这就凸显了库存分析的必要性和重要性。

③ 缺货率，与客户需求满足率指标相似，是从另一个角度衡量服务水平的指标。其计算公式为：

缺货率=（缺货量÷需求量）×100%　　（10-4）

缺货率+客户需求满足率=1　　（10-5）

④ 滞销品率，是衡量企业滞销品消化能力的一个重要指标。其计算公式为：

滞销品率=（滞销品品种数量÷全部库存品品种数量）×100%　　（10-6）

或　滞销品率=（滞销品额÷库存金额）×100%　　（10-7）

⑤ 平均供应费用，反映为供应每单位库存物资所消耗的活劳动和物化劳动的水平。其计算公式为：

平均供应费用=库存管理系统年总费用÷年总销售金额　　（10-8）

以上五大指标是互相联系又互相制约的。库存管理的任务就在于审时度势、权衡轻重、分清主次和全面考虑，以做出最佳的决策。

视野拓展

5S 库存管理方法

5S 管理是一种主要用于生产现场的管理技术，该技术在库存管理中也同样适用。5S 管理主要包括：整理（Seir），即区分物品的必要性和不必要性，然后把一些不必要的处理掉，不放置在现场，主要目的是腾出空间，提高现场的利用率；整顿（Setion），即将必要的东西根据“三定原则”（定品种、定位置、定数量）摆放整齐、明确标示，主要目的是清楚寻找的空间，节约时间；清扫（Seiso），即清除现场内的不干净的物品及其污染源，主要目的是保持现场的干净、整洁、明亮；清洁（Seiketsu），即将整理、整顿、清扫工作的劳动成果维持，并将其制度化、规范化，主要目的是形成规范要求，通过制度来维持、监督现场；素养（Shitsuke），即全体员工依照公司的规定自觉办事，养成良好的行为习惯，不抱怨，保持一个良好的工作状态，主要目的是提高企业全体成员的素质，养成认真、负责的工作习惯。

资料来源：陈素芳. 浅谈库存管理方法和技术[J]. 管理纵横，2020，(3).

4. 库存管理的思想

（1）独立需求与相关需求

独立需求，是指需求变化仅涉及该产品，其需求的数量和时间与其他产品无关。一般面向消费市场的产成品库存属于独立需求库存，对于这类物资适用于采用定量订货法进行库存控制。

相关需求，是指需求的数量和时间与其他变量存在一定的相互关系，可以通过一定的数学关系推断出来。一般来说，制造产成品的原材料或零部件库存属于相关需求库存。

例如，汽车生产企业生产多少辆汽车，即产品需求波动受市场影响，而不受其他库存的影响，这类库存问题属于独立需求库存，往往通过预测分析，建立库存模型，用定量订货法来进行有效管理。而生产一辆汽车所需的零部件是固定的，如 1 辆汽车需 1 台发动机和 4 个轮胎，它们之间的关系是确定的，生产 100 辆汽车就需要 100 台发动机和 400 个轮胎，这类库存问题就属于相关需求库存问题。如果用传统的定量订货法来处理制造过程中的这类相关需求问题则有很大的盲目性。例如，某零部件一个月的经济批量是 90 件，但可能前 3 周都是多余的库存，到了第 4 周才会使用，用现代的库存成本管理理念来看，这就造成了库存的浪费。

（2）独立需求与从属需求的区别

① 需求的数量和时间不同。独立需求是随机的，只能靠预测来掌握；从属需求是确定的、随时间变化的，特征是已知的，因此不需要预测，只需根据生产计划来确定。

② 满足两种需求的库存在性质上不同。满足独立需求的库存需要设立安全存货，满足从属需求的库存不需要设立安全存货，而且在理想情况下，所有的生产存货都应该是在制品。

不管是独立需求库存控制还是从属需求库存控制，都要回答以下问题。

① 如何优化库存成本？

② 怎样平衡生产与销售计划，来满足一定的交货要求？

③ 怎样避免浪费及不必要的库存？

④ 怎样避免需求损失和利润损失？

因此，库存管理要根据客户需求量的大小，指定一个订货进货策略，来控制订货进货过程，达到既满足客户需要、又控制库存水平、使库存总费用最小的目的。

师傅教我做

正确确定库存物料

对一般性的企业来说，其所经营的产品少则几十种，多则成千上万种，并且在大多数的情况下，不需要也不可能对所有的产品都准备库存。因此企业的首要任务就是正确确定库存和非库存的物料。

一般来说，企业的库存管理模式可以分为拉动式（反应式）和推动式（计划式）。前者是基于需求（生产或客户的订单），仅在需要时才生产或采购的库存管理模式。JIT 和看板管理系统就属于这种模式。这种模式所适用的产品通常有以下特点。

① 产品大多数为客户定制，或者说产品的标准化程度较低。

② 产品的单价较高，这种产品如果备大量的库存对企业的资金流动会造成巨大的压力。

③ 产品生产或采购的前置时间可以满足客户订单的交货要求。这种情况下企业通常没有必要准备库存。

④ 产品的流动性较慢。

推动式的库存管理模式是企业基于预测和需求计划，预先准备一定量的原材料或产成品，以满足随时发生的生产或客户订单的交货需求。这种模式所适用的产品通常有以下特点。

① 产品的标准化程度较高，通用性较强。

② 产品的单价适中。

③ 产品的生产或采购的前置时间不能满足客户订单的交货要求。

④ 产品的销售具有季节性。

⑤ 产品的流动性较大。

除了个别特殊的行业和企业，大多数企业在通常情况下同时采用以上两种模式来管理不同的产品。这样既能缩短订单交货时间，增强企业的竞争力，又能降低企业的库存水平，加快资金的流动。

二、控制库存成本

为了控制库存成本，需要控制库存数量，因此根据不同商品的库存数量，决定合适的采购时间和采购数量，是控制库存成本最为关键的问题。根据库存商品的不同，采购订货分为定量订货和定期订货两种方法。

（一）定量订货技术

定量订货技术是指在库存数量到达固定点的时候，发出固定数量的订单，以采购商品的订货点技术。其订货间隔期不固定，因此又可以理解为“两定一不定”（订货点和订货批量固定，订货周期不固定）。

1. 定量订货技术的计算过程

定量订货技术共有 10 个步骤，其计算过程如图 10.3 所示。其中前 5 个步骤是准备工作，后 5 个步骤是真正计算的过程。

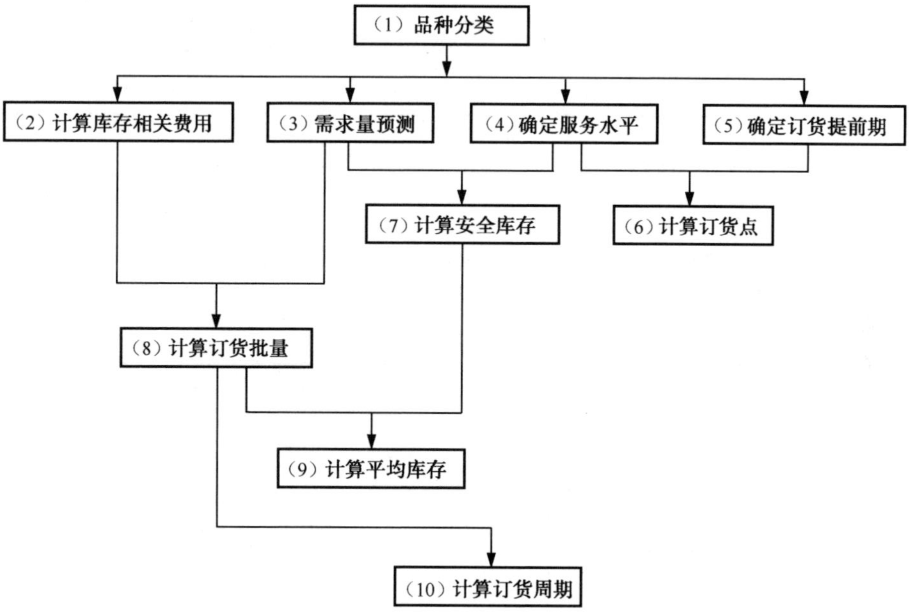

图 10.3　定量订货技术计算过程

（1）品种分类

在对商品进行管理之前，首先要了解商品。不分主次、“眉毛胡子一把抓”的管理方式，是不科学的管理方式。分清被管理商品对企业的重要程度，是企业管理成功的关键，也是定量订货技术的第一步，因此首先要对商品进行分类。

品种分类可以使用很多方法，在实际工作中常用的是 ABC 分类法。

例 10-1　某公司仓库库存商品情况如表 10.1 所示，按照表 10.2 所示的标准用 ABC 分类法进行分类。

表 10.1　某公司仓库库存商品情况

商品单价 P/（元/个）	品种数/种	占用资金总额/万元
$P>120$	260	5 800
$100<P\leqslant 120$	68	450
$80<P\leqslant 100$	55	300
$60<P\leqslant 80$	95	340
$40<P\leqslant 60$	200	420
$20<P\leqslant 40$	322	410
$P\leqslant 20$	2 421	670

表 10.2　某公司仓库库存商品的 ABC 划分标准

类　别	品种数占全部品种数的百分比	资金总额占全部资金总额的百分比
A	5%～10%	70%～75%
B	10%～20%	10%～20%
C	70%～75%	5%～10%

解：将表 10.1 做累加后得到表 10.3，按照表 10.2 的标准进行 ABC 分类后得到的结果如表 10.4 所示。

表 10.3　某公司仓库库存商品种类和金额的总计情况

商品单价 P/（元/个）	品种数/种	品种累计数/种	累计占全部品种百分比	占用资金总额/万元	资金总额累计/万元	累计占全部资金的百分比
$P>120$	260	260	7.6%	5 800	5 800	69.1%
$100<P\leqslant 120$	68	328	9.6%	450	6 250	74.4%
$80<P\leqslant 100$	55	383	11.2%	300	6 550	78.1%
$60<P\leqslant 80$	95	478	14.0%	340	6 890	82.1%
$40<P\leqslant 60$	200	678	19.8%	420	7 310	87.1%
$20<P\leqslant 40$	322	1 000	29.2%	410	7 720	92.0%
$P\leqslant 20$	2 421	3 421	100%	670	8 390	100%

表 10.4　某公司库存商品的 ABC 分类结果

<table>
<tr><th>类　别</th><th>商品单价 P/（元/个）</th><th colspan="2">占全部品种百分比</th><th colspan="2">占全部资金百分比</th></tr>
<tr><td rowspan="2">A</td><td>$P>120$</td><td>7.6%</td><td rowspan="2">9.6%</td><td>69.1%</td><td rowspan="2">74.4%</td></tr>
<tr><td>$100<P\leqslant 120$</td><td>2%</td><td>5.3%</td></tr>
</table>

续表

类 别	商品单价 P/（元/个）	占全部品种百分比		占全部资金百分比	
B	$80<P\leqslant100$	1.6%	19.6%	3.7%	17.6%
	$60<P\leqslant80$	2.8%		4%	
	$40<P\leqslant60$	5.8%		5%	
	$20<P\leqslant40$	9.4%		4.9%	
C	$P\leqslant20$	70.8%	70.8%	8%	8%

从表 10.4 中可见该公司库存商品中单价 100 元/个以上的是 A 类商品，单价 20～100 元/个的是 B 类商品，单价 20 元/个以下的是 C 类商品。

一般情况下，定量订货技术用于 C 类商品。

（2）计算库存相关费用

在认识成本部分，了解了与库存相关的成本及它们之间的相互关系，现在要进一步计算这些成本费用。

需要首先掌握库存管理中的所有费用，然后对这些费用逐项分解，以得到每一项费用。库存相关费用如表 10.5 所示。表中所示的一些费用是固定和连续使用的，一些费用是跨部门的，一些费用是很多不同的商品之间共有的，因此对于比较难以具体划分到某种商品上的费用计算，一般采用经验方法和统计方法得到。

表 10.5 库存相关费用

总 项	分 项	描 述	备 注
购买费	—	商品的进价，即单价（P）	大量采购一般有折扣价
订货费	—	与订货有关的通信费、外勤费、运输费、入库费等费用，一般指从开始订货，直到商品入库这段时间内的费用	平均到每次后就得到单次订货费（S）
保管费	利息	库存商品占用的资金，需要支付利息；或是为增加库存而支付的费用；或是在库存商品上希望赚取的收益等。上述中取最大者作为商品利息	保管费是根据库存量不同而变化的费用。总保管费在单位时间（如每年）内，合理平摊到每种商品中，就可以得到单位商品年保管费（C）。但很难做到合理平摊，因此一般取单价的某个百分比
	保险金	为防范风险，投保产生的费用	
	搬运费	仓库内搬运产生的费用	
	仓库经费	仓库的地租、房租、维修费、水电费、设备费等	
	盘点损耗费	货物变质、丢失、损耗的费用	
	税金	库存商品需要上缴的税金	
缺货费	—	缺货引起的停工、停产损失，或者由于紧急订货产生的额外费用	一般很难计算，因此要么不考虑，要么取前三项和的某个百分比

（3）需求量预测

合理的订货数量是建立在对以往需求量分析基础之上的，因此需要根据以往的需求记录，利用统计方法来预测未来的需求量，以指导订货。

需求量预测常用的统计方法有移动平均法、加权移动平均法、指数平滑法和回归分析法，其中前三种方法用于时间序列，第四种方法用于相关性分析。

例 *10–2* 某公司某种商品前 16 个月的销售数据如表 10.6 所示，为了指导采购，现要预测该商品未来几个月的需求量。试用移动平均法预测本月和后两个月的可能销售数量，其中跨距设定为 5。

表 10.6　某公司某种商品前 16 个月的销售数据

销售月份	销售数量/箱	销售月份	销售数量/箱
1	45	9	64
2	52	10	67
3	60	11	69
4	48	12	73
5	52	13	75
6	55	14	80
7	58	15	82
8	62	16	84

说明：销售月份越大越靠近本月。

解： 移动平均法分为一次移动平均法、二次移动平均法和三次移动平均法，分别针对历史资料分布趋势呈水平直线、倾斜直线和曲线的情况如图 10.4 至图 10.6 所示。

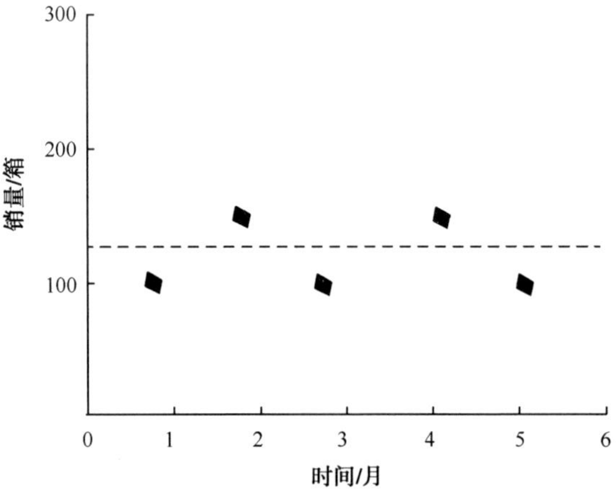

图 10.4　一次移动平均法的历史资料分析趋势

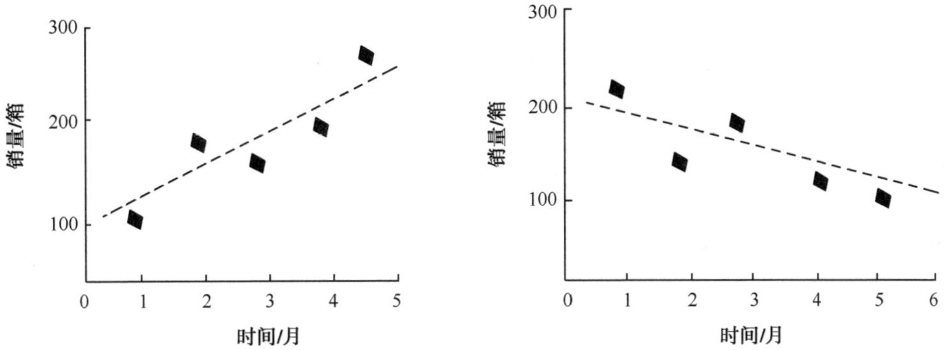

（a）呈上升趋势　　　（a）呈下降趋势

图 10.5　二次移动平均法的历史资料分布趋势

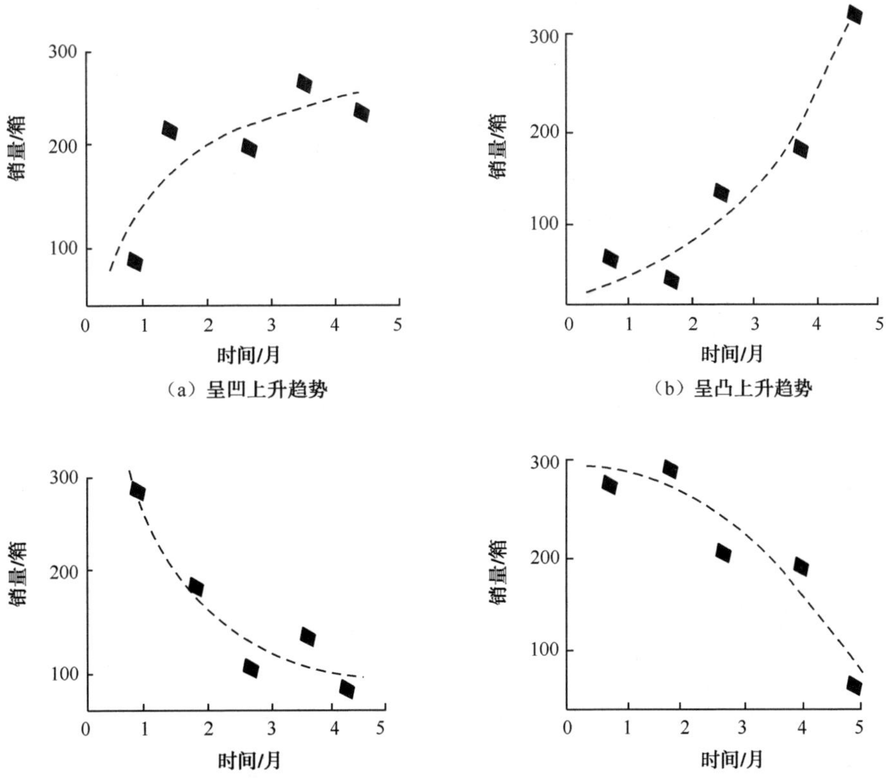

（a）呈凹上升趋势　　　（b）呈凸上升趋势

（c）呈凸下降趋势　　　（d）呈凹下降趋势

图 10.6　三次移动平均法的历史资料分析趋势

一般很少使用一次移动平均法做预测，它只是为二次移动平均法做准备的。而三次移动平均法需要很多的历史数据，不容易搜集，而且较早的数据对当期预测的指导意义不大，因此也很少使用三次移动平均法做预测。如果有曲线趋势的情况，可以用三次指数平滑法来计算，有关内容后面部分将会讲到。移动平均法主要使用二次移动平均法。观察历史数据后发现，销售数据呈倾斜直线趋势，适合采用二次移动平均法。现用二次移动平均法预测本月和后两个月的可能销售数量。根据数据，分别计算一次和二次移动平均值，如表 10.7 所示。

表 10.7　销售数据的移动平均值

销售月份 t	销售数量 X_t/箱	一次移动平均值 $M_t^{(1)}$	二次移动平均值 $M_t^{(2)}$
1	45	—	—
2	52	—	—
3	60	—	—
4	48	—	—
5	52	51.4	—
6	55	53.4	—
7	58	54.6	—
8	62	55.0	—
9	64	58.2	54.52
10	67	61.2	56.48
11	69	64.0	58.60
12	73	67.0	61.08
13	75	69.6	64.00
14	80	72.8	66.92
15	82	75.8	69.84
16	84	78.8	72.80

$a_{16}=2M_{16}^{(1)}-M_{16}^{(2)}=2\times78.8-72.80=84.8$（箱）

$b_{16}=\dfrac{2}{N-1}(M_{16}^{(1)}-M_{16}^{(2)})=\dfrac{2}{5-1}\times(78.8-72.8)=3$（箱）

因为：$Y_{t+T}=a_t+b_tT$

所以：$Y_{17}=Y_{16+1}=84.8+3\times1=87.8\approx88$（箱）

$Y_{18}=Y_{16+2}=84.8+3\times2=90.8\approx91$（箱）

$Y_{19}=Y_{16+3}=84.8+3\times3=93.8\approx94$（箱）

由计算可知，根据二次移动平均法预测得到的本月和后面两个月的可能销售数量分别是 88 箱、91 箱和 94 箱。

例 *10-3* 某公司某种商品前 5 个月的销售数量分别是 73、75、80、82、84 箱，权重由远及近分别是 0.1、0.15、0.2、0.25、0.3。试用加权移动平均法预测本月可能的销量。

解：本月可能的销量 $Y_6=0.1\times73+0.15\times75+0.2\times80+0.25\times82+0.3\times84\approx80$（箱）

例 *10-4* 某公司某种商品前 8 个月的销量分别是 2.3、3.4、5.1、7.2、9、10.6、12、14.3，单位为吨。试用指数平滑法预测本月可能的销量，平滑指数 $\alpha=0.3$。

解：平滑指数法判断历史数据趋势的方法和移动平均法一样，因为数据比较少，所以不能确定趋势，因此本例将计算一次、二次和三次指数平滑预测值。因为：

$S_t^{(1)}=\alpha X_t+(1-\alpha)S_{t-1}^{(1)}$

$S_t^{(2)}=\alpha S_t^{(1)}+(1-\alpha)S_{t-1}^{(2)}$

$S_t^{(3)}=\alpha S_t^{(2)}+(1-\alpha)S_{t-1}^{(3)}$

所以，可以得到各次平滑指数值，如表 10.8 所示。

表 10.8 销售数据的平滑指数值

t	销售数量 X_t/吨	一次平滑指数值 $S_t^{(1)}$	二次平滑指数值 $S_t^{(2)}$	三次平滑指数值 $S_t^{(3)}$
0		2.30	2.30	2.30
1	2.3	2.30	2.30	2.30
2	3.4	3.07	2.53	2.37
3	5.1	3.68	2.88	2.52
4	7.2	4.74	3.44	2.8
5	9.0	6.02	4.21	3.22
6	10.6	7.39	5.17	3.80
7	12.0	8.77	6.25	4.54
8	14.3	10.43	7.50	5.43

采用一次指数平滑法时，因为：

$Y_{t+T}=S_t^{(1)}$

所以，本月销售预测 $Y_9=Y_{8+1}=S_8^{(1)}=10.43$（t）

采用二次指数平滑法时，因为

$a_8=2S_8^{(1)}-S_8^{(2)}=2\times10.43-7.50=13.36$（t）

$b_8=\dfrac{\alpha}{1-\alpha}(S_8^{(1)}-S_8^{(2)})=\dfrac{0.3}{1-0.3}\times(10.43-7.5)\approx1.26$（t）

$Y_{t+T}=a_t+b_tT$

所以，本月销售预测 $Y_9=Y_{8+1}=13.36+1.26\times1=14.62$（t）

采用三次指数平滑法时，因为：

$a_8=3S_8^{(1)}-3S_8^{(2)}+S_8^{(3)}=3\times10.43-3\times7.50+5.43=14.22$（t）

$b_8=\dfrac{\alpha}{2(1-\alpha)^2}[(6-5\alpha)S_8^{(1)}-2(5-4\alpha)S_8^{(2)}+(4-3\alpha)S_8^{(3)}]\approx2.07$（t）

$c_8=\dfrac{\alpha^2}{2(1-\alpha)^2}(S_8^{(1)}-2S_8^{(2)}+S_8^{(3)})\approx0.08$（t）

$Y_{t+T}=a_t+b_tT+c_tT^2$

所以，本月销售预测 $Y_9=Y_{8+1}=14.22+2.07\times1+0.08\times1^2=16.37$（t）

综上所述，各次指数平滑法的预测值分别是 10.43 t、14.62 t 和 16.37 t。

例 10–5 某公司的 10 个分公司与总公司的距离和平均货物运输时间如表 10.9 所示，现该公司准备再设立一个分公司，与其距离为 1 000 km。试预测总公司和该分公司之间可能的货物运输时间。

表 10.9　10 个分公司与总公司的距离和平均货物运输时间

分公司编号	与总公司的距离 X/km	平均货物运输时间 Y/h
1	210	5
2	290	7
3	350	6
4	480	11
5	490	8
6	730	11
7	780	12
8	850	8
9	920	15
10	1 010	12

解：回归系数计算如表 10.10 所示。

表 10.10　回归系数计算

分　公　司	X_t/km	Y_t/h	X_tY_t	X_t^2	Y_t^2
1	210	5	1 050	44 100	25
2	290	7	2 030	84 100	49
3	350	6	2 100	122 500	36
4	480	11	5 280	230 400	121
5	490	8	3 920	240 100	64
6	730	11	8 030	532 900	121
7	780	12	9 360	608 400	141
8	850	8	6 800	722 500	64
9	920	15	13 800	846 400	225
10	1 010	12	12 120	1 020 100	144
合计	6 110	95	64 490	4 451 500	993
$\overline{X}=\frac{\sum X_t}{n}=\frac{6\,110}{10}=611$　　$\overline{Y}=\frac{\sum Y_t}{n}=\frac{95}{10}=9.5$					

因为：$b=\dfrac{\sum_{i=1}^{n}(X_t-Y_t)-n\overline{X}\overline{Y}}{\sum_{i=1}^{n}X_t^2-n\overline{X}^2}=\dfrac{64\,490-10\times611\times9.5}{4\,451\,500-10\times611^2}\approx0.008\,97$

$a=\overline{Y}-b\overline{X}=9.5-0.008\,97\times611\approx4.019$

所以：$Y_t=a+bX_t=4.019+0.008\,97\times1\,000\approx12.99$（h）

（4）确定服务水平

某种商品的服务水平用服务率来表示。服务率是指在一定时间内的需要量中，如在一年内的需要量中，不缺货情况所占的比率。服务率可以用订单笔数表示，也可以用货物数量表示。例如，某种商品一年内共收到100份订单，其中没有缺货情况的是80份订单，则服务率为80%。又如，某种商品一年内共收到100箱的订单，其中没有缺货情况的是80箱，则服务率也为80%。

某种商品的服务率高，则缺货率就低，如服务率为80%，则缺货率就为20%；服务率为20%，则缺货率就为80%。

可以根据某种商品的重要程度不同，设定不同的服务率。如果某种商品非常重要（如A类商品），不能缺货，否则可能造成丢失重要订单、停工停产等事故，则该商品的服务率可以定高些，如90%以上。如果某种商品不是很重要（如C类商品），则该商品的服务率可以定低些。因为过多地储存商品，会造成较高的库存成本，所以用适度缺货来换取成本降低。

（5）确定订货提前期

订货提前期（又称供应周期）是指从发出订单开始，直到收到商品的时间间隔。因为向供应商发出订单后，供应商还要采购、生产、运输等，所以存在订货提前期。订货提前期和供应商的供应响应速度、运输情况等有关系。供应响应速度快，运输情况好，则订货提前期就短，自然可以安排较少库存；反之则要较多库存。因此订货提前期和库存量有一定关系（具体说，和安全库存有关）。

可以通过统计某种商品供应情况的历史资料来确定订货提前期，一般是列出某种商品的最近若干次的订货提前期。

需要说明的是，订货提前期和订货周期有区别，前者是指从发出订单开始，直到收到商品的时间间隔，后者是两次发出订单的时间间隔。如图10.7所示，T_K是订货提前期（供应周期），T是订货周期。

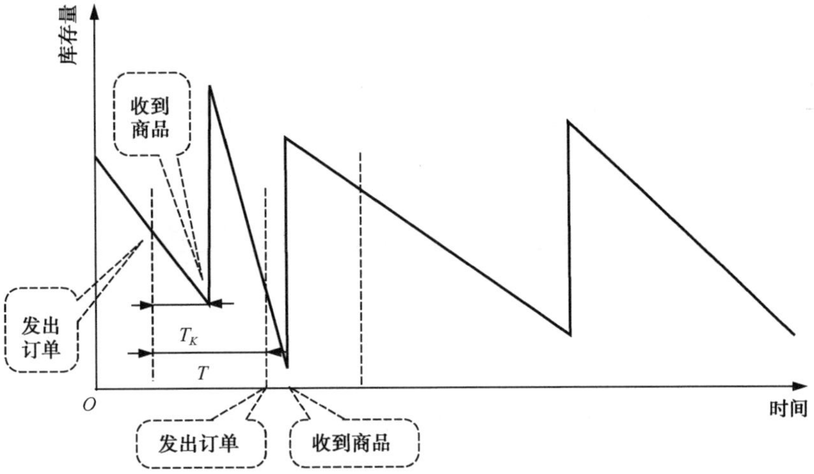

图10.7　订货提前期和订货周期

（6）计算订货点

前面的5个步骤是做准备的，从第6步开始进入定量订货技术的计算，先计算订货点。例如，某种商品的订货点设定为150个，那么当该商品库存降到150个时，就向供应商发出订单。

由图 10.3 可知，订货点需要通过需求量、服务水平和订货提前期 3 个量来确定。按照需求量和订货提前期是否固定，定量订货技术的订货点确定分为两种情况。

第一种情况：当需求量和订货提前期固定时，不需要设置安全库存，则订货点的计算公式为：

$$订货点=（全年需求量\div365）\times订货提前期 \quad (10\text{-}9)$$

式中，365 天可用 360 天代替。

例 10-6 某公司某种商品每年的需求量为 24 000 个，每日需求量固定。供应商的供货质量较好，订货提前期固定为 12 天。试计算该商品的订货点。

解：订货点=（全年需求量÷365）×订货提前期

=（24 000÷365）×12

≈789（个）

因此，该商品的订货点是 789 个，即当该商品库存还剩 789 个时，应向供应商发出订单。从图 10.8 中可以看出，当需求量和订货提前期固定时，发出订单时库存还剩 789 个，每天大致需要 66 个，当 12 天后 789 个库存消耗完后，订购的商品恰好到达。这是最理想的情况，但也是很少出现的情况。

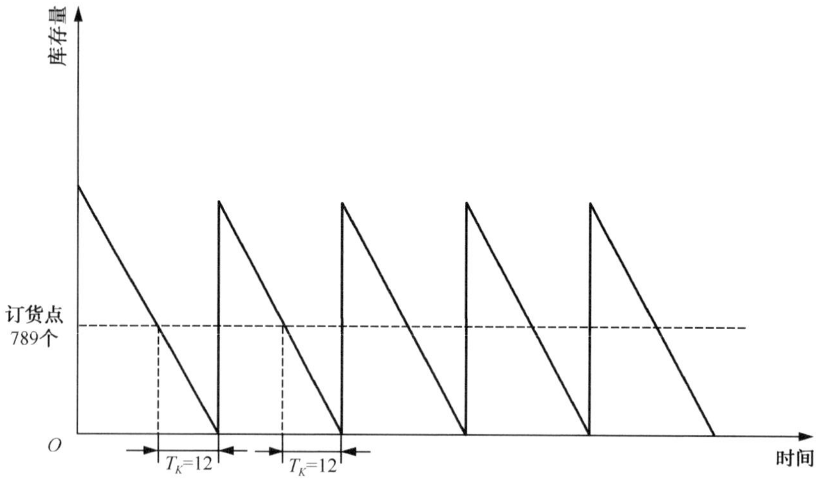

图 10.8 订货点

第二种情况：需求量和订货提前期不固定。如果历史数据资料较少（5 个以下），可使用以下计算公式：

$$需求变动值=\sqrt{\frac{\sum(x_i-\bar{x})^2}{n}} \quad (10\text{-}10)$$

$$安全库存=安全系数\times\sqrt{\max T_K}\times需求变动值 \quad (10\text{-}11)$$

$$订货点=平均需求量\times\max T_K+安全库存 \quad (10\text{-}12)$$

式中：x_i 是每个历史数据；$\bar{x}$ 是历史数据的平均值；$\max T_K$ 为最大订货提前期；安全系数是与服务水平（表中用缺货率表示）相对应的系数。其对应关系如表 10.11 所示。

表 10.11　安全系数

缺货率/%	0.8	1.4	1.8	2.3	2.9	3.6	4.5	5.0	5.5	6.7
安全系数值	2.3	2.2	2.1	2.0	1.9	1.8	1.7	1.65	1.6	1.5
缺货率/%	8.1	9.7	11.5	13.6	15.9	18.4	21.2	24.2	27.4	30.6
安全系数值	1.4	1.3	1.2	1.1	1.0	0.9	0.8	0.7	0.6	0.5

如果历史数据资料较多（5 个以上），可使用以下计算公式：

$$需求变动值=\frac{R}{d_2} \tag{10-13}$$

$$安全库存=安全系数\times\sqrt{\max T_K}\times需求变动值 \tag{10-14}$$

$$订货点=平均需求量\times\max T_K+安全库存 \tag{10-15}$$

式中：R 是历史数据的极差（极大值和极小值之差）；d_2 是随着资料数（样本数）的变化而变化的常数，如表 10.12 所示。$\max T_K$ 和安全系数与资料较少时的情况相同。

表 10.12　随资料数变动的 d_2 值

n	5	6	7	8	9	10	11	12	13	14
d_2	2.326	2.543	2.704	2.847	2.970	3.078	3.173	3.258	3.336	3.407
n	15	16	17	18	19	20	21	22	23	24
d_2	3.472	3.532	3.588	3.640	3.689	3.735	3.778	3.820	3.858	3.896

例 10-7　某公司某种商品在过去 3 个月的需求量分别是 126 个、110 个和 127 个，服务率设定为 69.4%，过去该种商品从发出订单直到收到商品的时间间隔中，最长的一次是一个月，试求该商品的订货点。如果上述时间间隔最长的是 45 天，订货点又是多少？

解：因为历史数据资料是 3 个，所以选择公式（10-10）至公式（10-12）。

$\bar{x}=\frac{126+110+127}{3}=121$（个）

需求变动值 $=\sqrt{\frac{(126-121)^2+(110-121)^2+(127-121)^2}{3}}\approx 7.79$（个/月）

服务率设定为 69.4%，则缺货率是 30.6%，查表 10.11 可得安全系数值是 0.5。

安全库存 = 安全系数 × $\sqrt{\max T_K}$ × 需求变动值

$=0.5\times\sqrt{1}\times 7.79$

$=3.895$（个）

订货点 = 平均需求量 × $\max T_K$ + 安全库存

$=121\times 1+3.895$

≈ 125（个）

如果 $\max T_K$ 是 45 天，则为 1.5 个月。

安全库存 = 安全系数 × $\sqrt{\max T_K}$ × 需求变动值

$=0.5\times\sqrt{1.5}\times 7.79$

≈ 4.77（个）

订货点=平均需求量×maxT_K+安全库存

=121×1.5+4.77

≈186（个）

因此，当最大订货提前期是一个月时，该商品订货点为 125 个；当最大订货提前期是 45 天时，该商品订货点为 186 个。

例 *10–8*　某公司某种商品在过去一年的需求量如表 10.13 所示，缺货率设定为 5%，最大订货提前期为 2 个月。试求该商品的订货点。

表 10.13　某公司某种商品过去一年的需求量

月　份	1	2	3	4	5	6	7	8	9	10	11	12	合计
需求量/个	162	167	173	181	180	172	174	170	168	165	163	168	2 052

解：因为历史数据资料较多，所以选择公式（10–13）至（10–15）。

月平均需求量 171（2 052÷12）个，安全系数为 1.65，极差 R 为 19（181–162）个，查表 10.12 得知 n=12 对应的 d_2 值为 3.258。

需求变动值=$\dfrac{R}{d_2}=\dfrac{19}{3.258}$≈5.831（个/月）

安全库存=安全系数×$\sqrt{\max T_K}$×需求变动值

=1.65×$\sqrt{2}$×5.831

≈13.61（个）

订货点=平均需求量×maxT_K+安全库存

=171×2+13.61

≈356（个）

（7）计算安全库存

安全库存是指当发出订单后，在预定的到货时间内，订购的商品没有按时到达时，为保证生产和经营所必需的保障性库存。安全库存是为了防止意外情况发生而设置的缓冲库存，其示意图如图 10.9 所示。从图中可以看出，订货点由常规库存和安全库存组成，这和公式计算是一致的。

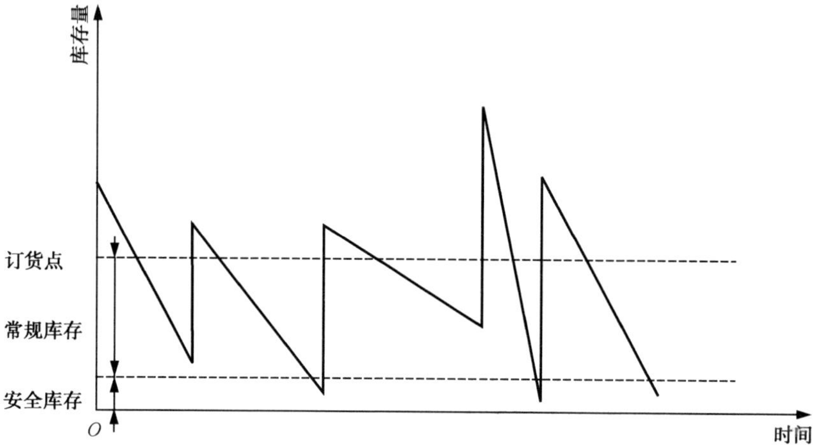

图 10.9　安全库存示意

由图 10.3 可知，安全库存也是由需求量、服务水平和订货提前期 3 个量来确定的。其实安全库存在第（6）步中已经计算过了，具体可以分为需求量和订货提前期固定（此时无安全库存）与需求量和订货提前期不固定［此时又可以分为历史数据资料较少和较多两种情况，计算公式分别见公式（10-11）和公式（10-14）］。

（8）计算订货批量

订货批量是指每次发出订单订购的商品的数量，因为是定量订货技术，所以订货批量是固定的，即每次订购相同数量的商品。

由图 10.3 可知，订货批量由费用和需求量计算得到。其计算公式为：

$$Q^*=\sqrt{\frac{2DS}{C}}=\sqrt{\frac{2DS}{PF}} \tag{10-16}$$

式中：Q^*是订货批量；D 是单位时间内的需求量，可以通过第（3）步得到；S 是每次订货成本，可以通过第（2）步得到；C 是单位时间内单位商品的保管费，可以通过第（2）步得到；P 是单位商品的购买单价，可以通过第（2）步得到；F 是单位时间内单位商品的保管费率，可以通过第（2）步得到。

订货批量公式的推导过程

从公式中可以看出，因为保管费是由所有被保管商品共同分担的，单独剥离出一种商品的保管费比较困难，所以在实际中可以将保管费设定为单价的百分比，通过调节保管费率 F 来调整某种商品的保管费。

例 10-9 某公司甲商品今年的需求量预测是 16 000 个，该商品每个每年的保管费约为 20 元，该商品每次订货成本约为 400 元/个；乙商品今年的需求量预测是 8 000 个，该商品单价为 100 元/个，每个每年的保管费率约为 20%，该商品每次订货成本约为 200 元/个。试计算定量订货时，这两种商品的订货批量。

解：甲商品每次订货的数量（订货批量）：

$$Q^*=\sqrt{\frac{2DS}{C}}=\sqrt{\frac{2\times16\,000\times400}{20}}=800\text{（个/次）}$$

乙商品每次订货的数量（订货批量）：

$$Q^*=\sqrt{\frac{2DS}{PF}}=\sqrt{\frac{2\times8\,000\times200}{100\times20\%}}=400\text{（个/次）}$$

甲商品和乙商品的订货批量分别是每次订货 800 个和 400 个，在实际中还要做适当调整，以符合一个集装单元的要求。

（9）计算平均库存

在某一个时期内，定量订货时的平均库存量的计算公式为：

平均库存量=（订货点÷2）+安全库存

（10）计算订货周期

严格意义上讲，定量订货技术是没有订货周期的，因为其订货时间间隔是不固定的，但是为了便于理解，可以计算平均意义上的订货周期。计算过程是：计算出每次订货量 Q^*→年总需求除以 Q^*→年订货次数→365 除以年订货次数→订货周期。

以上内容是定量订货技术的计算过程，共 10 个步骤。定量订货实质上是“两定一不定”，所谓“两定”是指订货点和订货批量固定，“一不定”是指订货周期不固定，具体如图 10.10 所示。

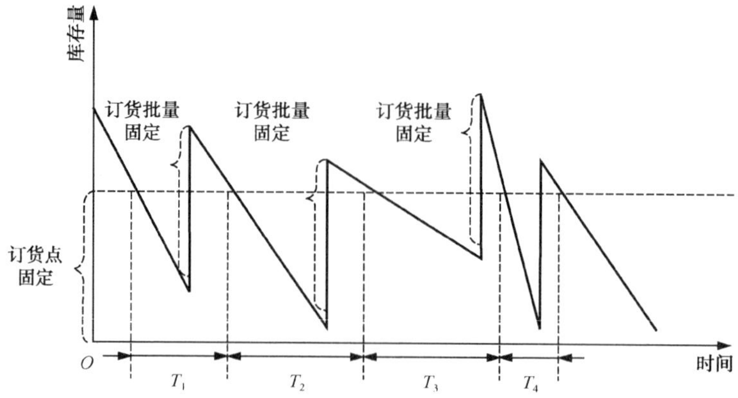

图 10.10　定量订货技术的“两定一不定”示意

2. 定量订货技术的适用商品

（1）定量订货技术的优点

① 充分发挥经济订货批量的作用，降低库存成本，节约费用，提高经济效益。

② 因为是成批量的固定采购量，所以可以设计和使用固定大小和容量的器具，使整个商品的验收、入库、保管、盘点及出库作业的工作量大为简化。

③ 便于采用“双堆法”，其中一堆是订货点，消耗另一堆，当还剩一堆时，开始订货，这样可以使盘点次数减少。

（2）定量订货技术的缺点

① 需要随时掌握库存量情况，占用一定的人力和物力。

② 订货模式过于机械，不具有灵活性。

③ 订货周期不固定，所以订货时间不能事先确定，不利于安排资金、人员等计划。

综合来讲，定量订货技术一般适用于 C 类商品的库存控制和采购。

（二）定期订货技术

定期订货技术是指在固定的时间间隔期，根据商品库存数的不同发出不同数量的订单，以采购商品的订货点技术。其订货间隔期固定，而每次订货数量不固定，因此又可以理解为“一定一不定”（订货周期固定，每次订货量不固定）。

1. 定期订货技术的计算过程

定期订货技术共有 8 个步骤，其计算过程如图 10.11 所示。其中前 5 个步骤是准备工作，后 3 个步骤是真正计算的过程。因为前 5 个步骤与定期订货技术的前 5 个步骤相同，所以这里直接从第（6）步开始介绍。

（6）计算订货周期

定期订货技术的订货周期是指发出订单的时间间隔，这一间隔期是固定的。从图 10.11 可知，可通过库存相关费用和需求量来计算订货周期。其计算方式为：

$$T=\sqrt{\frac{2S}{CD}}=\sqrt{\frac{2S}{PFD}} \tag{10-17}$$

式中：T 是订货周期；D 是单位时间内的需求量；S 是每次订货的成本；C 是单位时间内单位商品的保管费；P 是单位商品的购买单价。

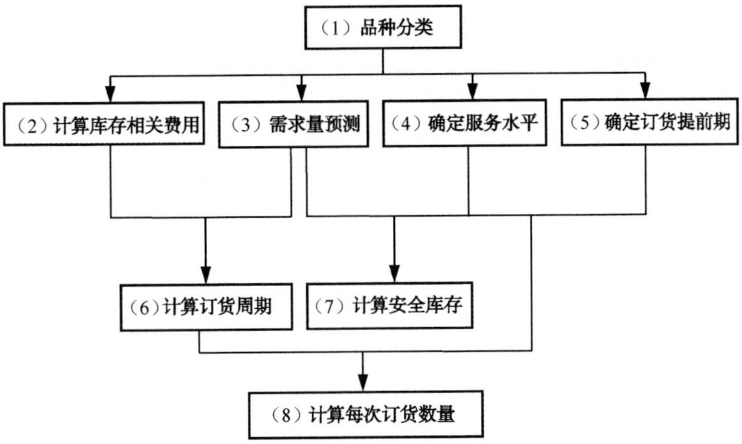

图 10.11　定期订货技术计算过程

例 10–10　某公司某种商品今年的需求量预测是 10 000 个，该商品每个每年的保管费约为 8 元，该商品每次订货成本约为 100 元/个。试计算定期订货时的订货周期。

解：$T=\sqrt{\dfrac{2S}{CD}}=\sqrt{\dfrac{2\times100}{8\times10\ 000}}$=0.05（年），大约是 18 天，也即该商品每 18 天订一次货。

（7）计算安全库存

定期订货技术的安全库存计算也分为需求量和订货提前期固定与需求量和订货提前期不固定两种情况，其中不固定情况又可分为历史资料较少和历史资料较多两种情况。

第一种情况：需求量和订货提前期固定，不需要设置安全库存，即安全库存为 0。

第二种情况：需求量和订货提前期不固定。

如果历史数据资料较少（5 个以下）时，使用以下公式：

$$\text{需求变动值}=\sqrt{\frac{\sum(x_i-\overline{x})^2}{n}} \tag{10-18}$$

$$\text{安全库存}=\text{安全系数}\times\sqrt{\max T_K}\times\text{需求变动值} \tag{10-19}$$

如果历史数据资料较多（5 个以上）时，使用以下公式：

$$\text{需求变动值}=\frac{R}{d_2} \tag{10-20}$$

$$\text{安全库存}=\text{安全系数}\times\sqrt{\max T_K}\times\text{需求变动值} \tag{10-21}$$

以上公式符号含义与定量订货技术的公式符号含义相同。

（8）计算每次订货数量

定期订货技术每次订货数量都不固定，而是根据具体情况调整。其计算公式为：

$$Q_{\max}=\overline{R}\ (T+\overline{T}_K)+Q_s \tag{10-22}$$

式中：$Q_{\max}$ 是最高库存量；$\overline{R}$ 是（$T+\overline{T}_K$）期间的平均需求量，因（$T+\overline{T}_K$）期间的平均需求量和 T 期间的平均需求量相差不大，所以可以用后者代替前者；T 是订货周期，在第（6）步中计算得出；$\overline{T}_K$ 是平均订货提前期，通过统计资料得出；Q_s 是安全库存，在第（7）步中计算得出。

$$Q_i=Q_{\max}+Q_{Mi}-Q_{Ki}-Q_{Ni} \tag{10-23}$$

式中：Q_i是第 i 次订货量；Q_{max}是最高库存量；Q_{Mi}是第 i 次订货时，待出库货物量；Q_{Ki}是第 i 次订货时，实际库存货物量；Q_{Ni}是第 i 次订货时，在途货物量。

例 10-11 某公司某种商品今年的需求量预测是 10 000 个，该商品每个每年的保管费约为 8 元，该商品每次订货成本约为 100 元/个。先计算定期订货时的订货周期。在计算出订货周期后发现，在已知的过去两个周期内，该商品需求量分别是 250 个和 430 个，过去的两次订单从发出直到收到商品的时间间隔是 3 天和 9 天，缺货率为 15.9%。如果本次订货时，上次订货的未到数量为 150 个，准备出库数量为 180 个，实际库存量为 200 个。试求本次订货数量。

解：订货周期为：

$$T=\sqrt{\frac{2S}{CD}}=\sqrt{\frac{2\times100}{8\times10\ 000}}=0.05\text{（年）}$$

大约是 18 天，即该商品每 18 天订一次货。由已知可得，前面两个 18 天的需求量分别是 250 个和 430 个，平均为：（250+430）÷2=340（个/周期）。

根据安全库存公式中资料较少的情况，且缺货率 15.9%的安全系数为 1，最大订货提前期是 9 天，为 1/2 个周期，所以有：

$$\text{需求变动值}=\sqrt{\frac{\sum(x_i-\bar{x})^2}{n}}=\sqrt{\frac{(250-340)^2+(430-340)^2}{2}}=90\text{（个/周期）}$$

$$\text{安全库存}=\text{安全系数}\times\sqrt{\max T_K}\times\text{需求变动值}$$

$$=1\times\sqrt{\frac{1}{2}}\times90\approx63\text{（个）}$$

根据公式（10-22），且用 T 期间的平均需求量代替（$T+\bar{T}_K$）期间的平均需求量，即 $\bar{R}=340$（个/周期），同时 $\bar{T}_K$ 为（3+9）÷2=6（天），即 $\bar{T}_K=1/3$（周期），所以有：

$$Q_{max}=\bar{R}(T+\bar{T}_K)+Q_s$$

$$=340\times\left(1+\frac{1}{3}\right)+63$$

$$\approx503\text{（个）}$$

最后根据公式（10-23），可得本次订货数量为：

$$Q_i=Q_{max}+Q_{Mi}-Q_{Ki}-Q_{Ni}$$

$$=503+180-150-200$$

$$=333\text{（个）}$$

以上内容是定期订货技术的计算过程，共 8 个步骤。定期订货实质上是“一定一不定”，所谓“一定”是指订货周期固定，“一不定”是指每次订货量不固定，具体如图 10.12 所示。图中的 T_{K1} 和 T_{K2} 是订货提前期，也不固定，由供应商和运输情况决定。

2. 定期订货技术的适用商品

（1）定期订货技术的优点

① 盘点比较彻底和准确，避免了定量订货技术所需要的每天盘点的做法，减少了工作量。

② 计划性较强，有利于安排工作计划。

③ 订货数量准确，避免了积压商品造成的资金占压。

（2）定期订货技术的缺点

①（$T+\bar{T}_K$）期间较长，容易造成较大的库存。

② 每次订货数量不确定，无法制定经济批量，运营成本较高，经济性较差。

总的来说，定量订货技术一般适用于A类商品的库存控制和采购。

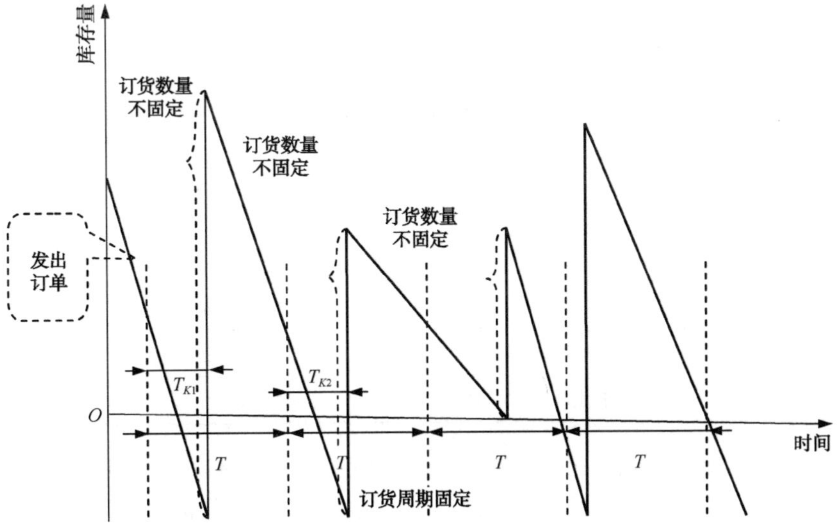

图 10.12　定期订货技术的“一定一不定”示意

小结：切勿捡了芝麻丢了西瓜！

要点回顾

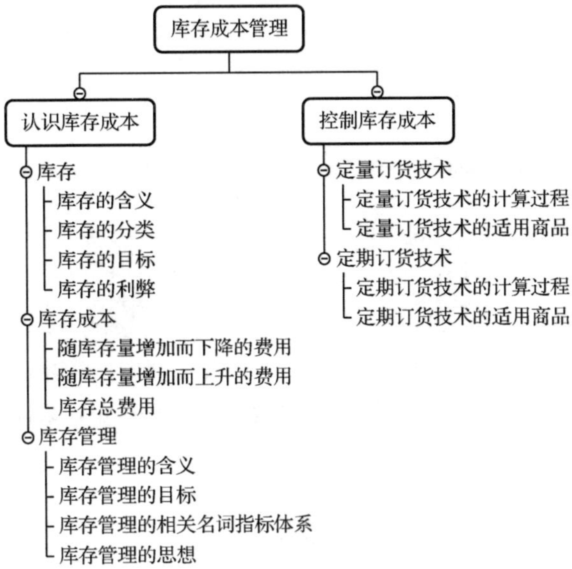

练一练

1. 降低库存管理成本是每个企业的目标。针对某个企业的具体情况，选择适合企业的方法，并制订可行性方案。

降低成本的途径	具体对策	方案选择	可行性方案
降低库存成本	就地采购	□是　□否	
	产销协调（减少变异）	□是　□否	
	计算机化（提高数据处理）	□是　□否	
	现场管理	□是　□否	
	掌握动态变化及应变	□是　□否	
	劳保用品零库存	□是　□否	
	供应链管理	□是　□否	
降低劳动成本	设立缓冲仓库	□是　□否	
	注意入库和出库时间	□是　□否	
	自动仓库和自动储存技术	□是　□否	

2．通过持有存货来对各个运作环节进行缓冲，但是由于存货所产生的费用较高，因此比较理想的办法是认真处理好所遇到的各种问题，消除缓冲的需要。你认为这个建议合理吗？如果认为合理，如何才能消除这种缓冲需要呢？

3．参观一个超市，分析出其中的A类、B类和C类商品。

4．工学结合项目：教师带领学生参观合作企业的仓库，了解其库存物资的数量情况，由学生分析其合理性。如果认为不合理，如何调整？请提交调整方案。

学习资源库

1．“仓储管理实务”丽水职业技术学院精品课程（闫春荣主讲）。

2．中国物流与采购网。

3．中国物流与采购教育认证网。

测一测

客观题

实务操作和计算题

扩一扩

案例赏析：奥康鞋业：通过ERP系统进行库存成本管理

心灵悟语：凡事预则立，不预则废。

参 考 文 献

[1] 中国物流行业岗位规范指导丛书编委会. 物流企业仓储作业岗位管理[M]. 北京：中国海关出版社，2008.

[2] 叶青. 物流营销[M]. 北京：化学工业出版社，2009.

[3] 陆军. 物流企业营销策划指导[M]. 北京：中国海关出版社，2008.

[4] 曹博. 思路决定财富[M]. 北京：新世界出版社，2008.

[5] 马毅，张虎臣. 物流仓储与配送[M]. 北京：北京大学出版社，2009.

[6] 赵家俊. 仓储与配送管理[M]. 北京：科学出版社，2009.

[7] 周云霞. 仓储管理实务[M]. 北京：电子工业出版社，2008.

[8] 杨凤祥. 仓储管理实务[M]. 北京：电子工业出版社，2008.

[9] 廖三余. 人力资源管理[M]. 北京：清华大学出版社，2006.

[10] 付晓锋，俞汉生，朱从民. 四向穿梭式自动化密集仓储系统的设计与控制[M]. 北京：机械工业出版社，2018.

[11] 朱文涛，杨琳华. 仓储与配送管理[M]. 北京：北京理工大学出版社，2020.

[12] 科特勒，阿姆斯特朗. 市场营销原理（亚洲版）[M]. 3 版. 北京：机械工业出版社，2013.

[13] 徐丽蕊. 仓储作业管理[M]. 北京：北京理工大学出版社，2020.

[14] 李永平. 市场营销：理论、案例与实训[M]. 北京：中国人民大学出版社，2007.

[15] 李志永. 仓储物流实训任务书[M]. 北京：北京理工大学出版社，2011.

[16] 闫春荣，申纲领，陈领会. 新编仓储管理实务[M]. 北京：电子工业出版社，2010.

[17] 李玉民. 配送中心运营管理[M]. 北京：电子工业出版社，2007.

[18] 施国洪. 仓储管理实务[M]. 北京：中国时代经济出版社，2007.

[19] 沈启红. 怎样做优秀的仓管员[M]. 广州：广东经济出版社，2007.

[20] 党争奇. 智能仓储管理实战手册[M]. 北京：化学工业出版社，2020.

[21] 张浩，郑健. 新编现代企业仓储物流管理必备制度与表格[M]. 北京：中国文史出版社，2020.

[22] 李波，余国迎. 叉车驾驶操作技能培训教程[M]. 北京，机械工业出版社，2016.

尊敬的老师：

您好。

请您认真、完整地填写以下表格的内容(务必填写每一项)，索取相关图书的教学资源。

教学资源索取表

<table>
<tr><td colspan="2">书　名</td><td colspan="3"></td><td>作者名</td><td></td></tr>
<tr><td colspan="2">姓　名</td><td colspan="1"></td><td>所在学校</td><td colspan="3"></td></tr>
<tr><td colspan="2">职　称</td><td></td><td>职　务</td><td></td><td>职　称</td><td></td></tr>
<tr><td rowspan="2">联系方式</td><td>电　话</td><td colspan="2"></td><td>E-mail</td><td colspan="2"></td></tr>
<tr><td>QQ 号</td><td colspan="2"></td><td>微信号</td><td colspan="2"></td></tr>
<tr><td colspan="2">地址（含邮编）</td><td colspan="5"></td></tr>
<tr><td colspan="3">贵校已购本教材的数量(本)</td><td colspan="4"></td></tr>
<tr><td colspan="2">所需教学资源</td><td colspan="5"></td></tr>
<tr><td colspan="2">系/院主任姓名</td><td colspan="5"></td></tr>
</table>

系 / 院主任：________________（签字）

（系 / 院办公室公章）

20_____年____月____日

注意：

① 本配套教学资源仅向购买了相关教材的学校老师免费提供。

② 请任课老师认真填写以上信息，并请系 / 院加盖公章，然后传真到（010）80115555 转 718438 索取配套教学资源。也可将加盖公章的文件扫描后，发送到 fservice@126.com 索取教学资源。欢迎各位老师扫码加我们的微信号，随时与我们进行沟通和互动。

③ 个人购买的读者，请提供含有书名的购书凭证，如发票、网络交易信息，以及购书地点和本人工作单位来索取。

微信号